MANUEL

DE

CORRESPONDANCE TÉLÉGRAPHIQUE.

MANUEL

DE

CORRESPONDANCE TÉLÉGRAPHIQUE

PAR

UN DIRECTEUR DU TÉLÉGRAPHE

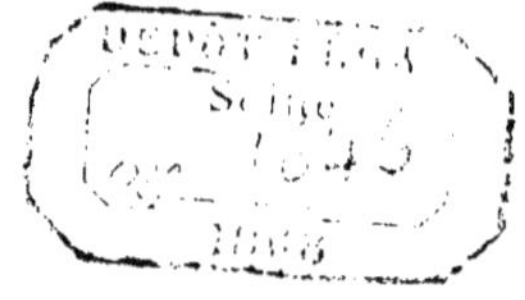

PARIS

IMPRIMERIE ADMINISTRATIVE DE PAUL DUPONT

RUE DE GRENELLE-SAINT-HONORÉ, 45.

1868

SOMMAIRE

INTRODUCTION

La correspondance télégraphique privée a été récemment l'objet d'importantes modifications qui font disparaître de nombreuses formalités et donnent au public des avantages réels pour l'expédition des dépêches : c'est ainsi que, par suite de la création des timbres-dépêches, les télégrammes peuvent être déposés dans les boîtes établies à cet effet, et adressés par la poste ou par exprès ; que les dépêches peuvent être rédigées en langage secret, etc., etc.

Il est hors de doute que tous ces avantages n'auront de résultats sérieux que si le public peut rédiger ses dépêches sans le concours des agents télégraphiques auprès desquels il s'est renseigné jusqu'à ce jour. Le **Manuel** que nous publions a pour but de lui en fournir les moyens. Il y trouvera, sous la forme d'un *Indicateur alphabétique*, toutes les dispositions administratives réglant la correspondance privée, en même temps que tous les renseignements nécessaires pour rédiger et taxer lui-même ses dépêches, ainsi que pour profiter de toutes les combinaisons qui lui sont offertes en ce qui concerne les *réponses payées*, les *dépêches recommandées*, les *dépêches à faire suivre* et les *dépêches multiples*.

Nous croyons devoir faire remarquer à ce sujet que l'Administration française s'est fréquemment écartée, pour le service intérieur, des règlements télégraphiques adoptés par la *Convention internationale*, et que toutes ces modifications ont été faites dans le sens le plus libéral et uniquement dans l'intérêt du public.

Nous mentionnerons, entre autres, les dispositions relatives aux exprès, aux remboursements, à la rédaction des dépêches secrètes, aux dépêches à faire suivre, etc.

Enfin, pour que les expéditeurs puissent se rendre un compte exact du mécanisme du service télégraphique, nous publions, en même temps qu'une notice sur cette Administration, des renseignements précis sur la transmission et la marche des dépêches, ainsi que sur les causes des retards et des erreurs.

Renseignements sur la transmission et la marche des dépêches.

Il nous paraît utile, autant dans l'intérêt du public que dans celui de l'Administration, d'indiquer l'organisation des transmissions télégraphiques, c'est-à-dire l'ensemble des moyens employés pour qu'une dépêche arrive le plus promptement possible à sa destination.

On ne pouvait relier entre eux tous les bureaux télégraphiques de l'empire, dont le nombre s'élève à 2,400 environ, par des fils spéciaux. Difficultés matérielles, considérations financières, tout s'y opposait. On y a pourvu par une organisation méthodique des stations et de fils, ainsi que par l'emploi d'appareils perfectionnés. En un mot, on a remplacé plusieurs millions de fils qui eussent été nécessaires dans le premier cas, par huit cents fils environ.

Puisqu'il n'était pas possible de relier entre eux, par des fils spéciaux, tous les bureaux télégraphiques, il était indispensable d'avoir des stations de dépôt chargées de recevoir et de diriger plus loin les dépêches qui ne leur sont pas destinées.

En conséquence, le chef-lieu d'arrondissement centralise les dépêches des bureaux cantonaux.

Le chef-lieu du département joue le même rôle par rapport aux chefs-lieux d'arrondissement.

Enfin, les stations principales, Paris, Lyon, Marseille, Bordeaux, Toulouse, Strasbourg, Lille. etc., reçoivent pour les distribuer dans toutes les directions les dépêches qui affluent des chefs-lieux de département.

Les moyens de communication dont sont pourvus les différents postes augmentent à mesure qu'on s'élève dans la série des dépôts.

Le chef-lieu d'arrondissement n'est relié qu'au chef-lieu de département.

Le chef-lieu de département est en relation directe avec les départements voisins et avec un ou plusieurs centres principaux de dépôt.

Des fils venant de toutes les directions convergent vers les dépôts principaux.

Ce système, dont le jeu régulier maintient dans les transmissions un ordre indispensable, a, en outre, l'avantage de permettre aux directeurs des bureaux de préfecture d'exercer une surveillance facile et incessante sur le service des stations secondaires.

Par suite de cette organisation deux, quatre, six ou huit bureaux concourent à la transmission d'une dépêche, suivant qu'elle est échangée entre deux grands centres télégraphiques, deux chefs-lieux de département, d'arrondissement ou de canton de centres différents.

Or, dans chaque bureau, une dépêche étant l'objet d'une double opération (au bureau de départ, l'enregistrement et la transmission ; — dans un bureau de transit, la réception et la réexpédition ; — au bureau de destination, la réception et l'envoi à domicile) le travail total auquel elle donne lieu, avant de passer des mains de l'expéditeur dans celles du destinataire, varie de quatre à seize opérations, et le nombre d'agents qui participent successivement à son expédition peut aller à seize.

Il résulte, en un mot, de cette organisation, que les bureaux télégraphiques ne se bornent pas seulement à transmettre leurs propres dépêches, mais que leur travail s'étend, au contraire, à toutes les transmissions qui s'effectuent dans la région dont ils sont le centre. Tel bureau, par exemple, qui ne compte que vingt dépêches par jour, d'arrivée ou de départ, peut être appelé à recevoir et à réexpédier plusieurs centaines de dépêches de passage.

On ne peut donc réellement supputer le travail des employés et des fils qu'en tenant compte de cette manipulation qui, elle-même, permet aux expéditeurs d'apprécier dans une certaine mesure la durée des transmissions télégraphiques.

Causes des retards et des erreurs.

L'invention de la télégraphie électrique ne remonte qu'à une vingtaine d'années, et beaucoup de gens exigent de ce service une perfection qui ne saurait exister pour aucune invention humaine !

Il en résulte des critiques exagérées sur les défauts qui tiennent à la nature même de cette admirable découverte et dont l'Administration ne saurait être, par conséquent, responsable.

Les retards sont dus (dans la majeure partie des cas) aux causes suivantes :

1º Les télégrammes ne sont pas, comme les lettres, expédiés tous à la fois, mais doivent être transmis successivement un à un, dans l'ordre de leur remise au bureau. Il s'ensuit qu'à la moindre affluence des correspondances, le dernier inscrit doit éprouver un retard assez sensible ; s'il est le dixième, par exemple, dans un bureau desservi par un seul fil, il doit subir un retard d'une heure environ.

2º Les bureaux de gare ont été créés principalement pour le service des chemins de fer. Ils ne sont pas desservis par un personnel spécial de télégraphistes et ne communiquent que par un fil avec les bureaux voisins. De là, des temps d'arrêt inévitables lorsque le personnel ou la ligne sont mis en réquisition pour le service des Compagnies. La correspondance n'a été admise dans ces bureaux qu'accessoirement et sur les demandes du public.

3º Il existe aussi, comme dans tous les autres États de l'Europe, beaucoup de bureaux secondaires dits à service limité, et de bureaux dits municipaux qui ne pouvaient être créés que dans des conditions essentiellement économiques, et où, par conséquent, il a fallu restreindre les heures d'ouverture : de là, des retards lorsque les télégrammes sont déposés aux heures de suspension de service. Du reste, les expéditeurs français sont, sous ce rapport, beaucoup mieux traités qu'on ne l'est généralement à l'étranger. En Angleterre, par exemple, les bureaux de la même catégorie sont complétement fermés les dimanches et fêtes.

4º L'état de l'atmosphère a une grande influence sur la rapidité et la régularité des transmissions ; certains phénomènes électriques peuvent même en arrêter subitement le cours.

5º Les télégrammes présentés peu avant l'heure de clôture courent des chances de retard. Il importe donc de ne point perdre de vue l'heure de fermeture du bureau d'arrivée, surtout en ce qui concerne les bureaux à service limité et les bureaux municipaux. (Voir à l'indicateur: Ouverture et clôture des bureaux.)

Il ne faut pas attendre au dernier moment ni compter sur l'arrivée d'un télégramme dans un temps donné, alors même qu'on aurait obtenu la veille une transmission rapide pour le même trajet, ou à distance égale.

6º Lorsque les dépêches sont à destination de localités voisines où les communications postales sont des plus rapides, comme aux environs de Paris, par exemple, un retard d'une heure dans l'arrivée d'un télégramme paraît insupportable. Il a cependant la même raison d'exister que dans les communications avec Bruxelles, Londres et Berlin qui correspondent avec Paris aussi directement que Versailles ou Saint-Cloud.

Comme on le voit, ces causes de retard sont indépendantes de l'Administration et peuvent se produire à tout instant. Aussi est-il interdit de la manière la plus formelle aux employés de donner au public une assurance quelconque sur l'arrivée d'un télégramme.

Quant aux erreurs, elles sont également inhérentes au service électrique. Le *Guide télégraphique* publié en Belgique, contient à ce sujet des observations qui s'appliquent également aux différentes administrations de l'Europe.

« On sait que le système d'appareil aujourd'hui universellement adopté (1), est celui du « docteur américain Morse. Dans ce système, les lettres et les chiffres sont représentés par « des points et des barres : ainsi, un point et une barre représentent un *a;* une barre et trois « points, un *b,* etc.

« La grande sensibilité des appareils télégraphiques en fait troubler momentanément le jeu « sous certaines influences atmosphériques (brouillards, courants dérivés) et, par suite, des « points formés au départ ne se produisent quelquefois pas à l'arrivée, ou bien les barres « et les points s'agrégent de manière à produire des lettres ou des chiffres inexacts. D'une « autre part, les employés travaillant au moins huit heures consécutives par jour, et transmet- « tant en moyenne pendant ce temps 30,000 signaux, sont exposés, par la grande célérité « qu'exige ce travail, à se tromper malgré les soins qu'ils y apportent.

« Tous les efforts de l'Administration se sont portés sur les moyens de prévenir et de ré- « primer les erreurs; toute altération constatée, même ne dénaturant pas en réalité le sens de la « communication, donne lieu à une amende.

« Nous avons appelé l'attention du public sur les imperfections du télégraphe, non pour le « rebuter ou le décourager, mais pour l'engager à user des précautions qui lui seront indi- « quées à l'effet d'éviter, autant que possible, les retards et les erreurs. »

Contestations entre les expéditeurs et les destinataires de télégrammes.

Les tribunaux ont, suivant les cas, mis à la charge de l'expéditeur ou du destinataire les conséquences des erreurs commises par le télégraphe.

(1) **En France l'appareil Hughes** est également employé; ce système a aussi ses imperfections.

Voici différentes décisions prises par les tribunaux :

1° Le 4 avril 1856, le tribunal de Cologne, à propos d'une contestation relative à un télégramme, dans lequel le mot *verkaufen* (vendez), avait été substitué à *erkaufen* (achetez), condamna l'expéditeur à payer au destinataire la somme de 150,000 francs à laquelle s'élevait le dommage éprouvé par celui-ci.

2° D'après un jugement rendu par le tribunal de la Seine, le 26 mai 1856, si le télégraphe fait une erreur dans un télégramme pour un marché, celui qui a lancé le télégramme est responsable des conséquences.

3° Aux termes d'un autre jugement du même tribunal, en date du 12 décembre 1862, si l'erreur a été commise dans une réponse à un ordre, demandée et transmise par le télégraphe, les conséquences de l'erreur retombent sur l'auteur de la réponse, le télégraphe étant dans les usages du commerce un agent commun et un mode de correspondance dont chacun supporte les conséquences.

4° La cour d'Amiens, saisie d'une réclamation de dommages et intérêts du mandataire contre le mandant à la suite d'un ordre exécuté d'après un télégramme altéré, a décidé, par jugement du 11 mai 1854, que l'expéditeur n'était pas responsable des suites de l'erreur commise, et a approuvé son refus d'exécuter le marché.

5° Le tribunal de commerce de Porto a jugé que le mandataire ayant reçu par télégraphe l'ordre de vendre des actions qui subissaient une baisse extraordinaire, aurait dû présumer une erreur, parce qu'il n'est pas naturel de vendre des valeurs momentanément dépréciées; qu'en conséquence il ne pourrait exiger d'indemnité.

6° Aux termes d'un jugement rendu par le tribunal de Liége, le 16 avril 1857, lorsqu'une vente est offerte par télégraphe, sous la condition d'une réponse télégraphique immédiate, il faut que la réponse arrive immédiatement à sa destination, sinon l'auteur de l'offre est dégagé, alors même que la réponse aurait été expédiée immédiatement, et que le retard qu'elle a éprouvé dans sa marche ne serait pas imputable à son envoyeur. L'Administration n'a pas été mise en cause.

INDICATEUR ALPHABÉTIQUE

Accusé de réception. — L'expéditeur peut (mais pour la correspondance intérieure seulement) demander dans sa dépêche qu'il lui soit donné avis de l'heure où elle aura été remise, soit au bureau télégraphique, soit au domicile du destinataire. Il acquitte à cet effet la taxe d'une dépêche simple. L'accusé de réception peut être transmis sur un point autre que le lieu d'origine.

Adresse de l'expéditeur. — L'adresse de l'expéditeur s'entend, suivant les circonstances, soit de son domicile légal ou habituel, soit de la demeure qu'il occupe au moment de l'envoi de la dépêche, ou qu'il doit occuper à la suite de cet envoi; par exemple, pour un voyageur, le nom de l'hôtel où il est descendu.

Ce dernier renseignement a pour objet de permettre de communiquer aux expéditeurs les avis de service qui les concerneraient, ou de faire constater leur identité ou la sincérité de leur signature.

Il n'est pas nécessaire, d'ailleurs, que l'indication de l'adresse soit manuscrite. Le timbre d'une maison de banque ou de commerce, l'entête imprimé d'une facture, d'une feuille de papier à lettres, en tiennent lieu dans la plupart des cas.

Adresse du destinataire. — Les éléments essentiels de l'adresse d'une dépêche sont :

1° Le nom du destinataire écrit en toutes lettres. Cette prescription ne s'étend évidemment pas aux titres ou prénoms qui peuvent accompagner le nom du destinataire; ces indications complémentaires peuvent être exprimées par une initiale ou par une abréviation. Par exemple : Cte de Gueydon, — P. Lagarde, etc.—;

2° L'indication précise du lieu d'arrivée, sans confusion possible, d'où résulte pour l'expéditeur l'obligation d'accompagner d'un renseignement complémentaire les noms géographiques communs à plusieurs localités. L'Administration refuserait donc toute dépêche dont l'adresse serait libellée comme il suit :

M. N..... B...., bureau restant, Bordeaux;

M. Giroud, Clermont;

Dupuis, Vienne.

Mais, sous une des formes suivantes, l'adresse serait régulière et la dépêche acceptée :

M. N...., Bernard, bureau restant, Bordeaux;

M. Giroud, Clermont (Oise);

Dupuis, Vienne (Autriche).

La qualité du destinataire tient lieu de son nom toutes les fois qu'elle précise, sans doute possible pour le bureau d'arrivée, la personne à qui la dépêche est adressée. Par exemple :

Syndic des agents de change, Paris;

Général de division, Rennes;

Préfet, Marseille, — etc.

Mais elle serait évidemment insuffisante dans les cas suivants :

Agent de change, Lyon ;

Commissaire de police, Paris ;

Capitaine, Tours, etc.

Les dépêches à expédier au delà des lignes télégraphiques doivent toujours porter, non-seulement l'indication du lieu réel de destination, mais encore celle du bureau télégraphique d'arrivée.

L'Administration ne répond pas de la remise à domicile des dépêches dans le cas où l'adresse serait insuffisante.

Annulation des dépêches par l'expéditeur. — L'expéditeur d'une dépêche a toujours le droit de l'annuler. Mais, lorsque la dépêche a été inscrite sur le rôle, la minute n'est pas restituée, et la taxe relative à la transmission télégraphique est acquise au Trésor. Les frais accessoires de poste, d'exprès, de réponse payée, etc., sont remboursés, lorsque la dépêche a été arrêtée en temps utile.

La demande d'annulation est faite par écrit si la dépêche n'est pas entièrement transmise.

Si la dépêche est déjà transmise, la demande a lieu par dépêche télégraphique passible de la taxe et adressée au bureau d'arrivée. Celui-ci informe télégraphiquement l'expéditeur de la suite donnée à sa demande, si la réponse a été affranchie; dans le cas contraire, il fait cette communication par la poste au bureau de départ qui la transmet à l'expéditeur.

Approbation des ratures, surcharges et interlignes. — Cette mesure assure une garantie mutuelle à l'Administration et au public en ce sens qu'elle rend impossible de modifier la minute d'une dépêche sans la participation de l'expéditeur ou de son représentant. Un simple parafe au-dessous de la mention des corrections ou annulations faites est, du reste, suffisant pour les approuver.

Arrhes. — Toutes les fois que le bureau n'est pas en mesure d'établir immédiatement la taxe exigible pour frais d'exprès, il fait déposer, à titre de provision, des arrhes dont le chiffre varie suivant les circonstances, et demande par la poste, au bureau d'arrivée, la distance parcourue par l'exprès.

Si l'expéditeur ne désigne aucun bureau pour la liquidation ultérieure de la taxe, la réponse est adressée au bureau d'origine qui, de suite après sa réception, informe l'expéditeur et rembourse ou recouvre, selon le cas, la différence. (*Pour le tarif étranger, voir Exprès.*)

Combinaisons. — Les facilités données au public pour les réponses payées, les dépêches recommandées, les dépêches à faire suivre et les dépêches multiples, peuvent se combiner entre elles.

Communication des dépêches. — La communication de l'original d'une dépêche à l'expéditeur ou au destinataire a lieu, après constatation de l'identité, par les soins du Directeur qui ne s'en dessaisit jamais, et veille à ce qu'il ne subisse aucune altération.

Aucun renseignement, de quelque nature qu'il soit, n'est donné sur une dépêche reçue ou même attendue, avant qu'il ait été reconnu que la personne qui le demande est l'expéditeur ou le destinataire de la dépêche ou leur mandataire autorisé.

Compte des mots. — Tout ce que l'expéditeur écrit sur la minute, pour être transmis, toutes les indications relatives aux dépêches recommandées, multiples ou à faire suivre, aux accusés de réception ou au mode d'envoi, entrent dans le compte des mots.

Le lieu de départ, la date et l'heure de dépôt sont transmis d'office dans le préambule de la dépêche, à moins que l'expéditeur n'en demande expressément la transmission dans le texte.

Tarif intérieur. — Le compte des mots s'établit de la manière suivante :

1° **Dépêches en langue ordinaire.** — Les mots composés compris à ce titre au dictionnare de l'Académie française, les noms des départements, communes, rues, et les désignations relatives au numéro des habitations ne sont comptés que pour un seul mot. Exemple : Contre-ordre — Saint-André-des-Arts (rue) — de Béthune (quai) — Bar-sur-Seine — 12 *bis*.

Toutes les autres expressions composées sont comptées pour le nombre de mots employés à les formuler. Exemple : Duc d'Audiffret — Pasquier, quatre mots ; — c'est-à-dire, quatre mots.

Les nombres écrits en chiffres ou les groupes de lettres exprimant des marques de commerce, comptent pour autant de mots qu'ils contiennent de fois cinq caractères, plus un mot pour l'excédant, s'il y a lieu. Exemple : 785,235, deux mots ; — AMB, un mot.

Les nombres écrits en lettres comptent pour autant de mots qu'il en faut pour les exprimer. Exemple : sept cent soixante-sept, quatre mots.

Tout chiffre, ou lettre isolée, est compté pour un mot.

Les signes que l'appareil exprime par un seul signal (signes de ponctuation, traits-d'union, apostrophes, guillemets, parenthèses) ne sont pas comptés, excepté le souligné qui est compté pour un mot, et les points, les virgules et les barres de division entrant dans la formation des nombres, qui sont comptés pour un chiffre. Exemple : 127,50, deux mots — 32 1/4, un mot. — 432 1/2 deux mots — P. F. D/C, deux mots — M. Blaise, trois mots.

Les expressions 3 % étant composées de deux nombres différents sont comptées séparément : 3 %, deux mots ; — 4 1/2 % deux mots.

2° **Dépêches en langage secret.** — Tous les chiffres, lettres ou signes employés dans le texte chiffré sont additionnés ; le total, divisé par cinq donne pour quotient le nombre de mots qu'ils représentent. L'excédant est compté pour un mot. On y ajoute, pour obtenir le nombre total des mots de la dépêche, les mots en langage ordinaire de l'adresse, de la signature et ceux du texte comptés d'après les règles du paragraphe précédent. Exemple : M. Dubois, allées de Tourny 33, Bordeaux.

Recevrez prochainement 7345 — 247 — 175 — 4738. Répondez 5373 — 2225 — 685. Demain 883 — 52 Germain.

```
Langage ordinaire...........................................................  11 mots
                                                        {chiffres 30 }
Texte secret..................................................{traits.. 6 } 36/5  8 mots

                                          Ensemble...........  19 mots.
```

Tarif étranger. — Les règles ci-dessus, relatives à la manière de compter les mots dans les dépêches intérieures, s'appliquent au service international. Toutefois, le maximum de longueur des mots, pour ce dernier tarif, est fixé à sept syllabes ; l'excédant est compté pour un mot. En outre, dans les dépêches rédigées en langue française, tous les mots composés, sans exception, sont comptés pour le nombre de mots qui entrent dans leur formation. Toute dépêche peut être rédigée en l'une quelconque des langues usitées sur le territoire des Etats contractants ; elle doit, d'ailleurs, être écrite en caractères français. (*Voir, page 65, les règles spéciales à la correspondance avec l'Amérique.*)

Copies. — L'expéditeur et le destinataire ont le droit de se faire délivrer des copies certifiées conformes de l'original de la dépêche qu'ils ont transmise ou reçue. Il est perçu un droit de 50 centimes par copie. Le destinataire qui, ayant refusé d'acquitter une taxe à percevoir à l'arrivée, réclamerait la copie de la dépêche à laquelle cette taxe était applicable, ne pourrait l'obtenir qu'après avoir versé la somme dont il serait resté débiteur.

Les originaux des dépêches sont conservés dans les bureaux pendant une année ; passé ce délai, ils sont anéantis.

Date, heure et lieu du dépôt des dépêches au bureau de départ. — Ces renseignements, qui sont transmis d'office dans le préambule de la dépêche, ne sont taxés et transmis dans le texte que si l'expéditeur le demande expressément.

Dépêches à faire suivre. — Lorsqu'une dépêche porte la mention — *faire suivre,* — sans autre indication, le bureau de destination, après l'avoir présentée à l'adresse indiquée, la réexpédie immédiatement à la nouvelle adresse qui lui est désignée. Si le second bureau ne trouve pas le destinataire à l'adresse nouvelle, la dépêche est conservée par ce bureau.

Cette règle, qui est absolue pour les dépêches d'origine étrangère et pour les dépêches d'origine française à destination de l'étranger, n'est pas rigoureusement appliquée en France, où les dépêches peuvent être, suivant les cas, réexpédiées à un plus grand nombre de bureaux.

Si la mention — *faire suivre* — est accompagnée d'adresses successives, la dépêche est successivement transmise à chacune des destinations indiquées, jusqu'à la dernière s'il y a lieu.

Le destinataire payera autant de fois la taxe qu'il y aura eu de réexpéditions successives.

Si le destinataire ne se trouve pas à la dernière adresse indiquée, et si aucune indication ne peut être fournie sur sa nouvelle adresse, la dépêche est conservée au dernier bureau.

Toute personne peut demander, en fournissant les justifications nécessaires, que les dépêches qui arriveraient au bureau télégraphique pour lui être remises dans le rayon de distribution de ce bureau lui soient réexpédiées à l'adresse qu'elle aura indiquée.

Lorsque le destinataire est absent au moment de l'arrivée de la dépêche, et qu'en son nom une nouvelle destination est indiquée sur l'enveloppe même de la dépêche, la réexpédition télégraphique doit être faite, à la charge par le destinataire de payer la taxe de la réexpédition.

Dépêches autographiques. — Les dépêches peuvent être transmises au moyen des appareils autographiques, qui reproduisent le fac-simile de l'écriture et du dessin, sur les lignes où cet appareil est en usage.

Elles sont soumises à une taxe spéciale et doivent être écrites sur des feuilles préparées à cet effet.

Les feuilles pour dépêches se délivrent, dans les bureaux télégraphiques, au prix de 10 centimes l'une, quelle qu'en soit la dimension.

Elles sont de quatre grandeurs différentes, dont la surface totale représente 30, 60, 90 et 120 centimètres carrés.

La dépêche se taxe suivant la dimension de la feuille sur laquelle on écrit; la base de la taxe s'établit à raison de 0 fr. 20 c. par centimètre carré.

Les prix sont donc les suivants :

Dépêche tracée sur la feuille de 30 centimètres carrés.. 6 »
—   —   60   —   .... 12 »
—   —   90   —   .... 18 »
—   —   120   —   .... 24 »

La taxe est perçue lors du dépôt de la dépêche.

Une dépêche peut employer plusieurs feuilles qui sont transmises successivement.

On peut payer à l'avance une réponse autographique à une dépêche autographique, en désignant la dimension du papier à employer.

Quand il n'y a pas à cet égard d'indication spéciale sur l'original, l'expéditeur est censé avoir indiqué la dimension *minima*.

Les dépêches autographiques expédiées à plusieurs personnes dans la même ville, acquittent autant de fois la taxe qu'il y a de destinataires.

Les accusés de réception peuvent être transmis par les appareils ordinaires, et sont taxés en conséquence.

Si une dépêche, déposée en vue de la transmission autographique, ne peut, par une circonstance de force majeure, se transmettre au moyen d'un appareil de ce système, elle est, à moins d'un avis préalablement donné par l'expéditeur, envoyée par les appareils ordinaires; l'expéditeur en est alors informé, et l'excédant de taxe lui est remboursé.

On ne rembourse pas la taxe perçue lorsque l'expéditeur, ne s'étant pas conformé aux prescriptions indiquées pour l'emploi de l'appareil autographique, la reproduction de l'original est incomplète ou défectueuse.

Les dépêches autographiques restent d'ailleurs soumises aux lois et règlements qui régissent la correspondance télégraphique privée.

Le service des dépêches autographiques n'est actuellement établi qu'entre Paris et Lyon, et entre cette dernière ville et Marseille.

L'expéditeur étant autorisé à utiliser à son gré, par des lettres, des signes ou des dessins, la surface métallique mise à sa disposition, il n'y a pas à distinguer entre le langage ordinaire et le langage secret.

Il n'est pas nécessaire que l'adresse de l'expéditeur et l'approbation des ratures figurent sur le papier métallique. Elles pourront être portées en dehors du cadre, à moins que l'expéditeur ne tienne, dans un intérêt dont il est seul juge, à les comprendre sur la surface de transmission.

Dépêches complétives ou rectificatives. — Toute dépêche rectificative, complétive, et généralement toute communication échangée avec un bureau télégraphique à l'occasion d'une dépêche transmise ou en cours de transmission, est taxée, à moins que cette communication n'ait été rendue nécessaire par une erreur de service.

Si l'expéditeur d'une dépêche recommandée constate une erreur dans le texte de la dépêche de retour et en demande la rectification, la dépêche rectificative est transmise gratuitement par le bureau d'origine, à moins que l'erreur ne provienne du fait de l'expéditeur.

Le destinataire d'une dépêche ordinaire ou recommandée peut demander la rectification des passages qui lui paraissent douteux, et il acquitte alors : 1° Le prix d'une dépêche simple pour la demande ; 2° le prix d'une dépêche calculée suivant la longueur du passage à répéter.

Ces taxes sont remboursées si la répétition montre que le service télégraphique avait dénaturé le sens de la dépêche. Dans ce cas, le bureau d'arrivée opère le remboursement d'office, et sans aucun délai.

Dépêches en langage ordinaire. — Elles peuvent être formulées soit en français, soit en latin, soit dans une des langues admises par la convention internationale.

Dans ce dernier cas, l'expéditeur peut être tenu d'en donner la traduction par écrit. Cette traduction est obligatoire pour les dépêches adressées par la poste ou déposées dans les boîtes.

Toute dépêche doit, d'ailleurs, être écrite en caractères français.

Toute dépêche composée en langage ordinaire, mais inintelligible, est assimilée à une dépêche en langage secret. Le but de cette disposition est d'empêcher qu'un texte secret soit dissimulé sous les apparences d'un langage étranger, et échappe ainsi à la double taxe.

La disposition relative à la traduction des dépêches envoyées par la poste est également applicable aux dépêches internationales.

Dépêches en langage secret. — Elles peuvent être composées :

1° Exclusivement de chiffres arabes :
2° Exclusivement de lettres de l'alphabet ;
3° De chiffres arabes et de mots.

L'emploi simultané des chiffres arabes et des lettres de l'alphabet, comme signes secrets, est interdit.

4° De lettres de l'alphabet et de mots.

Tarif intérieur. — Le texte peut être entièrement chiffré ou en partie chiffré, ou en partie *clair*. Il peut renfermer autant de passages chiffrés qu'il convient à l'expéditeur. Si le texte est divisé par groupes, ces groupes doivent être séparés par des points, des virgules, ou des traits. Cette obligation a pour but de prévenir toute confusion entre les groupes, et d'en garantir l'exacte transmission. Ces signes, qui sont exigés dans l'intérêt de l'expéditeur, et dont la transmission est toujours obligatoire, doivent entrer, pour la correspondance intérieure comme pour la correspondance internationale, dans le nombre des caractères soumis à la taxe.

L'adresse et la signature doivent être en langage ordinaire. L'emploi des lettres ou chiffres secrets est limité au texte des dépêches.

La recommandation est obligatoire pour les dépêches composées en chiffres ou en lettres secrètes.

Tarif étranger. — Lorsque la dépêche est en partie chiffrée et en partie *claire*, la partie chiffrée doit être continue, sans langage ordinaire intercalé, et placée entre deux parenthèses, la séparant du texte ordinaire qui précède ou qui suit. La dépêche ne peut d'ailleurs contenir qu'un seul passage chiffré.

Les États qui reçoivent les dépêches secrètes sont indiqués au tarif étranger.

Dépêches maritimes. — *Service électro-sémaphorique.* — Les dépêches privées peuvent être échangées entre les navires en mer et les postes électro-sémaphoriques, établis sur le littoral de la France et de l'Algérie.

Les dépêches à destination de navires en mer peuvent être déposées directement aux postes électro-sémaphoriques ou leur être transmises soit par la poste, soit par le télégraphe électrique.

Les dépêches reçues du navires en mer par les postes électro-sémaphoriques seront réexpédiées à leur destination par la poste ou par le télégraphe, selon les indications données par les bâtiments expéditeurs.

L'expéditeur d'une dépêche adressée à un bâtiment devra indiquer, dans l'adresse, le nom du sémaphore qui doit la signaler au navire.

Les dépêches maritimes peuvent être composées en langage ordinaire ou en chiffres, ou en lettres secrètes; mais l'adresse et la signature doivent être exprimées en langage ordinaire.

Les dépêches maritimes devant être traduites en signaux sémaphoriques, leur composition est astreinte rigoureusement aux dispositions suivantes :

Si elles sont rédigées en langage ordinaire, la langue française est seule admise.

Si elles sont composées en lettres secrètes, les seuls signes qui peuvent entrer dans leur formation, sont les dix-huit consonnes de l'alphabet B, C, D, F, G, H, J, K, L, M, N, P, Q, R, S, T, V, W, qui sont représentées par les dix-huit pavillons du *Code commercial*

Toutefois les dépêches privées adressées à des bâtiments de guerre français, peuvent être aussi composées au moyen des dix chiffres arabes : 1, 2, 3, 4, 5, 6, 7, 8, 9, 0, qui correspondent aux dix pavillons du *Télégraphe marin.*

Les groupes ne peuvent être formés de plus de quatre lettres ou chiffres.

Dans aucun cas , les deux systèmes de composition ne peuvent être employés simultanément dans une même dépêche.

Les dépêches provenant d'un navire en mer, sont transmises à destination en groupes de lettres ou de chiffres, lorsque le navire expéditeur l'a demandé.

Les dépêches maritimes en lettres secrètes donnent lieu à une dépêche de retour, qui permet de vérifier et de rectifier, s'il y a lieu, l'exactitude de la transmission. Dans le cas où la dépêche maritime émane d'un bâtiment en mer, la dépêche de retour s'échange entre le poste sémaphorique et le bureau télégraghique.

La taxe à appliquer aux dépêches maritimes se compose :

1° De la taxe télégraphique calculée d'après les règles ordinaires ;

2° De la taxe maritime établie d'après le nombre de mots qui a servi de base à la taxe télégraphique, à raison de 2 francs pour une dépêche de 20 mots, avec une augmentation de 1 franc par série indivisible de 10 mots.

Si la dépêche est à destination d'un bâtiment en mer, la taxe est calculée d'après la minute de l'expéditeur; si, au contraire, la dépêche émane d'un navire, la taxe est établie d'après le texte expédié au destinataire.

Dans le premier cas, le payement intégral de la taxe est acquitté par l'expéditeur au moment du dépôt de la dépêche.

Dans le second, la taxe est perçue en entier sur le destinataire.

Mais la double taxe applicable aux dépêches secrètes ne porte que sur la taxe télégraphique. La taxe maritime en est toujours exempte.

Si le destinataire refuse d'acquitter la taxe ou si la dépêche ne peut lui être remise, faute d'indications suffisantes, l'Administration peut exercer un recours contre l'expéditeur.

Les frais de réexpédition par la poste des dépêches reçues des navires en mer sont les mêmes que ceux relatifs à la réexpédition des dépêches télégraphiques ordinaires.

Le port par exprès de ces dépêches est payé, quelle que soit la distance parcourue. Les frais sont calculés à raison de 20 centimes par kilomètre.

Les dépêches privées à destination de bâtiments sont classées par le sémaphore destinataire à la fin du trentième jour écoulé depuis la date du dépôt, si le bâtiment destinataire ne s'est pas présenté.

Toutefois, si l'expéditeur a payé l'accusé de réception ou la recommandation de sa dépêche, et que le bâtiment destinataire ne se présente pas, le sémaphore en donne avis à l'expéditeur le vingt-neuvième jour au matin, par une dépêche qui tiendra lieu de l'accusé de réception ou de la répétition dont la taxe avait été payée. L'expéditeur aura la faculté, en acquittant la taxe d'une dépêche terrestre spéciale, de demander que le sémaphore continue à présenter sa dépêche pendant une nouvelle période de trente jours, et ainsi de suite; à défaut d'une semblable demande, la dépêche sera classée le trentième jour.

Dépêches multiples. — Les dépêches télégraphiques peuvent être adressées : soit à plusieurs destinataires dans des localités différentes; soit à plusieurs destinataires dans une même localité, soit à un même destinataire dans des localités différentes ou à plusieurs domiciles dans la même localité. Dans les deux premiers cas, chaque expédition de la dépêche ne doit porter que l'adresse qui lui est propre, à moins que l'expéditeur n'ait demandé le contraire.

Les dépêches adressées à plusieurs destinataires ou à un même destinataire dans des localités desservies par des bureaux différents, sont taxées comme autant de dépêches séparées.

EXEMPLE. Dépêche de Marseille :

1   2   3   4   5   6
« Dubois, commissionnaire, rue Rambuteau, 33 .... Paris.

1   2   3   4   5   6
« Gérard, armateur, place Graslin, 15................. Nantes.

1 2 3 4 5
« Vasseur et Cᵉ, quai Bacalan......................
                                9
 6   7   8   Bordeaux.
« Wolf, rue du Chapeau-Rouge ....

1 2 3 4 5 6 7 8 9 10 11 12 13
« Malle des Indes arrivée. Coton grande hausse, riz abondant, sucres blancs très-demandés. »

14
« GAULTIER. »

Première dépêche pour Paris, 20 mots, ci	**2** fr. » c.		
Deuxième — pour Nantes, 20 mots, ci..	**2**		
Troisième — pour Bordeaux, { 23 mots....................... **3** fr. » c.	} **3**	**50**	
{ 2 destinataires.............. » **50**			
Total.......... **7**	**50**		

Les dépêches adressées dans une même localité, à plusieurs destinataires ou à un même destinataire, à plusieurs domiciles, avec ou sans réexpédition par la poste, sont taxées comme une seule dépêche; mais il est perçu, à titre de droit de copie, outre les droits de poste, s'il y a lieu, autant de fois cinquante centimes qu'il y a de destinations, moins une.

EXEMPLE. Dépêche de Lyon :

1   2   3 4 5   6
« Paul Lagarde, agent de change, Bourse ....

7   8 9   10
« Werthember et Cᵉ, banquiers ....
                        17
11   12   13   Paris.
« Goldschmidth, rue de la Chaussée-d'Antin ....

14   15   16
« Monteaux, Lunel, changeurs....................

18 19 20 21   22   23   24   25-26   27   28
« Bourse faible, rente 70.25. — Mobilier, 695. — Autrichiens, 362.50. — Nord, 735.

29
« LAURENT. »

Dépêche de 29 mots :		
Taxe principale..	**3** fr. » c.	
Taxe complémentaire (3 fois 50 cent. pour 4 destinataires, ci.	**1**	**50**
	4	**50**

Les dépêches à destination de plusieurs États doivent être déposées en autant d'originaux qu'il y a d'États différents.

Dépêches recommandées. — L'expéditeur de toute dépêche a la faculté de la recommander.

Lorsqu'une dépêche est recommandée, le bureau de destination transmet par la voie télégraphique, à l'expéditeur même, la reproduction intégrale de la copie envoyée au destinataire, suivie de la double indication de l'heure précise de la remise et de la personne entre les mains de laquelle cette remise a eu lieu.

Si la remise n'a pu être effectuée, ce double avis est remplacé par l'indication des circonstances qui se sont opposées à la remise, et par les renseignements nécessaires pour que l'expéditeur puisse faire suivre la dépêche s'il y a lieu.

La transmission de la dépêche de retour s'effectue par priorité sur les autres dépêches de même rang.

La recommandation est obligatoire pour les dépêches composées en chiffres ou en lettres secrètes.

La taxe de la recommandation est égale à celle de la dépêche, à moins que la dépêche de retour ne soit dirigée sur un autre point que le lieu d'origine de la dépêche primitive. Dans ce cas, elle est calculée conformément au tarif qui est applicable entre le point d'expédition de la dépêche de retour et son point de destination.

Exemple. Dépêche de Tours pour Vendôme :

    1   2   3   4   5   6   7 — 8 — 9 — 10 — 11   12   13   14   15
« M. Bernard, homme d'affaires, Vendôme 437 — 25 — 7637 — 82575 — 234 — Dépêche de retour Blois,
                                16   17
                            hôtel Angleterre.

                                                                18
                                                            « Martin. »

Taxe de la dépêche considérée comme dépêche ordinaire................................   2 Fr. » c.
Taxe de la dépêche de retour (Vendôme pour Blois, même département)................   1   »

                                                            Total.........   3   »

Les dépêches recommandées suivent les mêmes règles que les dépêches ordinaires en ce qui concerne le remboursement des taxes et le transport au-delà des lignes par poste ou par exprès.

Tarif étranger. — Dans la correspondance internationale, la faculté de recommander les dépêches est accompagnée de priviléges qui n'existent pas pour les dépêches ordinaires. Ainsi, l'expéditeur d'une dépêche recommandée peut : 1° affranchir les frais de transport au delà du bureau d'arrivée; 2° a droit au remboursement de la taxe en cas de retard ou d'altération.

Dépôt des dépêches. — Les dépêches télégraphiques privées peuvent être, soit déposées aux guichets des bureaux ou dans les boîtes établies à cet effet, soit adressées par la poste ou par un messager aux bureaux télégraphiques.

Les dépêches déposées dans les boîtes doivent être revêtues de timbres - dépêches. Il en est de même de celles qui sont envoyées par la poste et qui doivent, en outre, être contenues dans des lettres affranchies.

Lorsque l'expéditeur dépose une dépêche au guichet, il est en droit de réclamer un reçu constatant le dépôt de sa dépêche. (Voir reçus délivrés à l'expéditeur.)

Exprès. — Tarif intérieur. — La dépêche est expédiée par exprès lorsque ce mode d'envoi est demandé par l'expéditeur dans la dépêche ou par le destinataire en vue des dépêches qu'il attend.

La taxe à percevoir pour exprès est de 50 centimes par kilomètre. Elle est perçue au départ, à moins que l'envoi n'ait été demandé par le destinataire. Elle est calculée, pour les habitations agglomérées, du bureau d'arrivée au centre d'agglomération, et pour les habitations isolées, du bureau d'arrivée au lieu même de destination.

Toute dépêche distribuée par l'intermédiaire d'un bureau de gare, en dehors de l'enceinte de la gare, est sujette à exprès, et donne lieu, en conséquence, à une taxe complémentaire qui ne peut être inférieure à 50 centimes.

Lorsque le bureau n'est pas en mesure d'établir immédiatement la taxe exigible, il fait déposer des arrhes dont le chiffre varie suivant les circonstances. La liquidation s'opère dans le bureau indiqué par l'expéditeur. Les renseignements relatifs à cette liquidation sont échangés par la poste, à moins que l'expéditeur n'acquitte les taxes de la demande de distance et de la réponse faites par le télégraphe.

Il ne sera donné suite aux dépêches à réexpédier par exprès trouvées dans les boîtes que lorsque le bureau de départ est à même d'en établir immédiatement la taxe, et que les timbres apposés affranchiront intégralement la taxe principale et les frais d'exprès. Si l'une quelconque de ces deux conditions n'est pas remplie, la dépêche est renvoyée à l'expéditeur pour être présentée au guichet.

Tarif étranger. — Le transport des dépêches par exprès a lieu dans les États où le service de cette nature est organisé. On trouvera les renseignements à ce sujet, pour chacun d'eux, aux tarifs étrangers.

L'expéditeur d'une dépêche recommandée peut seul affranchir ce transport, moyennant le dépôt d'une somme qui est déterminée par le bureau d'origine, sauf liquidation ultérieure. La dépêche de retour fait connaître le montant des frais déboursés.

Gares. — Tarif intérieur. — Toute dépêche distribuée par l'intermédiaire d'un bureau de gare, en dehors de l'enceinte de la gare, est sujette à exprès et soumise, en conséquence, à une taxe complémentaire qui ne peut être inférieure à 50 centimes.

Identité de l'expéditeur. — L'Administration peut exiger que l'expéditeur justifie de son identité. Cette justification est établie par l'attestation de deux témoins connus. Elle peut l'être aussi par la production de passe-ports, feuilles de route ou toutes autres pièces dont l'ensemble serait jugé suffisant par le directeur du bureau.

La sincérité de la signature est dûment constatée par le visa des autorités compétentes. Elle peut l'être aussi par une vérification contradictoire faite au bureau, ou par telle attestation ou tout autre moyen que le directeur jugerait suffisant.

Interruption dans les communications. — Lorsqu'il se produit une interruption totale dans les communications télégraphiques d'un bureau, les dépêches sont expédiées immédiatement par la poste ou par un moyen plus rapide, s'il est possible, soit au premier bureau télégraphique en mesure de les réexpédier par le télégraphe, soit au bureau de destination, soit au destinataire lui-même.

Dès que les communications sont rétablies, les dépêches sont transmises en ampliation, à moins qu'il n'en ait été préalablement accusé réception, ou que, par suite d'un encombrement exceptionnel, la transmission en ampliation ne doive être, pour la correspondance courante, une cause de retards considérables.

Irresponsabilité de l'Administration. — Les différents États ne sont soumis à aucune responsabilité à raison du service de la correspondance privée par la voie télégraphique. (Voir aux *Remboursements les différents cas dans lesquels a lieu le remboursement de la taxe.*)

Ouverture et clôture des bureaux. TARIF INTÉRIEUR.

BUREAUX à service permanent } Ils sont ouverts au public d'une manière permanente.

BUREAUX OUVERTS jusqu'à minuit. } Ils sont ouverts au public } du 1er avril au 30 septembre, à partir de 7 h. du matin. / du 1er octobre au 31 mars, à partir de 8 h. du matin.

BUREAUX A SERVICE de jour complet. } id. } du 1er avril au 30 sept., de 7 h. du matin à 9 h. du soir. / du 1er oct. au 31 mars, de 8 h. du matin à 9 h. du soir.

BUREAUX à service limité. { Ils sont ouverts au public de 9 h. du matin à 7 h. du soir pendant la semaine; de 8 h. à 10 h. du matin et de 3 h. à 6 h. du soir les dimanches et jours fériés.

BUREAUX à service municipal. { Ils sont ouverts pendant la semaine de 9 h. du matin à midi et de 2 h. à 7 h. du soir; les dimanches et jours fériés de 8 h. 30 à 9 h. 30 du matin et de 5 à 6 h. du soir.

Quelques bureaux municipaux ont exceptionnellement un service de jour complet; ils rentrent pour l'ouverture et la clôture dans les conditions des bureaux de la troisième catégorie.

BUREAUX OUVERTS PENDANT LA SAISON DES BAINS. Ils peuvent avoir un service complet ou un service limité, ou bien encore un service municipal; les heures d'ouverture et de clôture de chacun d'eux sont celles de la catégorie à laquelle ils appartiennent.

BUREAUX SÉMAPHORIQUES ET BUREAUX DE GARE (1). Sont ouverts à la correspondance privée aux mêmes heures que les bureaux à service de jour complet (voir *bureaux à service complet*). Quelques bureaux de gare n'acceptent que les dépêches des voyageurs munis de billets de chemin de fer, relatives aux incidents de voyage.

L'heure de tous les bureaux est celle du temps moyen de Paris.

TARIF ÉTRANGER. (Voir pour les trois premières catégories les indications ci-dessus.) Quant aux autres bureaux, leurs heures d'ouverture sont fixées par les Administrations respectives des différents États.

L'heure de tous les bureaux d'un même État est celle du temps moyen de la capitale de cet État.

Poste. — Tarif intérieur, — Les dépêches sont expédiées par la poste :
1° Lorsque l'expéditeur l'a formellement demandé;
2° Lorsque l'envoi par exprès, bien que demandé, n'est pas possible;
3° Lorsqu'aucun mode d'envoi spécial n'a été désigné.

(1) Quelques bureaux de gare font exception.

Dans le premier cas, la dépêche est, sur la demande de l'expéditeur, mise à la boîte sans affranchissement, affranchie ou chargée ; mention doit en être faite dans l'adresse.

Dans le second cas, elle est expédiée sans chargement.

Dans le troisième, elle est mise à la poste sans affranchissement.

Le chargement est obligatoire pour les dépêches recommandées.

La taxe à percevoir pour l'envoi par la poste est celle qui est déterminée par les tarifs postaux ; pour l'affranchissement 20 centimes, pour le chargement 10 centimes. Le chargement n'est que de 30 centimes quand la dépêche est adressée poste restante.

Quand une dépêche à réexpédier par la poste avec chargement arrive à un bureau télégraphique trop tard pour qu'elle puisse être chargée avant le départ du premier courrier, mais assez tôt pour qu'une lettre ordinaire profite de ce départ, la dépêche est mise à la boîte non affranchie ; un duplicata sous pli chargé est envoyé au destinataire dès qu'il est possible.

Tarif étranger. — Les dépêches recommandées à envoyer par a poste ou à déposer poste restante, sont affranchies, comme lettres chargées, par le bureau télégraphique d'arrivée.

Le bureau d'origine perçoit les taxes supplémentaires suivantes :

Cinquante centimes par dépêche à déposer poste restante dans la localité desservie, ou à envoyer par la poste, dans les limites de l'État qui fait l'expédition ;

Un franc par dépêche à envoyer hors de ces limites, sur le territoire des États contractants ;

Deux francs cinquante centimes par dépêche à envoyer au delà.

Les dépêches non recommandées sont expédiées comme lettres ordinaires par le bureau télégraphique d'arrivée. Les frais de poste sont acquittés par le destinataire, aucune taxe supplémentaire n'étant perçue par le bureau d'origine.

Reçu délivré à l'expéditeur. — L'expéditeur est en droit de réclamer un reçu quand il dépose une dépêche au guichet ; mais cette pièce ne saurait être considérée comme une quittance de la taxe, lorsqu'elle a été acquittée en timbres : dans ce cas le reçu n'aura pour objet que de constater le dépôt de sa dépêche. Si la taxe est payée en numéraire, le reçu constatera la valeur versée.

Reçu donné par le destinataire. — Le destinataire est tenu de donner un reçu de la dépêche qui lui est remise.

Rédaction des dépêches. — Les dépêches peuvent être rédigées en langage ordinaire ou en langage secret.

Elles doivent être écrites lisiblement et en caractères usités en France. Par ces derniers mots, on entend les lettres de l'alphabet romain, avec les signes de ponctuation qui le complètent et les chiffres arabes ou romains. Les caractères allemands, russes, grecs, etc., sont exclus, bien que les diverses langues européennes soient admises.

Elles doivent être signées par l'expéditeur. L'adresse doit contenir toutes les indications nécessaires pour assurer la remise de la dépêche. Le nom du destinataire doit être écrit en toutes lettres, et il est interdit de le remplacer par des initiales ou des lettres conventionnelles.

L'expéditeur est en outre tenu d'inscrire sa propre adresse sur la minute. Cette indication n'entre dans le compte des mots soumis à la taxe que s'il en demande la transmission.

Les interlignes, renvois, ratures et surcharges doivent être approuvés par le signataire de la dépêche ou par son représentant. (Voir dépêches en langage ordinaire et dépêches en langage secret.)

Indépendamment des renseignements ci-dessus, nous croyons devoir donner quelques conseils sur la rédaction des télégrammes.

Le style télégraphique doit être le plus clair possible.

Il est bon, dans certains cas, d'écrire sa dépêche en projet, et de la recopier lorsqu'elle a subi tous les changements et réductions de mots désirables. Si le projet dépasse vingt mots, on peut supprimer les formules de politesse, les titres, les qualités, enfin tous les mots qui n'altèrent pas le sens de la dépêche afin de diminuer le plus possible le chiffre de la taxe. Mais il convient d'apporter la plus grande attention dans cette dernière opération. De graves erreurs peuvent être le résultat de la suppression d'un mot important, d'un article, d'un pronom ou d'un verbe auxiliaire. L'oubli de la ponctuation, l'emploi de mots dont la ressemblance orthographique permettrait de les prendre les uns pour les autres pourraient amener les mêmes résultats fâcheux.

On ne doit point craindre de se servir du souligné lorsqu'il s'agit d'un mot ou d'un nombre sur lequel repose toute l'importance d'une affaire.

Les alinéa (qui ne sont pas taxés) doivent être fréquemment employés, afin de bien détacher les phrases qui traitent de sujets différents.

Enfin, lorsqu'il s'agit d'une communication très-importante, on ne doit pas hésiter à se servir de la recommandation ou du collationnement qui permettent à l'expéditeur de se convaincre de l'exactitude de la copie remise à son correspondant.

Refus des dépêches à l'arrivée. — Les dépêches rapportées au bureau par suite du refus du destinataire de payer la taxe qu'il doit supporter, y sont conservées pendant huit jours. Passé ce délai, elles sont anéanties.

Refus des dépêches au départ. — Une dépêche peut être refusée par le bureau :

1° Si elle est contraire à l'ordre public et aux bonnes mœurs ;

2° Si l'identité de l'expéditeur ou la sincérité de sa signature n'est pas établie ;

3° Si les différentes prescriptions concernant la rédaction des dépêches ne sont pas observées ; par exemple, lorsque la dépêche ne contient pas l'adresse de l'expéditeur ; lorsque l'adresse n'est pas rédigée en langage ordinaire, ou lorsque les dépêches sont adressées aux chefs de gare pour être remises à des tiers dans une localité voisine (1), etc., etc. Dans ces différents cas, la minute est rendue ou renvoyée au déposant, revêtue d'une mention du directeur indiquant le motif du refus. Si le refus est fondé sur un texte contraire à l'ordre public ou aux bonnes mœurs, l'expéditeur est en droit d'en référer, à Paris, au Ministre de l'Intérieur, et dans les départements, aux Préfets ou aux Sous-Préfets.

Remboursements. — Les taxes perçues pour la transmission des dépêches sont remboursées aux ayants droit :

1° Lorsque la transmission n'a pas été effectuée par le fait du service télégraphique ;

2° Lorsque le destinataire d'une dépêche affranchie n'a pas usé de cette franchise dans le délai de huit jours, à dater du dépôt de la dépêche primitive.

3° Lorsque, par suite d'un retard notable imputable au service télégraphique ou à l'exprès, ou d'une grave erreur de transmission, la dépêche n'a pu manifestement remplir son but.

La taxe afférente à l'envoi par exprès est remboursée, sans déduction de la taxe postale, lorsque l'envoi par exprès n'a pu être effectué.

Les erreurs ou omissions imputables aux services auxiliaires des compagnies privées (chemins de fer) ne donnent pas droit à remboursement.

Toute demande en remboursement doit, sous peine de déchéance, être formée dans les trois mois de la perception de la taxe.

Dans le service international, le remboursement de la taxe en cas de retard notable ou de graves erreurs de transmission, n'a lieu que pour les dépêches recommandées. Toutefois, la taxe de toute dépêche dont la transmission n'a pas été effectuée, est remboursée à l'expéditeur.

Toute réclamation doit être formée, sous peine de déchéance, dans les trois mois de la date de la perception ; ce délai est porté à dix mois pour les correspondances échangées avec les pays hors d'Europe.

Remise des dépêches à destination. — Les dépêches télégraphiques peuvent être adressées à domicile, poste restante ou bureau télégraphique restant.

En l'absence du destinataire, la dépêche présentée à son domicile peut être remise aux membres adultes de sa famille, à ses locataires ou à ses hôtes, et aux personnes attachées à son service.

Les dépêches adressées bureau télégraphique restant sont remises au destinataire lui-même ou à son délégué dûment autorisé ; elles sont détruites quand elles ne sont pas réclamées dans un délai de quarante-cinq jours, qui commence à courir le lendemain de la réception de la dépêche.

Les dépêches adressées à domicile ou poste restante dans le lieu d'arrivée (2), sont portées sans frais à leur destination. Le destinataire peut désigner un délégué spécial pour recevoir les dépêches qui lui sont adressées.

L'expéditeur, de son côté, a la faculté de demander, en le mentionnant dans le texte taxé, que la remise n'ait lieu qu'entre les mains du destinataire même.

Les dépêches peuvent être remises à de certaines heures, ou dans des circonstances prévues, ailleurs qu'au domicile du destinataire, sur une demande écrite et signée de ce dernier, et déposées au bureau. Ainsi, une dépêche adressée à un agent de change lui sera remise en bourse, alors même que l'adresse mentionne le domicile, si cet agent l'a demandé ; l'Administration n'assume, toutefois, aucune responsabilité pour les retards et les malentendus qui résulteraient de ce mode de procéder.

Les dépêches adressées à domicile ou poste restante hors du lieu d'arrivée, sont, suivant le cas, expédiées par la poste ou par exprès (Voir Poste, Exprès et Gares).

Lorsque la dépêche n'a pu être remise, un avis est laissé au domicile du destinataire par le facteur, et la dépêche est rapportée au bureau où elle est conservée dans les mêmes conditions et pendant les mêmes délais que les dépêches adressées bureau restant ; elle est délivrée sur la présentation de cet avis.

Réponses payées. — L'expéditeur d'une dépêche peut en affranchir la réponse et la faire adresser sur un point quelconque du territoire des États contractants. Dans ce cas, la taxe est calculée conformément aux tarifs, entre le point de départ de la réponse et le point de destination ; mention en est faite dans le texte taxé. Si le nombre de mots payés reste indéterminé, la taxe est perçue pour vingt mots, mais le bureau

(1) Un semblable usage aurait pour résultat d'imposer aux chefs de gare un service entièrement en dehors de leurs attributions. Il a dû être interdit à la suite des réclamations des Compagnies.

(2) En France, les dépêches sont portées gratuitement, pour les bureaux de l'État dans les limites de l'octroi, ou à défaut d'octroi, dans celles du centre de population où le bureau est situé, et pour les bureaux de chemins de fer, dans l'enceinte de la gare.

ou la réponse est déposée l'accepte, quelle qu'en soit l'étendue; elle n'est remise au destinataire que contre payement de la taxe complémentaire. L'expéditeur d'une réponse justifie de son droit par la présentation de la dépêche reçue qui en fait mention.

TARIF INTÉRIEUR. Toute réponse présentée après un délai de huit jours à dater du dépôt de la dépêche primitive est considérée et traitée comme une nouvelle dépêche; mais dans ce cas, le bureau de dépôt rembourse la taxe à l'expéditeur.

TARIF ÉTRANGER. Lorsque la réponse n'a pas été présentée dans les huit jours qui suivent la date de la dépêche primitive, le bureau destinataire en informe l'expéditeur par une dépêche qui tient lieu de réponse. Toute réponse présentée après ce délai est considérée et traitée comme une nouvelle dépêche.

Taxes, principes généraux. -- La longueur d'une dépêche simple est de 20 mots; les taxes sont augmentées de moitié par série ou fraction de série complémentaire de dix mots.

Tout ce que l'expéditeur a inscrit sur la minute pour être transmis entre dans le calcul de la taxe.

Les indications relatives à la recommandation, aux accusés de réception, aux réponses payées, aux dépêches multiples ou à faire suivre, au mode d'envoi, ou de remise à domicile, figurent dans le texte taxé.

Les renseignements nécessaires pour l'établissement de la taxe font l'objet d'articles spéciaux.

Timbres-dépêches. — L'affranchissement, tant du principal de la taxe afférente à toute dépêche intérieure ou internationale que des frais accessoires qui peuvent être déterminés immédiatement, s'opère au moyen de timbres-dépêches.

L'affranchissement a lieu en numéraire lorsque la taxe est supérieure à 10 francs pour une dépêche intérieure, et à 20 francs pour une dépêche internationale.

Toute somme déposée à titre d'arrhes ou perçue sur le destinataire, ne peut l'être qu'en espèces; les frais des copies délivrées postérieurement au dépôt de la dépêche, soit à l'expéditeur, soit au destinataire, doivent être également acquittés en espèces.

Les frais de poste peuvent être acquittés en espèces ou en timbres-dépêches. Si l'expéditeur les affranchit en timbres-dépêches, et que ces timbres ne représentent pas la taxe postale exigible, cette taxe doit être forcée de manière à former un multiple du quart du franc.

Les frais de poste ne peuvent être acquittés au moyen de timbres-poste.

La transmission des dépêches insuffisamment affranchies a lieu, à la charge par le destinataire d'acquitter : 1°, le complément de la taxe; 2°, une surtaxe fixe de 50 centimes.

Toutefois, ne sont transmises que si elles sont intégralement affranchies : 1° les dépêches présentées au guichet; 2° les dépêches multiples; 3° les dépêches à expédier par la poste; 4° les dépêches à expédier par exprès ; 5° les dépêches internationales.

Toute dépêche dont la transmission est suspendue pour insuffisance d'affranchissement, est renvoyée à l'expéditeur pour que la taxe en soit complétée

Si le domicile de l'expéditeur est inconnu, la dépêche est conservée au bureau télégraphique pendant quarante-cinq jours.

Lorsque la valeur des timbres dont une dépêche est revêtue est supérieure à la taxe exigible, il n'y a pas lieu à détaxe.

Les peines applicables à l'emploi de timbres frauduleux sont les mêmes que celles édictées par la loi du 16 octobre 1849 contre l'usage ou la vente des timbres-poste frauduleux.

CRYPTOGRAPHIE

DÉPÊCHES EN LANGAGE SECRET [1].

Il est facile de concevoir une multitude de méthodes cryptographiques ; mais toutes ne sont pas propres à la correspondance télégraphique, et beaucoup se laissent déchiffrer. Dans cette dernière catégorie, nous rangeons celles qui sont simplement basées sur l'interversion des lettres de l'alphabet ou sur leur remplacement par des nombres. On sait, en effet, combien chaque lettre se reproduit de fois en moyenne sur un certain nombre de mots et la place qu'elle occupe généralement dans les bigrammes et les trigrammes.

Nous ne nous occuperons donc pas de ce genre de langage secret. Les procédés exposés ci-après, appropriés à la correspondance télégraphique, offrent plus de sécurité A ce titre, nous en recommandons l'emploi.

1ᵉʳ Système.

On divise l'alphabet en cinq groupes de lettres rangées dans un ordre arbitraire, comme par exemple :

1	2	3	4	5
f g k l p	*j o v b a*	*m n y s t*	*i r e c z*	*h x q u d*
1 2 3 4 5	1 2 3 4 5	1 2 3 4 5	1 2 3 4 5	1 2 3 4 5

Chaque lettre du texte que l'on veut rendre secret est indiquée par deux chiffres, dont le premier représente le groupe et le second la place qu'occupe la lettre dans ce groupe. La phrase : « *La situation empire, faillite imminente,* » s'écrira donc :

14253441355425354122324331154142431125411414413543413131413243323543.

Le correspondant qui recevra le télégramme commencera par diviser les chiffres par tranches de deux et recherchera ensuite dans son alphabet conventionnel à quelle lettre chaque couple de chiffres correspond.

Les chiffres non utilisés : 6, 7, 8, 9 et 0, ainsi que leurs combinaisons, peuvent être employés pour exprimer des mots ou des phrases qui se rencontrent souvent, telles que : « *arrivez immédiatement,* » « *réponse par télégramme,* » « *tout va bien.* » On peut aussi s'en servir comme non-valeurs dans le but de dérouter ceux qui voudraient déchiffrer la dépêche. Ainsi, on pourrait convenir que le chiffre 6 ne signifie rien ; le correspondant le bifferait, dans ce cas, avant de procéder à la traduction.

2ᵉ Système.

On convient avec son correspondant d'un livre peu connu, et l'on forme une clef de trois nombres, le

(1) Nous empruntons ce chapitre à l'excellent *Guide* de correspondance télégraphique publié en Belgique, par M. Girardin, inspecteur des télégraphes belges.

premier indiquant la page du livre, le second la ligne et le troisième le mot ou la phrase qu'on veut exprimer. Il importe de séparer chaque groupe du suivant par un point, une virgule ou un trait, afin d'éviter toute confusion.

Une dépêche écrite de cette façon ne peut être comprise que de ceux qui connaissent le livre choisi.

En vue de diminuer autant que possible le nombre des chiffres et des signes soumis à la taxe, on pourrait ne faire usage que de 10 pages du livre, de 10 lignes par page et de 10 mots par ligne, en désignant par un 0 la dixième page, la dixième ligne et le dixième mot. Chaque mot ou chaque phrase ne serait représenté alors que par 3 chiffres. On pourrait même supprimer les signes de séparation des groupes et écrire ceux-ci à la suite des autres, sans intervalles.

Il serait plus avantageux pour certains commerçants d'adopter un vocabulaire spécial, composé des mots et des expressions propres à leur genre de correspondance.

3e Système.

Les deux personnes qui veulent correspondre par ce système forment chacune un tableau composé d'un nombre convenu d'avance de cases dans le sens horizontal. Le nombre de cases dans le sens vertical n'est pas limité et dépend de la longueur de la communication.

Supposons que le nombre fixé d'avance de cases en ligne ou tranche horizontale soit 9, et qu'il s'agisse encore de la phrase : « *La situation empire, faillite imminente.* » La personne qui expédie inscrira dans son tableau les lettres de cette phrase, en allant de gauche à droite, comme ci-dessous.

l	a	s	i	t	u	a	t	i
o	n	e	m	p	i	r	e	f
a	i	l	l	i	t	e	i	m
m		n	e	u	t	e		

Cela fait, elle écrit de nouveau, en allant de gauche à droite, les mêmes lettres et signes sur le feuillet à déposer au bureau télégraphique, mais en observant l'ordre vertical qu'ils occupent dans le rectangle. La dépêche affecte ainsi la forme suivante :

l . amaniiselnimletpinuittareetciifm.

Pour la traduire, le destinataire commence à rechercher le nombre de tranches horizontales employées par son correspondant. Il lui suffit, à cet effet, de diviser le nombre de lettres composant le texte secret par le nombre de cases convenu en ligne horizontale. Les unités du quotient lui donneront le nombre de tranches horizontales complètes et la fraction, le nombre de cases employées dans la dernière tranche.

Ceci fait, il transcrit les lettres de la dépêche dans les cases verticales de son tableau, c'est-à-dire en suivant l'ordre vertical que l'expéditeur a observé pour former la dépêche à envoyer au bureau télégraphique. En lisant ensuite ces lettres dans le sens horizontal, il obtient le télégramme primitif.

Ce procédé est très-efficace et beaucoup plus rapide qu'on ne le croit à une première lecture.

Les tableaux qu'il exige se dressent très-facilement, si l'on se sert de papier quadrillé, où les cases sont déjà formées.

Pour dérouter complétement celui qui chercherait à deviner une pareille missive, il suffirait de convenir de laisser en blanc certaines cases du tableau, ou d'entremêler les lettres de chiffres ou signes sans valeur.

4e Système.

On convient d'un mot de clef, *roi*, par exemple. En regard de chacune des trois lettres de ce mot, on écrit toutes les lettres de l'alphabet dans autant d'ordres différents; au-dessus est placé l'alphabet dans son ordre naturel. On obtient ainsi le tableau suivant :

	a	b	c	d	e	f	g	h	i	j	k	l	m	n	o	p	q	r	s	t	u	v	x	y	z
R	b	c	d	e	f	g	h	i	j	k	l	m	n	o	p	q	r	s	t	u	v	x	y	z	a
O	c	d	e	f	g	h	i	j	k	l	m	n	o	p	q	r	s	t	u	v	x	y	z	a	b
I	d	e	f	g	h	i	j	k	l	m	n	o	p	q	r	s	t	u	v	x	y		a	b	c

Prenons encore la phrase : « *La situation empire, faillite imminente.* » On écrit au-dessous des lettres de cette phrase les lettres du mot *roi*, comme ci-après :

La   situation   empire,   faillite   imminente
Ro   iroiroiro   iroiro   iroiroir   oiroiroi

On cherche ensuite dans le tableau la lettre qui correspond à chaque couple de lettres prise verticalement, pour la première couple (r*l*), on trouve *m*; pour la seconde *oa*, *c*; pour la troisième *is*, *r*, etc. En un mot, on se sert de ce tableau comme d'une table de multiplication.

Le texte ainsi obtenu sera le suivant :

m c r j v y b r l p p h n r t s g i b k o m k s f k p n k q f p x f

Lorsque le destinataire reçoit cette missive, il écrit au-dessous des lettres dont elle est composée les lettres du mot **roi :**

m c r j r y b r l, etc.
r o i r o i r o i

Il fait l'opération inverse de celle effectuée par son correspondant, c'est-à-dire il cherche dans l'alphabet ordinaire du tableau les lettres qui correspondent aux couples *rm, oc, ir, rj*, etc.; pour la première, il trouve *l*, pour la seconde *a*, pour la troisième *s*, etc. Il obtient ainsi toutes les lettres de la phrase primitive.

Cette manière d'écrire offre d'autant plus de sécurité qu'une même lettre du texte secret représente des lettres différentes du texte clair. Elle déjouerait donc toutes les tentatives qui seraient faites pour la deviner.

Il est à remarquer aussi que le texte chiffré ne contient pas plus de signes que le texte en langage ordinaire, ce qui est avantageux au point de vue de la taxation.

Tels sont les procédés que nous croyons les plus favorables au secret des correspondances et à la transmission télégraphique.

TARIF FRANÇAIS.

DÉPÊCHE SIMPLE DE VINGT MOTS,

Adresse et Signature comprises.

FRANCE.

A l'intérieur de **PARIS**... **0** fr. **50** c.
Entre deux bureaux d'un même **DÉPARTEMENT**........................... **1** fr. » c.
Entre deux bureaux de **DÉPARTEMENTS** différents, la Corse exceptée... **2** fr. » c.

CORSE.

Entre un bureau continental de l'Empire { Taxe française................... **2** fr. }
et un bureau Corse.................... { Transit italien.................... **1** » } **3** fr.

ALGÉRIE ET TUNISIE.

ENTRE UN BUREAU DE FRANCE ET UN BUREAU D'ALGÉRIE OU DE TUNISIE.

Voie sous-marine (Marsala.) { ALGÉRIE..) Taxe française (France, câble, Algérie et Tunisie). **6** fr.) **8** fr.
TUNISIE...) Transit italien..................................... **2** fr.)
Même taxe pour la correspondance échangée avec la Corse.

Voie mixte (poste et télégraphe par Marseille.) { ALGER .... **2** fr. » c.
ALGÉRIE (le cas précédent excepté)..................... **3** fr. **50** c.
TUNISIE.. **4** fr. **50** c.
Mêmes taxes augmentées de 1 fr. (transit italien) pour la correspondance échangée avec la Corse. ·
A ces taxes il faut, quelle que soit la longueur de la dépêche, ajouter un droit fixe de **0** fr. **40** c. pour frais de transport par la poste de Marseille en Algérie.
Les paquebots partent de Marseille à midi, les mardi, jeudi et samedi pour Alger, le mercredi pour Oran, et le vendredi pour Stora ou Philippeville et Bône.

Toutes les taxes ci-dessus, excepté le droit postal mentionné pour l'Algérie et la Tunisie, sont augmentées de moitié pour ha u dizain ou fraction de dizaine de mots en sus de vingt.

Bien que la **Corse**, l'**Algérie** et la **Tunisie** figurent au tarif français, les dépêches qu'elles échangent avec les autres bureaux de l'Empire par les lignes italiennes doivent être soumises à toutes les règles du service international. Le transit auquel elles sont actuellement assujetties rend cette mesure nécessaire. Les prescriptions du service intérieur, relatives aux frais d'exprès et de poste sont toujours applicables à ces dépêches. La correspondance de **Corse**, d'**Algérie** et de **Tunisie**, qui emprunte la voie des paquebots, sans transit italien, est soumise aux règles du service intérieur.

NOMENCLATURE

DE

BUREAUX FRANÇAIS

ABRÉVIATIONS.

N   — Bureau à service permanent (de jour et de nuit).

$\dfrac{N}{2}$ — Bureau à service de jour prolongé jusqu'à minuit.

L.   — Bureau à service limité (de 9 heures du matin à 7 heures du soir, pendant la semaine; de 8 heures à 10 heures du matin et de 3 heures à 6 heures du soir, les dimanches et jours fériés).

M   — Bureau à service municipal (de 9 heures du matin à midi et de 2 heures à 7 heures du soir, pendant la semaine; de 8 heures et demie à 9 heures et demie du matin et de 5 heures à 6 heures du soir, les dimanches et jours fériés).

B.   — Bureau ouvert pendant la saison des bains, avec service complet.

BL   — Bureau ouvert pendant la saison des bains, avec service limité.

BM   — Bureau ouvert pendant la saison des bains, avec service municipal.

$\dfrac{L}{BC}$ — Bureau ouvert avec service complet pendant la saison des bains et limité le reste de l'année.

MC — Bureau municipal à service de jour complet.

$\dfrac{M}{BL}$ — Bureau ouvert avec service limité pendant la saison des bains et municipal le reste de l'année.

$\dfrac{L}{HC}$ — Bureau ouvert avec service complet pendant la saison d'hiver et limité le reste de l'année.

Sém. — Poste électro-sémaphorique ouvert à la correspondance privée, avec service complet.

(r)   — Bureau de gare qui n'admet que les dépêches relatives aux incidents de voyage.

(*)   — Bureau qui n'est pas encore ouvert.

N.-B. — Les bureaux qui n'ont aucun signe abréviatif sont des bureaux à service de jour complet, ouvrant en été à 7 heures du matin, en hiver à 8 heures, et fermant en toute saison à 9 heures du soir.

BUREAUX OUVERTS DANS PARIS.

1er ARRONDISSEMENT.
- Rue J.-J.-Rousseau, 3.
- Rue de Rivoli, 166 (Hôtel du Louvre).
- Place Vendôme, 15 (Crédit Mobilier, *ouvert jusqu'à 6 heures du soir*).

2e —
- Place de la Bourse, 12 (N).
- Rue aux Ours, 32.

3e —
- Boulevard du Temple, 34 $\frac{N}{2}$.
- Rue des Vieilles-Haudriettes, 6.

4e —
- Hôtel de Ville, rue de Rivoli $\frac{N}{2}$.

5e —
- Boulevard Saint Germain, 14.
- Place Saint Michel, 6.
- Rue de la Halle-aux-Cuirs (Halle aux Cuirs).

6e —
- Rue des Saints-Pères, 31.
- Rue de Rennes, 154.
- Rue de Vaugirard (Palais du Sénat) $\frac{N}{2}$.

7e —
- Avenue de la Bourdonnaye (Palais de l'Exposition).
- Rue de Grenelle-St-Germain, 103 (N).
- Rue de Bourgogne (Palais Législatif, *ouvert seulement pendant la session*).
- Rue Bertrand, 24.
- École militaire (Pavillon de l'artillerie).

8e —
- Avenue des Champs-Elysées, 67 $\frac{N}{2}$.
- Boulevard Malesherbes, 4.
- Rue Saint-Lazare, 126 (place du Havre).
- Rue Boissy-d'Anglas, 3.

9e —
- Boulevard des Capucines (Grand-Hôtel, *ouvert jusqu'à minuit et demi*).
- Rue Lafayette, 35.
- Rue Sainte-Cécile, 2.

10e —
- Place Roubaix, 24 (gare du Nord) $\frac{N}{2}$.
- Rue de Strasbourg, 8.
- Boulevard Saint-Denis, 16.

11e —
- Boulevard du Prince-Eugène, 134.
- Boulevard du Prince-Eugène, 283 (place du Trône).

12e —
- Rue de Lyon, 57 et 59 $\frac{N}{2}$.
- BERCY, rue de Mâcon, 2.

13e —
- Quai d'Austerlitz (gare d'Orléans) $\frac{N}{2}$.
- LES GOBELINS, route d'Italie, 6.

14e —
- MONTROUGE, route d'Orléans, 8.

15e —
- GRENELLE, rue du Théâtre, 70.
- VAUGIRARD, Grande Rue, 97.

16e —
- AUTEUIL, Grande-Rue, 10.
- PASSY, place de la Mairie, 4.

17e —
- BATIGNOLLES-CLICHY, avenue de Clichy, 73.
- BATIGNOLLES-MONCEAUX, boulevard des Batignolles, 22 $\frac{N}{2}$ / boulevard Monceaux, 108.
- LES TERNES, avenue de la Grande-Armée, 80.

18e —
- MONTMARTRE, boulevard Rochechouart, 48.
- LA CHAPELLE, Grande-Rue, 102.

19e —
- LA VILLETTE, rue de Flandre, 43.

20e —
- BELLEVILLE, rue de Paris, 58.

FRANCE.

Les noms en caractères gras indiquent les bureaux de l'État; les noms en caractères romains sont ceux des gares autorisées à faire le service de la télégraphie privée; les noms en italiques font connaître les localités qui n'ont pas de bureau spécial: les dépêches y sont portées par le bureau indiqué entre parenthèses.

NOMS des BUREAUX.	DÉPARTEMENTS	FRAIS D'EXPRÈS.
Abbeville	Somme	»
Aberwrach (l') (Sém.)	Finistère	»
Aberwrach (l') (Sém. l'Aberwrach)	Finistère	»
Ablis	Seine-et-Oise	2 50
Ablon	Seine-et-Oise	» 50
Agay (*v*)	Var	»
Agay (Sém. Cap Drammont)	Var	1 50
Agde	Hérault	»
Agen	Lot-et-Garonne	»
Agon	Manche	»
Agon (Sém. Agon)	Manche	»
Agonac	Dordogne	» 50
Ahun (par Ahun-les-Mines)	Creuse	2 »
Ahun-les-Mines	Creuse	» 50
Aigre (M)	Charente	»
Aigrefeuille	Charente-Infér.	2 »
Aiguebelle	Savoie	» 50
Aigueperse	Puy-de-Dôme	» 50
Aiguemortes (L)	Gard	»
Aiguesvives (M)	Gard	»
Aiguillon	Lot-et-Garonne	» 50
Aillant-sur-Tholon (M)	Yonne	»
Aillevillers	Haute-Saône	» 50
Ainay-le-Vieil	Cher	» 50
Aire (M)	Pas-de-Calais	»
Aire	Landes	» 50
Airel (*v*)	Manche	»
Airvault (M)	Deux-Sèvres	»
Aiserey (M)	Côte-d'Or	»
Aix	Bouches-du-Rhône	»
Aixe (M)	Haute-Vienne	»
Aix-en-Othe (M)	Aube	»
Aix-les-Bains — (L / BC)	Savoie	»
Ajaccio	Corse	»
Alais	Gard	»
Albenc (l')	Isère	» 50
Albens	Savoie	» 50
Albert	Somme	» 50
Albertville (L)	Savoie	»
Albi	Tarn	»
Alençon	Orne	»
Alfort (*École*) (par Maisons-Alfort)	Seine	2 »
Allevard — (M / BL)	Isère	»
Almenèches (*v*)	Orne	»
Altkirch (M)	Haut-Rhin	»
Alvimare (*v*) (2)	Seine-Infér.	»
Amagne	Ardennes	1 »
Ambazac	Haute-Vienne	1 »
Ambérieux	Ain	1 »
Ambert (L)	Puy-de-Dôme	»
Ambès (M)	Gironde	»
Amboise	Indre-et-Loire	» 50
Ambronay	Ain	1 50
Amélie-les-Bains M	Pyrénées-Orient.	»
Amfreville (Sém. Ouistreham)	Calvados	3 »
Amfreville-la-Campagne (M)	Eure	»
Amiens	Somme	»
Amphion (Bains d', BL)	Haute-Savoie	»
Amplepuis	Rhône	» 50
Ancenis (L)	Loire-Infér.	»
Ancy-le-Franc (M)	Yonne	»
Andancette	Drôme	» 50
Andelot-en-Montagne	Jura	» 50
Andelys (les)	Eure	»
Andrézieux	Loire	» 50
Andrésy (M)	Seine-et-Oise	»
Anduze (L)	Gard	»
Anetz	Loire-Infer	» 50
Angers	Maine-et-Loire	»
Angerville	Seine-et-Oise	» 50
Angoulême	Charente	»
Aniane (L)	Hérault	»
Anizy-le-Château	Aisne	1 »
Annecy	Haute-Savoie	»
Annonay	Ardèche	»
Antibes (L)	Alpes-Maritim.	»
Aoust (M)	Drôme	»
Apt (L)	Vaucluse	»
Arbois (L)	Jura	»
Arbresle (l')	Rhône	» 50
Arcachon	Gironde	» 50
Arcis-sur-Aube (L)	Aube	»
Ares (les) (M)	Var	»
Arc-Senans	Doubs	» 50
Arcueil (M)	Seine	»
Argelès (L)	Hautes-Pyrén.	»
Argences (M)	Calvados	»
Argentan (L)	Orne	»
Argenteuil (M)	Seine-et-Oise	»
Argenton (Sém. Pointe de Landunvez)	Finistère	1 50
Argenton	Indre	» 50
Argenton-Château (M)	Deux-Sèvres	»
Arjuzanx (M)	Landes	»
Arles	Bouches-du-Rhône	»
Armentières (M)	Nord	»
Arnage	Sarthe	» 50

NOMS des BUREAUX.	DÉPARTEMENTS.	FRAIS D'EXPRÈS.	NOMS des BUREAUX.	DÉPARTEMENTS	FRAIS D'EXPRÈS.
Arpajon	Seine-et-Oise	» 50	Audrieu (r)	Calvados	»
Arques (M)	Seine-Infér	»	**Audruicq** (M)	Pas-de-Calais	»
Arras	Pas-de-Calais	»	Audun-le-Roman	Moselle	» 50
Ars	Moselle	» 50	**Auffay** (M)	Seine-Infér	»
Ars-en-Ré (M)	Charente-Infér	»	**Aumale** (M)	Seine-Infér	»
Artenay	Loiret	» 50	**Aunay-sur-Odon** (M)	Calvados	»
Arthemare	Ain	1 »	Auneau	Eure-et-Loir	1 »
Arvant	Haute-Loire	» 50	**Auneuil** (M)	Oise	»
Arvert (M)	Charente-Infér		**Auray** (M)	Morbihan	»
Arveyres	Gironde	» 50	Aurec	Haute-Loire	» 50
Asnières (r)	Seine	»	**Aurillac**	Cantal	»
Assier	Lot	» 50	Auterive	Haute-Garonne	» 50
Athies (M)	Somme	»	**Autun** (L)	Saône-et-Loire	»
Athis-Mons	Seine-et-Oise	» 50	**Auxerre**	Yonne	»
Aubagne	Bouches-du-Rhône	» 50	**Auxonne** (L)	Côte-d'Or	»
Aubenas	Ardèche	»	**Avallon** (L)	Yonne	»
Aubigné	Sarthe	» 50	Avenay	Marne	» 50
Aubin (L)	Aveyron	»	**Avesnes** (L)	Nord	»
Aubrais (les)	Loiret	» 50	Avessac (r)	Loire-Infér	»
Aubusson (L)	Creuse	»	**Avignon**	Vaucluse	»
Auch	Gers	»	**Avize** (M)	Marne	»
Auderville (Sém. Cap la Hague)	Manche	»	Avoise (r)	Sarthe	»
Audierne (L)	Finistère	»	Avor	Cher	» 50
Audinghen (Sém. Cap Gris-Nez)	Pas-de-Calais	2 »	**Avranches**	Manche	»
Audresselles (Sém. Cap Gris-Nez)	Pas-de-Calais	2 50	Avricourt	Meurthe	» 50
			Ax (M)	Ariége	»
			Ay	Marne	» 50

NOMS des BUREAUX.	DÉPARTEMENTS	FRAIS D'EXPRÈS.
Baccarat	Meurthe	» 30
Bachellerie (la)	Dordogne	1 »
Bacqueville (M	Seine-Infér	»
Bagnac	Lot	» 30
Bagnères-de-Bigorre. —— BC	Hautes-Pyrén	»
Bagnères-de-Luchon —— BC	Haute-Garonne	»
Bagnols (M)	Gard	»
Baignes-Ste-Radegonde (M)	Charente	»
Baillargues	Hérault	» 30
Bailleul (M)	Nord	»
Bain-Lohéac (L)	Ille-et-Vilaine	»
Bains (M)	Vosges	»
Balbigny L	Loire	» 30
Ballancourt	Seine-et-Oise	» 30
Bandol (M)	Var	»
Bannalec	Finistère	» 30
Banville (Sém. St-Aubin)	Calvados	3 50
Banyuls-sur-Mer (Sém. Cap Béarn)	Pyrénées Orient	2 »
Bapaume (M)	Pas-de-Calais	»
Barbentane M	Bouches-du-Rhône	»
Barbezieux (L	Charente	»
Barcelonnette L	Basses-Alpes	»
Baréges (BL)	Hautes-Pyrén	»
Barentin M	Seine-Infér	»
Barfleur (Sém.	Manche	»
Barfleur (Sém. Barfleur)	Manche	2 »
Bargemon (M)	Var	»
Barjols (M)	Var	»
Bar-le-Duc	Meuse	»
Barneville (Sém. Carteret)	Manche	2 50
Barr (M)	Bas-Rhin	»
Barre (la) (M)	Eure	»
Barres (les)	Vienne	1 50
Barsac (M)	Gironde	»
Bar-sur-Aube (L)	Aube	»
Bar-sur-Seine (L)	Aube	»
Basse-Indre	Loire-Infér	1 »
N		
Bastia ——	Corse	»
2		
Bastide - Rouairoux (la) (M)	Tarn	»
Bastide-Sérou (la) M	Ariège	»
Baud	Morbihan	2 50
Baugé (L)	Maine-et-Loire	»
Baume-les-Dames (L)	Doubs	»
Bautiran	Gironde	» 30
Bavay (M)	Nord	»
Bayeux (L)	Calvados	»
Bayonne	Basses-Pyrén	»
Bazancourt	Marne	» 30
Bazas (L)	Gironde	»
Beaucaire (L)	Gard	»
Beaucourt (M)	Haut-Rhin	»
Beaufort	Jura	» 30
Beaufort (M)	Maine-et-Loire	»
Beaugency	Loiret	» 30
Beaumesnil (M)	Eure	»
Beaumont (Sém. Pte Jardeheu)	Manche	3 50
Beaumont	Seine-et-Oise	» 30
Beaumont-le-Roger (M)	Eure	»
Beaumont-s-Sarthe (M)	Sarthe	»
Beaune (L)	Côte-d'Or	»
Beaupouyet	Dordogne	» 30
Beaurepaire	Loire	» 30
Beauvais	Oise	»
Beausac par Pont de Lignon	Haute-Loire	» 50
Beblenheim M	Haut-Rhin	»
Bec-de-l'Aigle Sém.	Bouches-du-Rhône	»
Bec du Raz de Sein Sém.	Finistère	»
Bédarieux L	Hérault	»
Bedarrides M	Vaucluse	»
Beg Meil Sém.	Finistère	»
Béhobie par Hendaye	Basses-Pyrén	1 50
Bélabre M	Indre	»
Bélesta M	Ariège	»
Belfort L	Haut-Rhin	»
Bellac L	Haute-Vienne	»
Bellegarde	Ain	» 50
Bellegarde M	Loiret	»
Belle Isle L	Côtes-du-Nord	»
Bellême M	Orne	»
Bellenaves M	Allier	»
Belleville	Rhône	» 50
Belleville	Vendée	» 50
Bellevue	Loire	» 50
Bellevue L	Seine-et-Oise	»
Bellevue par Meudon	Seine-et-Oise	»
Belley L	Ain	»
Belves	Dordogne	» 50
Benfeld	Bas-Rhin	» 50
Bengy	Cher	» 50
Bergerac L	Dordogne	»
Bergues	Nord	» 50
Bernay	Eure	
Bernières-sur-Mer Sém. Saint Aubin	Calvados	»
Bersac	Haute-Vienne	» 50
Besançon	Doubs	»
Beslé L	Loire-Infér	»
Bessan	Hérault	» 50
Bessèges	Gard	» 50
Béthune (L)	Pas-de-Calais	»
Betton L	Ille-et-Vilaine	»
Beuzeval Sém. Pte de Beuzeval	Calvados	»
Beuzeville M	Eure	»
Beuzeville	Seine-Infér	1 »
Beynac	Haute-Vienne	1 »
Bezenet	Allier	» 50
Béziers	Hérault	»
Biarritz BL	Basses-Pyrén	»
Bicêtre M	Seine	1 »
Biganos par Facture	Gironde	1 »
Bigny	Cher	» 50
Billancourt (Exposition) (par Meudon)	Seine	1 »
Billom (M)	Puy-de-Dôme	»
Binic (L)	Côtes-du-Nord	»
Bischwiller (L)	Bas-Rhin	»
Bitche (M)	Moselle	»
Bitschwiller-Thann	Haut-Rhin	» 50
Blainville	Meurthe	» 50
Blaizy-Bas	Côte-d'Or	» 50
Blamont (M)	Meurthe	»
Blanc (le) (L)	Indre	»
Blangy (M)	Seine-Infér	»
Blanzy	Saône-et-Loire	» 50
Blaye (L)	Gironde	»
Bléneau (M)	Yonne	»
Blesmes	Marne	1 »
Blois	Loir-et-Cher	»
Bocognano (M)	Corse	»
Boen (M)	Loire	»

NOMS des BUREAUX.	DÉPARTEMENTS	FRAIS D'EXPRÈS.
Bohain (M)	Aisne	»
Bohalle (la)	Maine-et-Loire	1 »
Bois-Colombes (r)	Seine	»
Boisset-Pacy	Eure	» 50
Boisset	Cantal	» 50
Boissey-le-Châtel (M)	Eure	»
Boisville	Eure-et-Loir	1 50
Bolbec (L)	Seine-Infér	»
Bollwiller	Haut-Rhin	» 50
Bondy	Seine	1 »
Bonnemain (r)	Ille-et-Vilaine	»
Bonneval	Eure-et-Loir	» 50
Bonifacio (L)	Corse	»
Bonneville (L)	Haute-Savoie	»
Bonneville (la)	Eure	1 »
Bonnières	Seine-et-Oise	» 50
Boran (M)	Oise	»
Bordeaux (N) (L)	Gironde	»
Bormes (Sém. Cap Bénat)	Var	5 »
Boscroger (M)	Eure	»
Bouc (Sém.)	Bouches-du-Rhône	»
Bouc (Sém. Bouc)	Bouches-du-Rhône	»
Bouchain	Nord	1 »
Bouchoux (les) (M)	Jura	»
Bougival (M)	Seine-et-Oise	»
Boujeailles	Doubs	» 50
Boulogne-sur-Mer N	Pas-de-Calais	»
Boulogne	Seine	»
Boulzicourt	Ardennes	» 50
Bouray	Seine-et-Oise	1 »
Bourbonne (M)	Haute-Marne	»
Bourbourg (M)	Nord	»
Bourg	Ain	»
Bourg-Achard (M)	Eure	»
Bourganeuf (L)	Creuse	»
Bourg-Argental (M)	Loire	»
Bourg-des-Comptes (r)	Ille-et-Vilaine	»
Bourg-du-Péage (M)	Drôme	»
Bourges	Cher	»
Bourget (le)	Seine	» 50
Bourg-la-Reine (M)	Seine	»
Bourg-le-Roi (r)	Sarthe	»
Bourg-les-Valence	Drôme	» 50
Bourgoin	Isère	» 50
Bourgtheroulde (M)	Eure	»
Bourgueil (M)	Indre-et-Loire	»
Bourth (M)	Eure	»
Boussac (L)	Creuse	»
Braisne	Aisne	1 »
Bram	Aude	» 50
Brassac	Puy-de-Dôme	» 50
Braux	Ardennes	» 50
Brazey-en-Plaine (M)	Côte-d'Or	»
Brégançon (Sém. Cap Bénat)	Var	2 »
Bréhat (I. de Bréhat (Sém.)	Côtes-du-Nord	»
Bresles (M)	Oise	»
Bresse (la) (M)	Vosges	»
Bressuire (L)	Deux-Sèvres	»
Brest N/2	Finistère	»
Breteuil (M)	Eure	»
Breteuil (M)	Oise	»
Brétigny	Seine-et-Oise	» 50
Bretoncelles	Orne	» 50
Bretteville (r)	Calvados	»
Breuches (M)	Haute-Saône	»
Breuil (le) (r)	Calvados	»
Breuil (le)	Puy-de-Dôme	» 50
Breuillet	Seine-et-Oise	1 »
Breuillet (M)	Charente-Infér	»
Bréval	Seine-et-Oise	» 50
Briançon (L)	Hautes-Alpes	»
Briare (M)	Loiret	»
Bricquebec (M)	Manche	»
Brides-les-Bains (BM)	Savoie	»
Brie-Comte-Robert (M)	Seine-et-Marne	»
Brienne-Napoléon (B)	Aube	»
Brienon	Yonne	» 30
Briey (L)	Moselle	»
Brignoles (L)	Var	»
Brionne (la)	Creuse	» 30
Bricanne (M)	Eure	»
Brioude (L)	Haute-Loire	»
Briouse (M)	Orne	»
Brissac (M)	Maine-et-Loire	»
Brives (L)	Corrèze	»
Brizambourg (M)	Charente-Infér	»
Broglie (M)	Eure	»
Broons (r)	Côtes-du-Nord	»
Brosse-Augerville (la) — pour Augerville	Loiret	1 50
— pour la Brosse	Loiret	1 »
Bruay (M)	Pas-de-Calais	»
Brumath	Bas-Rhin	» 50
Bruniquel	Tarn-et-Garonne	1 50
Brunoy	Seine-et-Oise	» 50
Bruyères (M)	Vosges	»
Bruz (r)	Ille-et-Vilaine	»
Bueil	Eure	» 50
Bugue (le)	Dordogne	1 »
Buisson (le)	Dordogne	» 50
Bulgnéville (M)	Vosges	»
Busigny	Nord	1 »
Bussang (M)	Vosges	»
Busseau-d'Ahun	Creuse	» 50
Bussière-Galant	Haute-Vienne	1 50
Buzançais (M)	Indre	»

NOMS des BUREAUX.	DÉPARTEMENTS.	FRAIS D'EXPRÈS.
Cabourg (B)	Calvados	»
Cabourg (pendant l'hiver) (Sém. Pointe de Beuzeval)	Calvados	3 »
Cadillac M	Gironde	»
Caen	Calvados	»
Cahors	Lot	»
Cahuzac	Tarn	1 50
Calais (N)	Pas-de-Calais	»
Calais (Sém.)	Pas-de-Calais	»
Callas (M)	Var	»
Calvi (L)	Corse	»
Camaret (Sém.)	Finistère	»
Camaret (Sém. Camaret)	Finistère	»
Cambrai	Nord	»
Cancale (Sém. Pointe du Grouin)	Ille-et-Vilaine	2 50
Candas (le) M	Somme	»
Cannes	Alpes-Maritimes	»
Cany (M)	Seine-Inférieure	»
Capdenac	Aveyron	» 50
Capdenac (gare Capdenac)	Lot	2 »
Cap d'Agde (Sém)	Hérault	»
Cap d'Antifer (Sém.)	Seine-Inférieure	»
Cap d'Arcachon Sém.	Gironde	»
Cap Béarn (Sém.)	Pyrénées-Orient	»
Cap Bénat Sém.	Var	»
Cap Breton (Sém.)	Landes	»
Cap Breton (Sém. Cap Breton)	Landes	2 »
Cap Camarat (Sém.)	Var	»
Cap Cavallo (Sém.)	Corse	»
Cap la Chèvre (Sém.)	Finistère	»
Cap Corse (Monteg.) Sém.	Corse	»
Cap Croisette (Sém.)	Bouches-du-Rh.	»
Cap Drammont (Sém.)	Var	»
Cap d'Erquy (Sém.)	Côtes-du-Nord	»
Cap Ferret (Sém.)	Alpes-Maritimes	»
Cap Fréhel (Sém.)	Côtes-du-Nord	»
Cap la Garoupe (Sém.)	Alpes-Maritimes	»
Cap Gris-Nez (Sém.)	Pas-de-Calais	»
Cap la Hague (Sém.)	Manche	»
Cap la Hève (Sém.)	Seine-Inférieure	»
Cap Leucate (Sém.)	Aude	»
Cap Lévi (Sém.)	Manche	»
Cap Pertusato (Sém.)	Corse	»
Cap S.-Martino (Sém.)	Alpes-Maritimes	»
Cap Sagro (Sém.)	Corse	»
Cap Sardinaux (Sém.)	Var	»
Cap Sepet (Sém.)	Var	»
Cap Siclé (Sém.)	Var	»
Capelle (la) (M)	Aisne	»
Capelle-Viescamp (la)	Cantal	» 50
Capendu (M)	Aude	»
Carcassonne	Aude	»
Carcès (M)	Var	»
Carentan (L)	Manche	»
Carignan (M)	Ardennes	»
Carnoules (r)	Var	»
Carpentras (L)	Vaucluse	»
Carteret (Sém.)	Manche	»
Carteret (Sém. Carteret)	Manche	»
Carvin (M)	Nord	»
Casablanda (M)	Corse	»
Casseneuil (M)	Lot-et-Garonne	»
Cassis (L)	Bouches-du-Rh.	»
Casteljaloux (M)	Lot-et-Garonne	»
Castellane (L)	Basses-Alpes	»
Castelmoron (M)	Lot-et-Garonne	»
Castelnaudary (L)	Aude	»
Castel-Sarrazin (L)	Tarn-et-Garonne	»
Castilloc-s.-Dordogne (M)	Gironde	»
Castillonnès (M)	Lot-et-Garonne	»
Casires	Tarn	»
Cateau (le) (M)	Nord	»
Caudebec-en-Caux (M)	Seine-Inférieure	»
Caudebec-les-Elbeuf (M)	Seine-Inférieure	»
Caudry	Nord	1 »
Caulnes-Dinan (r)	Côtes-du-Nord	»
Caunes (M)	Aude	»
Cauro (M)	Corse	»
Caussade (M)	Tarn-et-Garonne	»
Cauterets (B)	Hautes-Pyrénées	»
Cavaillon (L)	Vaucluse	»
Cayeux (Sém.)	Somme	»
Cayeux (Sém. Cayeux)	Somme	»
Cazeres	Landes	» 50
Celle Bruère (la)	Cher	» 50
Celles (M)	Deux-Sèvres	»
Celon	Indre	» 50
Cendre (le)	Puy-de-Dôme	» 50
Cercottes	Loiret	» 50
Cercy	Nièvre	» 50
Cérences (M)	Manche	»
Céret (L)	Pyrénées-Orient	»
Cernay	Haut-Rhin	» 50
Cérons	Gironde	» 50
Cervione (M)	Corse	»
Cessieu	Isère	» 50
Cesson	Seine-et-Marne	» 50
Cette	Hérault	»
Cette (Sém.)	Hérault	»
Chabenet	Indre	» 50
Chabons	Isère	» 50
Chagny	Saône-et-Loire	» 50
Chalais	Charente	» 50
Chalindrey	Haute-Marne	1 »
Challans (L)	Vendée	»
Chalonnes	Maine-et-Loire	1 »
Châlon-sur-Saône	Saône-et-Loire	»
Châlons-sur-Marne	Marne	»
Châlons (camp de) (M 6)	Marne	»
Chamarande	Seine-et-Oise	» 50
Chambéry	Savoie	»
Chambly (M)	Oise	»
Chambou	Charente-Infér.	1 50
Chambon (M)	Loire	»
Chamonix (M / BC)	Haute-Savoie	»
Chamousset	Savoie	» 50
Chamouilley (M)	Haute-Marne	»
Champagney (M)	Haute-Saône	»
Champ-Condillac (la)	Drôme	» 50
Champlitte	Haute-Saône	» 50
Champtocé	Maine-et-Loire	1 »
Champvans	Jura	» 50
Chanon	Creuse	» 50
Chantenay	Loire-Inférieure	» 50
Chantilly	Oise	»
Chapelle de Guinchay-Pontanevaux (la) (M)	Saône-et-Loire	»
Chapelle-St-Mesmin (la)	Loiret	1 »
Chapelle-Saint-Ursin (la)	Cher	1 50
Chapelle-sur-Loire (la)	Indre-et-Loire	» 50
Charenton (11)	Seine	» 50
Charité (la)	Nièvre	» 50
Charleville (20)	Ardennes	»
Charleval (M)	Eure	»
Charlieu (M)	Loire	»
Charly (M)	Aisne	»

NOMS des BUREAUX.	DÉPARTEMENTS	FRAIS D'EXPRÈS.
Charmant	Charente	» 30
Charmes (M)	Vosges	»
Charolles (L)	Saône-et-Loire	»
Chartres	Eure-et-Loir	»
Chartreux (les, (par Rouen)	Seine-Inférieure	1 »
Chasse	Isère	» 30
Chasseneuil	Vienne	» 50
Châteaubourg (r)	Ille-et-Vilaine	»
Châteaubriant (L)	Loire-Inférieure	»
Château-Chinon L.	Nièvre	»
Château-d'Oléron (le)	Charente-Inférᵉ	»
Château-du-Loir	Sarthe	1 »
Châteaudun (L)	Eure-et-Loir	»
Château-Gaillard	Eure-et-Loir	» 30
Château-Gonthier (L)	Mayenne	»
Château-L'Evêque	Dordogne	» 50
Châteaulin (L)	Finistère	»
Château-Meillant (M)	Cher	»
Châteauneuf (M)	Charente	»
Châteauneuf-sur-Cher	Cher	» 50
Châteauneuf-s-Sarthe M	Maine-et-Loire	»
Château-Renard (M)	Bouches-du-Rhône	»
Château-Renault	Indre-et-Loire	1 »
Châteauroux	Indre	»
Château-Salins L.	Meurthe	»
Château-Thierry L.	Aisne	»
Châtelaudren (r)	Côtes-du-Nord	»
Châtelet	Ardennes	» 30
Châtelet (le) (M)	Cher	»
Chateley	Jura	» 50
Châtellerault J.	Vienne	»
Châtel-Noméxy	Vosges	» 50
Châtenay	Seine-et-Marne	» 50
Châtillon (M)	Nièvre	»
Châtillon	Savoie	» 50
Châtillon-s.-Chalaronne (M)	Ain	»
Châtillon-s.-Marne (M)	Marne	»
Châtillon-s.-Seine (L)	Côte-d'Or	»
Châtillon-s.-Sèvre (M)	Deux-Sèvres	»
Chatou (r)	Seine-et-Oise	»
Châtre (la) (L)	Indre	»
Chaudeau (la) (M)	Haute-Saône	»
Chaumes (M)	Seine-et-Marne	»
Chaumont	Haute-Marne	»
Chauny	Aisne	» 50
Chavenon	Allier	» 50
Chaville (r)	Seine-et-Oise	»
Chef-Boutonne (M)	Deux-Sèvres	»
Chef-du-Pont (r)	Manche	»
Cheilly	Saône-et-Loire	» 50
Chemillé	Maine-et-Loire	1 »
Chemilly	Yonne	» 50
Cherbourg	Manche	»
Chevillon	Haute-Marne	1 »
Chevilly	Loiret	» 50
Chinon (L)	Indre-et-Loire	»
Choisy-le-Roi	Seine	» 50
Cholet (L)	Maine-et-Loire	»
Chomérac (M)	Ardèche	»
Chousy	Loir-et-Cher	» 50
Cinq-Mars	Indre-et-Loire	» 50
Ciotat (la) (L)	Bouches-du-Rhône	»
Ciré	Charente-Inférᵉ	1 »
Cires-lès-Mello	Oise	» 50
Civray (L)	Vienne	»
Clairac (M)	Lot-et-Garonne	»
Clairvaux	Aube	1 50
Clairvaux (M)	Jura	»
Clamart (M)	Seine	»
Clamecy	Nièvre	»
Clan	Vienne	» 50
Clapier (le)	Loire	» 50
Clères (M)	Seine-Inférieure	»
Clermont (L)	Hérault	»
Clermont	Loire-Inférieure	1 »
Clermont	Oise	»
Clermont-Ferrand	Puy-de-Dôme	»
Clerval	Doubs	» 50
Clichy (M)	Seine	»
Clisson	Loire-Inférieure	» 50
Cloyes	Eure-et-Loir	» 50
Cognac	Charente	»
Coligny	Ain	1 »
Colleville-sur-Orne (Sém. Ouistreham)	Calvados	2 »
Collioure (M)	Pyrénées-Orientat.	»
Colombes (banlieue) (r)	Seine	»
Colombes (Embranchᵗ) (r)	Seine	»
Collonges	Côte-d'Or	» 50
Colmar	Haut-Rhin	»
Combourg (r)	Ille-et-Vilaine	»
Combrit Sém. Pᵗᵉ de Comb)	Finistère	2 »
Commentry	Allier	» 50
Commercy (L)	Meuse	»
Commes(Sém. P.-en-Bessin)	Calvados	1 50
Compiègne	Oise	»
Concarneau (L)	Finistère	»
Conches (M)	Eure	»
Condat	Dordogne	1 »
Condé (M)	Nord	»
Condé-sur-Huyne	Orne	» 50
Condé-sur-Noireau (M)	Calvados	»
Condillac (voir La Champ)	Drôme	»
Condom (L)	Gers	»
Conflans	Haute-Saône	» 50
Conflans-Stᵉ-Honorine (MC)	Seine-et-Oise	»
Confolens (L)	Charente	»
Conlie	Sarthe	» 50
Connerré	Sarthe	1 »
Conquet (le) (Sém.)	Finistère	»
Conquet (le) (Sém. le Conquet)	Finistère	»
Contrexeville (BL)	Vosges	»
Contrexeville (par Vittel, pendant l'hiver)	Vosges	2 50
Coquillé (la)	Dordogne	» 50
Corbeil (L)	Seine-et-Oise	»
Corbie	Somme	»
Corbigny (M)	Nièvre	»
Corcieux (M)	Vosges	»
Cordemais	Loire-Inférieure	1 50
Cordes (M)	Tarn	»
Corneilles (M)	Eure	»
Cornimont (M)	Vosges	»
Corte (L)	Corse	»
Cosne (L)	Nièvre	»
Cosqueville (Sém. Cap Levi)	Manche	2 50
Côte (la) (M)	Haute-Saône	»
Coteau (le)	Loire	» 50
Côte-St-André (la)	Isère	2 50
Coti-Chiavari (M)	Corse	»
Coucourde (la) (par la Champ-Condillac)	Drôme	» 50
Coucy-les-Eppes	Aisne	» 50
Coudes	Puy-de-Dôme	» 50
Couëron	Loire-Inférieure	1 »
Couhé-Vérac	Vienne	3 »
Coulange-la-Vineuse (M)	Yonne	»
Coulibœuf (v)	Calvados	»

NOMS des BUREAUX.	DÉPARTEMENTS	FRAIS D'EXPRÈS.	NOMS des BUREAUX.	DÉPARTEMENTS	FRAIS D'EXPRÈS.
Coulombiers............	Vienne	» 50	**Crau** (la) (M..........	Var............	»
Coulommiers (L)....	Seine-et-Marne.	»	**Creach**-ar-Maout (Sém.)	Côtes-du-Nord.	»
Courbevoie (M)......	Seine.........	»	Crèche (la)............	Deux-Sèvres..	» 50
Courcelles............	Moselle........	» 50	**Crécy** (M)	Seine-et-Marne.	»
Courcelles (Paris) (r	Seine.........	»	**Creil**...............	Oise..........	»
Cournonterral (M	Hérault. .....:	»	Crépy-en-Valois	Oise..........	» 50
Couronne (la).	Charente	» 50	Cressat..............	Creuse........	1 »
Courrières (M)........	Pas-de-Calais ..	»	**Crost** (L).............	Drôme........	»
Coursan (M).........	Aude	»	Creux - St - Georges (Sém.		
Courseulles-sur-Mer (Sém.			Cap Sepet)............	Var............	1 50
Saint-Aubin),..........	Calvados.......	1 50	Creuzot (le) (24)	Saône-et-Loire.	» 50
Courson (M	Yonne.........	»	**Criel** (M.............	Seine-Inférieure	»
Courtenay (M)........	Loiret.	»	**Criquetot**-Lesneval (M)	Seine-Inférieure	»
Courville	Eure-et-Loir...	» 50	**Croisic** (le) (L).........	Loire-Inférieure	»
Cousance.............	Jura..........	» 50	Croisière (la)	Vaucluse......	» 50
Coutances (L).........	Manche........	»	**Croth** (M)............	Eure..........	»
Coutras..............	Gironde.......	» 50	Crozon (Sém. Camaret ...	Finistère......	4 50
Couville (r.............	Manche........	»	Cuers	Var............	1 »
Couzances-aux-Forges (M).	Meuse........	»	Cuiseaux..............	Saône-et-Loire.	» 50
Cozes (M)...........	Charente-Infér.	»	Culoz................	Ain...........	1 »
Cransac	Aveyron.......	1 »	**Cusset** (M)............	Allier.........	»
Cransac (par le Guâ),....	Aveyron.......	» 50	Cuzorn	Lot-et-Garonne	1 »

NOMS des BUREAUX.	DÉPARTEMENTS	FRAIS D'EXPRÈS.	NOMS des BUREAUX.	DÉPARTEMENTS.	FRAIS D'EXPRÈS.
Damery (M)	Marne	*	*Dives (pendant l'hiver)* Pointe de Beuzeval (Sém.)	Calvados	2 50
Dammartin	Seine-et-Marne	2 »	**Divonne** (M)	Ain	»
Damville (M)	Eure	»	Dol (*v*)	Ille-et-Vilaine	»
Dangé	Vienne	» 50	**Dôle** (L)	Jura	»
Dannemarie (M)	Haut-Rhin	»	Domblans	Jura	» 50
Dannemarie	Doubs	» 50	Domérat	Allier	1 «
Barcey	Côte-d'Or	» 50	**Domfront** (L)	Orne	»
Darnetal (M)	Seine-Inférieure	»	Domfront (*v*) (2)	Sarthe	»
Darney (M)	Vosges	»	**Dommartin**-le-Franc (M)	Haute-Marne	»
Dax	Landes	»	**Dompaire** (M)	Vosges	»
Decazeville	Aveyron	» 50	Don	Nord	» 50
Decize (M)	Nièvre	»	Donchery	Ardennes	» 50
Dégagnac (M)	Lot	»	Donges	Loire-Inférieure	» 50
Délivrande (la) (Sém. St-Aubin)	Calvados	4 »	Donjeux	Haute-Marne	» 50
Delle (M)	Nord	»	Donnazac	Tarn	» 50
Denain (M)	Haut-Rhin	»	**Donzy** (M)	Nièvre	»
Devant-les-Ponts	Moselle	» 50	Dormans	Marne	» 50
Déville-lès-Rouen (M)	Seine-Inférieure	»	*Dornach* (16)	Haut-Rhin	»
Die (L)	Drôme	»	**Douai**	Nord	»
Diélette (Sém. Flamanville)	Manche	2 50	**Douarnenez** (L)	Finistère	»
Dienville (M)	Aube	»	**Doudeville** (M)	Seine-Infér.	»
Dieppe — N 2 (1)	Seine-Inférieure	»	**Doué** (M)	Maine-et-Loire	»
Dieppe (Sém.)	Seine-Inférieure	»	**Doulaincourt** (M)	Haute-Marne	»
Dieulefit (M)	Drôme	»	**Doulevant**-le-Château (M)	Haute-Marne	»
Dieulouard	Meurthe	» 50	**Doullens** (L)	Somme	»
Dieuze	Meurthe	» 50	Dourdan	Seine-et-Oise	» 50
Digne	Basses-Alpes	»	**Dourgne** (M)	Tarn	»
Dijon — N 2	Côte-d'Or	»	**Draguignan**	Var	»
Dinan (L)	Côtes-du-Nord	»	Dreffeac	Loire-Inférieure	1 »
Dinard en Saint-Enogat- (Sém. Pointe du Décollé)	Ille-et-Vilaine	3 »	**Dreux** (L)	Eure-et-Loir	»
Dissais	Vienne	» 50	**Duclair** (M)	Seine-Infér.	»
Dissais-sous-Courcillon	Sarthe	» 50	**Dun** (M)	Meuse	»
			Dunkerque — N 2	Nord	»
			Dunkerque (Sém.)	Nord	»
			Durtal (M)	Maine-et-Loire	»

NOMS des BUREAUX.	DÉPARTEMENTS	FRAIS D'EXPRÈS.	NOMS des BUREAUX.	DÉPARTEMENTS.	FRAIS D'EXPRÈS.
Eaux-Bonnes (B.)....	B.-Pyrénées...	»	*Erquy* (Sém. Cap d'Erquy).	Côtes-du-Nord..	»
Eaux-Chaudes les BM 7	B.-Pyrénées...	»	*Ersa* (Sém. Cap Corse)...	Corse..........	5 »
Ebreuil (M.	Allier........	»	Erstein	Bas-Rhin......	1 50
Ecoche (M.)..........	Loire.........	»	**Ervy** (M)...........	Aube.........	»
Ecommoy.............	Sarthe........	» 50	**Espalion** (L.)........	Aveyron.......	»
Ecos (M.)...........	Eure..........	»	*Esquibien* (Sém. Pointe de		
Ecouis (M.).........	Eure..........	»	Lervily)...........	Finistère......	2 »
Eceuillé (M)..........	Indre.........	»	**Estaires** (M)........	Nord..........	»
Eglizottes (les)........	Gironde.......	» 50	**Estissac** (M)........	Aube.........	»
Eguzon.	Indre.........	1 50	**Essoyes** (M)........	Aube.........	»
Elbeuf.............	Seine-Inférieure	»	Estréchoux	Hérault........	» 50
Elven...............	Morbihan......	2 50	**Etables** (M)..........	Côtes-du-Nord..	»
Embrun (L.)........	Hautes-Alpes..	»	**Etain** (L.)..........	Meuse.........	»
Emérainville..........	Seine-et-Marne.	1 »	**Etampes** (L.)........	Seine-et-Oise..	»
Enghien	Seine-et-Oise..	» 50	Etaples.............	Pas-de-Calais..	» 50
Englesquerville (Sém. Pointe de la Percée)........	Calvados.......	1 50	**Etaules** (M).........	Charente-Infér.	»
Ensisheim (M)	Haut-Rhin.....	»	Etival	Vosges	» 50
Entraigues	Vaucluse......	» 50	Etréchy	Seine-et-Oise..	» 50
Envermeu (M)........	Seine-Inférieure	»	**Etrépagny** M........	Eure.........	»
Epannes	Deux-Sèvres...	» 50	**Etretat** (L.).........	Seine-Inférieure	»
Epauvilliers..........	Vienne........	» 50	**Etretat** (Sém.).......	Seine-Inférieure	»
Epernay (L.)	Marne.........	»	Etriché-Châteauneuf (r)..	Maine-et-Loire.	»
Epernon	Eure-et-Loir...	» 50	**Eu** (L.)...........	Seine-Inférieure	»
Epinac (M)..........	Saône-et-Loire.	»	**Eugénie-les-Bains** (M.	Landes........	»
Epinal.............	Vosges........	»	Eurville.............	Haute-Marne...	» 50
Epinay-sur-Orge.........	Seine-et-Oise..	» 50	**Evian** (M) —— (B.L)	Haute-Savoie..	»
Epinouze	Drôme.	1 »	**Evreux**...........	Eure.........	»
Epône (v)............	Seine-et-Oise..	»	Evron	Mayenne......	» 50
Erbalunga (Sém. Cap Sagro)	Corse..........	2 »	Eyzies (les)...........	Dordogne......	» 50
Ernée	Mayenne......	»	**Ezy** (M)...........	Eure..........	»

NOMS des BUREAUX.	DÉPARTEMENTS.	FRAIS D'EXPRÈS.
Facture (*Biganos*)	Gironde	» 50
Falaise (L)	Calvados	»
Faraman (Sém.)	Bouches-du-Rh.	»
Faremoutiers (M)	Seine-et-Marne.	»
Farlède (la) (*r*)	Var	»
Faulquemont	Moselle	» 50
Fauville (M)	Seine-Inférieure	»
Fayl-Billot (M)	Haute-Marne	»
Fécamp	Seine-Inférieure	»
Fécamp (Sém.)	Seine-Inférieure	»
Felletin (M)	Creuse	»
Fère (la)	Aisne	» 50
Fère-en-**Tardenois** (M)	Aisne	»
Fermanville (Sém. CapLévi)	Manche	«
Ferme Impériale de Vincennes (Voir St-Maur)	Seine	»
Ferté-Alais (la)	Seine-et-Oise	» 50
Ferté-Bernard (la) (M)	Sarthe	»
Ferté-s-Jouarre (la) (M)	Seine-et-Marne	»
Ferté-Gaucher (la) (M)	Seine-et-Marne	»
Ferté-Macé (la) (L)	Orne	»
Ferté-St-Aubin (la)	Loiret	» 50
Feuquières (M)	Oise	»
Feurs	Loire	» 50
Figeac (L)	Lot	»
Firminy	Loire	» 50
Fismes	Marne	» 50
Flamanville (Sém.)	Manche	»
Flamanville (Sém. Flamanville)	Manche	»
Flamboin-Gouaix	Seine-et-Marne	1 »
Flayose (M)	Var	»
Flèche (la)	Sarthe	»
Flers	Orne	»
Fleurance (M)	Gers	»
Fleury-s-Andelle (M)	Eure	«
Florac (L)	Lozère	»
Florensac (M)	Hérault	»
Flotte (la) (I. de Ré) (M)	Charente-Infér.	»
Foëcy	Cher	» 50
Foix	Ariége	»
Foncine-le-Haut (M)	Jura	»
Fons	Gard	» 50
Fontainebleau	Seine-et-Marne	»
Fontaine-le-Dun (M)	Seine-Inférieure	»
Fontaine-les-Luxeuil (M)	Haute-Saône	»
Fontenay-le-Comte (L)	Vendée	»
Fontenay-ss-Bois (M)	Seine	»
Fontenay-aux-Roses (M)	Seine	»
Fontenoy-le-Château (M)	Vosges	»
Forbach (L)	Moselle	»
Forcalquier (L)	Basses-Alpes	»
Forges (les)	Maine-et-Loire	1 »
Forgevieille	Creuse	» 50
Formerie (M)	Oise	»
Fort la Croix (Ile de Croix) (Sém.)	Morbihan	»
Fort la Hougue (Sém.)	Manche	»
Fort Philippe (*grand* et *petit* (Sém. Gravelines)	Nord	»
Ft de **Querqueville** (Sém.)	Manche	»
Foucarmont (M)	Seine-Inférieure	»
Fonchères-Vaux	Aube	» 50
Fouesnant (Sém. Beg-Meil)	Finistère	4 50
Fougeray-Langon (*v*)	Ille-et-Vilaine	»
Fougères (L)	Ille-et-Vilaine	»
Fougerolles (M)	Haute-Saône	»
Fouillousse (la)	Loire	» 50
Fouras (M)	Charente-Infér.	»
Fourchambault	Nièvre	» 50
Fourmies (L)	Nord	»
Fournaux	Creuse	» 50
Fours	Nièvre	»
Fraisans	Jura	» 50
Fraize (M)	Vosges	»
Francois	Doubs	1 »
Franqui (la) (Sém. CapLeucate)	Aude	1 50
Frasnes	Doubs	» 50
Fréjus (L)	Var	»
Fresnais (la) (*r*)	Ille-et-Vilaine	»
Fresnay-s-Sarthe (M)	Sarthe	»
Fresney-la-Mère (*r*)	Calvados	»
Fresnoy-le-Grand (M)	Aisne	»
Fréteval	Loir-et-Cher	» 50
Frévent (M)	Pas-de-Calais	»
Fromenthal	Haute-Vienne	2 »
Frontenay	Deux-Sèvres	» 50
Frontignan	Hérault	» 30
Frouard	Meurthe	1 »
Fumay	Ardennes	» 50
Fures (par Tullins)	Isère	» 30

NOMS des BUREAUX.	DÉPARTEMENTS.	FRAIS D'EXPRÈS.
Gabriac (M)	Aveyron	»
Gagny	Seine-et-Oise	» 50
Gaillac (L)	Tarn	»
Gaillon (M)	Eure	»
Gallargues (M)	Gard	»
Gaillefontaine (M)	Seine-Inférieure	»
Ganges (L)	Hérault	»
Gannat (L)	Allier	»
Gap	Hautes-Alpes	»
Garancières-Laqueue (r)	Seine-et-Oise	"
Gardanne (M)	Bouches-du-Rh.	»
Garde (la) (M)	Var	»
Garde-Freinet (la) (M)	Var	»
Garein (M)	Landes	»
Gasny (M)	Eure	»
Gatteville (Sém. Barfleur)	Manche	1 50
Gault-Saint-Denis	Eure-et-Loir	1 »
Gâvres (Sém. P. de Gâvres)	Morbihan	»
Gélie (la)	Dordogne	1 »
Genelard	Saône-et-Loire	» 50
Genest (le) (r)	Mayenne	»
Genlis	Côte-d'Or	» 50
Gentilly	Seine	"
Gérardmer (M)	Vosges	"
Gerbeviller (M)	Meurthe	»
Gestel	Morbihan	» 50
Gevingey	Jura	» 50
Gex (L)	Ain	»
Ghyvelde (Sém. Zuydcoote)	Nord	1 50
Gien (L)	Loiret	»
Giens (Sém.)	Var	»
Giens (Sém. Giens)	Var	1 50
Gières	Isère	» 50
Gignac (M)	Hérault	»
Giraud (M)	Bouches-du-Rh.	»
Giromagny (M)	Haut-Rhin	"
Gisors (M)	Eure	"
Givet	Ardennes	» 50
Givors	Rhône	» 50
Clos-Montfort (r)	Eure	»
Goderville (M)	Seine-Inférieure	"
Golfe-Jouan	Alpes-Maritimes	» 50
Goncelin	Isère	» 50
Gonfaron (M)	Var	"
Gonneville-la-Mallet (M)	Seine-Inférieure	»
Gonneville-st-Honfl. (M)	Calvados	»
Got (le)	Dordogne	» 50
Gouaix (voir Flamboin)	Seine-et-Marne	»
Gouesnières (v)	Ille-et-Vilaine	»

NOMS des BUREAUX.	DÉPARTEMENTS.	FRAIS D'EXPRÈS.
Gourdon (L)	Lot	»
Gournay-en-Bray (M)	Seine-Inférieure	»
Gragnague	Haute-Garonne	1 50
Granville (r)	Seine-Inférieure	»
Graissessac pr Estréchoux	Hérault	1 »
Gramat (M)	Lot	»
Grand'Croix (la)	Loire	» 50
Grand-Lemps	Isère	» 50
Grand-Montrouge (M)	Seine	»
Grandpuits	Seine-et-Marne	» 50
Granges (M)	Vosges	»
Granville	Manche	»
Grandvilliers (M)	Oise	»
Grasse (L)	Alpes-Maritimes	»
Grau de la Nouvelle le par la Nouvelle	Aude	1 50
Graulhet (M)	Tarn	»
Grave (la) par St-Denis	Gironde	3 »
Grave-d'Ambarès (la)	Gironde	» 50
Gravelines (L)	Nord	»
Gravelines (Sém.)	Nord	»
Gray (L)	Haute-Saône	»
Graye (Sém. Saint-Aubin)	Calvados	2 50
Greasque (M)	Bouches-du-Rh.	»
Grenoble	Isère	»
Gretz-Armanvilliers	Seine-et-Marne	» 50
Grignols (M)	Gironde	»
Grignon (r)	Seine-et-Oise	»
Grisolles	Tarn-et-Garonne	» 50
Grive (la)	Isère	» 50
Grosseto (M)	Corse	»
Gros Theil (le) (M)	Eure	»
Guâ (le) (M)	Aveyron	»
Guâ (le) (M)	Charente-Infér.	»
Guebwiller	Haut-Rhin	»
Guérande (M)	Loire-Inférieure	»
Guerche (la) (M)	Ille-et-Vilaine	»
Guerche (la)	Cher	» 50
Guéret	Creuse	»
Guétin (le)	Cher	1 »
Gueugnon (M)	Saône-et-Loire	»
Guidel (Sém. Pte du Pouldu)	Morbihan	2 50
Guierche (la) (r)	Sarthe	»
Guignicourt	Aisne	» 50
Guingamp (L)	Côtes-du-Nord	»
Guiscard (M)	Oise	»
Guise (M)	Aisne	»
Guisseny (Sém. Pte de Kér.)	Finistère	3 »

NOMS des BUREAUX.	DÉPARTEMENTS.	FRAIS D'EXPRÈS.	NOMS des BUREAUX.	DÉPARTEMENTS.	FRAIS D'EXPRÈS.
Hagetmau (M)	Landes	»	*Hermanville* (Sém. Ouistreham)	Calvados	3 »
Hagondange	Moselle	» 50	Hermé	Seine-et-Marne	» 50
Haguenau (L)	Bas-Rhin	»	Hermitage (l') (*v*)	Ille-et-Vilaine	»
Haie-Fouassière (la)	Loire-Inférieure	1 »	Herny	Moselle	» 50
Halluin (M)	Nord	»	Heyrieux	Isère	2 »
Ham (M)	Somme	»	Hochfelden	Bas-Rhin	» 50
Harfleur	Seine-Inférieure	» 50	Hœrdt	Bas-Rhin	» 50
Hauteville-Lompnes (M	Ain	»	Hoffen	Bas-Rhin	» 50
Hautmont	Nord	» 50	Hombourg	Moselle	» 50
Havre (le) $\frac{N}{2}$ (1)	Seine-Inférieure	»	**Honfleur**	Calvados	»
Hayange (M)	Moselle	»	Hortes	Haute-Marne	» 50
Haye-du-Puits (la) (M)	Manche	»	**Houdan** (M)	Seine-et-Oise	»
Hazebrouck (L)	Nord	»	**Houeillès** (M)	Lot-et-Garonne	»
Heilles-Mouchy	Oise	» 50	*Houlgate* (Sém. Pte Beuzeval)	Calvados	»
Hendaye	B.-Pyrénées	» 50	Hundsbach	Bas-Rhin	1 »
Hénin-Liétard	Pas-de-Calais	» 50	**Huningue** (M)	Haut-Rhin	»
Hennebont	Morbihan	1 »	Huriel	Allier	» 50
Herbergement (l')	Vendée	» 50	Hutte (la) (*v*)	Sarthe	»
Héricourt	Haute-Saône	» 50	**Hyères** $\frac{L}{HC}$	Var	»

NOMS des BUREAUX.	DÉPARTEMENTS.	FRAIS D'EXPRÈS.	NOMS des BUREAUX.	DÉPARTEMENTS.	FRAIS D'EXPRÈS.
Iffiniac (r)	Côtes-du-Nord	»	Ile Sanguinaire (Sém.)	Corse	»
Ifs-Etretat (les) (r)	Seine-Inférieure	»	Ile d'Yeu (Sém.)	Vendée	»
Ile-Chausey (Sém.) (17)	Manche	»	Ile d'Yeu (sém. Ile d'Yeu)	Vendée	» 50
Ile-d'Aix (Sém.)	Charente-Infér.	»	Imphy	Nièvre	» 50
Ile d'Aix (Sém. Ile d'Aix)	Charente-Infér.	»	Ingrandes-sur-Loire	Maine-et-Loire	» 50
Ile Batz (Sém.)	Finistère	»	Ingrandes-sur-Vienne	Vienne	» 50
Ile du Levant (Sém.)	Var	»	Isigny (L)	Calvados	»
Ile du Levant (Sém. Ile du Levant)	Var	»	Isle-Adam (l')	Seine-et-Oise	» 50
Ile Hoëdic (Sém.)	Morbihan	»	Isle d'Albi	Tarn	» 50
Ile Houat (M)	Morbihan	»	Isle Jourdain (l') (M)	Vienne	»
Ile Houat (Sém.)	Morbihan	»	Isle-sur-le-Doubs (M)	Doubs	»
Ile Pelée (Sém.)	Manche	»	Issenheim (M)	Haut-Rhin	»
Ile Penfret (Sém.)	Finistère	»	Issoire (L)	Puy-de-Dôme	»
Ile Pomègues (Sém.)	Bouches-du-Rh.	»	Issoudun (L)	Indre	»
Ile Porquerolles (Sém.)	Var	»	Issy (M)	Seine	»
Ile Rousse (L)	Corse	»	Istres (M)	Bouches-du-Rh.	»
Ile Rousse (Sém.)	Corse	»	Iteuil	Vienne	1 »
Ile St-Marcouf (Sém.)	Manche	»	Ivry (M)	Seine	»
Ile Ste-Marguerite (Sém.)	Alpes-Maritimes	»	Ivry-la-Bataille (M)	Eure	»
			Iwuy	Nord	» 50
			Izeaux	Isère	1 »

FRANCE.

NOMS des BUREAUX.	DÉPARTEMENTS	FRAIS D'EXPRÈS.	NOMS des BUREAUX.	DÉPARTEMENTS.	FRAIS D'EXPRÈS.
Jallieu (par Bourgoin)...	Isère..........	1 »	**Jonzac** (L)............	Charente-Infér.	»
Jarnac (L)............	Charente......	»	**Josselin** (M).........	Morbihan......	»
Jarry (la).............	Charente-Infér.	1 »	Joux (la) (4)...........	Jura..........	»
Jessains.............	Aube..........	1 »	Jouy.................	Eure-et-Loir...	» 50
Jeumont.............	Nord..........	1 50	**Jouy-sous-Thelle** (M).	Oise..........	»
Jobourg (Sém. Nez de Job.)	Manche........	1 50	**Joyeuse** (M).........	Ardèche......	»
Joigny (L)...........	Yonne........	»	Juigné (r)...........	Sarthe........	»
Joinville.............	Haute-Marne...	» 50	Jumellière (la).........	Maine-et-Loire.	» 50
Jonchère (la).........	Haute-Vienne..	1 »	**Jumièges** (M)........	Seine-Inférieure	»
Jonchéry.............	Marne........	» 50	Jussey	Haute-Saône...	» 50
Jonville (Sém. Ft la Hougue).	Manche........	2 50	Juvisy..............	Seine-et-Oise..	» 50
Kaysersberg (M).....	Haut-Rhin.....	»	**Klingenthal** (M)......	Bas-Rhin.....	»
Kerhuon (r)...........	Finistère.	»	**Korn-er-Houet**......	Morbihan......	»

NOMS des BUREAUX.	DÉPARTEMENTS.	FRAIS D'EXPRÈS.
Labouheyre	Landes	» 50
Labruguière (M)	Tarn	»
Ladignac	Lot-et-Garonne	1 »
Lafarge	Haute-Vienne	» 50
Lagny (M)	Seine-et-Marne	»
Laguépie	Tarn-et-Garonne	» 50
Laguiole (M)	Aveyron	»
Laigle (M)	Orne	»
Laigné	Sarthe	1 »
Laignes (r)	Côte-d'Or	»
Laissey	Doubs	» 50
Lamalou (M)	Hérault	»
Lamalou-le-Haut (par Lamalou)	Hérault	» 50
Lamarche	Côte-d'Or	» 50
Lamarche (M)	Vosges	»
Lamballe (M)	Côtes-du-Nord	»
Lambesc (M)	Bouches-du-Rh.	»
Lamothe	Gironde	» 50
Lampaul Plouarzel Sém. Pointe de Corsen)	Finistère	3 »
Lancey	Isère	» 50
Landéda Sém. l'Aberwrach	Finistère	1 50
Landerneau	Finistère	»
Landévant	Morbihan	» 50
Landivisiau (M)	Finistère	»
Landrecies	Nord	» 50
Landreville (M)	Aube	»
Landunvez (Sém. Pointe de Landunvez)	Finistère	1 50
Langeac	Haute-Loire	» 50
Langeais	Indre-et-Loire	» 50
Langon	Gironde	» 50
Langres (L)	Haute-Marne	»
Langrune (Sém. St-Aubin)	Calvados	2 50
Lannion (L)	Côtes-du-Nord	»
Lannilis Sém. l'Aberwrach)	Finistère	3 »
Lanslebourg (L)	Savoie	»
Laon	Aisne	»
Lapoutroye (M)	Haut-Rhin	»
Larche	Corrèze	1 »
Lardy	Seine-et-Oise	» 50
Largentière (L)	Ardèche	»
Laroche) pour Laroche	Yonne	1 50
Laroche / pour le hameau du canal	Yonne	» 50
Laroque	Lot-et-Garonne	1 »
Laruns (M) (7)	B.-Pyrénées	»
Lasalle (M)	Gard	»
Launois	Ardennes	» 50
Lauterbourg (M)	Bas-Rhin	»
Lauzun (M)	Lot-et-Garonne	»
Laval	Mayenne	»
Lavandou (Sém. Cap Bénat)	Var	3 »
Lavardac-Pont-de-Bordes (M)	Lot-et-Garonne	»
Lavaufranche	Creuse	» 50
Lavaur (L)	Tarn	»
Lavareix (par Ahun-les-Mines)	Creuse	» 50
Lavelanet (M)	Ariège	»
Layrac (M)	Lot-et-Garonne	»
Lazaret (le) (Sém. Ile de Pomègues)	Bouches-du-Rh.	1 50
Lectoure (L)	Gers	»
Lencloitre (M)	Vienne	»
Lens	Pas-de-Calais	» 50
Lérouville	Meuse	» 50
Lesconnil (Sém.)	Finistère	»
Lesneven (M)	Finistère	»
Lesparre (L)	Gironde	»
Leucate (Sém. Cap Leucate)	Aude	2 »
Leudon-Maison Rouge \ pour Leudon	Seine-et-Marne	» 50
Leudon-Maison Rouge / Maison-Rouge	Seine-et-Marne	1 50
Leuvrigny (par Port-à-Binson)	Marne	1 50
Levade (la)	Gard	» 50
Levallois (M)	Seine	»
Levier (M)	Doubs	»
Levroux (M)	Indre	»
Lexos	Tarn-et-Garonne	1 »
Lézignan	Aude	» 50
Liancourt (M)	Oise	»
Lilos	Lot-et-Garonne	» 50
Libourne	Gironde	»
Lièpvre (M)	Haut-Rhin	»
Lieurey (M)	Eure	»
Lieusaint	Seine-et-Marne	1 »
Ligny (M)	Meuse	»
Ligueil (M)	Indre-et-Loire	»
Ligugé	Vienne	» 50
Lille—— N 2	Nord	»
Lillebonne (M)	Seine-Inférieure	»
Lillers	Pas-de-Calais	» 50
Limeray	Indre-et-Loire	1 »
Limoges—— N 2	Haute-Vienne	»
Limoux (L)	Aude	»
Lion-d'Angers (M)	Maine-et-Loire	»
Lion-sur-Mer (Sém. Ouistreham)	Calvados	2 50
Lisieux	Calvados	»
Lison (r)	Calvados	»
Lit (M)	Landes	»
Livron	Drôme	» 50
Lizolle (la) (M)	Allier	»
Loches (M)	Aube	»
Loches (L)	Indre-et-Loire	»
Locmalo (Sém. Pte de Gavres)	Morbihan	1 50
Locmaria (Quiberon Sém.)	Morbihan	»
Locmaria (Quiberon Sém. Locmaria)	Morbihan	1 50
Locmaria (Belle Isle, Sém. Pointe d'Arzic)	Morbihan	»
Locmaria (Ile de Groix) (Sém. Fort la Croix)	Morbihan	»
Locmaria (Sém. Pte Minou)	Finistère	3 »
Lodève (L)	Hérault	»
Logelbach (13)	Haut-Rhin	»
Loivre	Marne	» 50
Lombez (L)	Gers	»
Lompnes (voir Hauteville)	Ain	»
Londinières (M)	Seine-Inférieure	»
Longué (M)	Maine-et-Loire	»
Longueau	Somme	» 50
Longueil (Sém. Pte d'Ailly)	Seine-Inférieure	1 50
Longueville (M)	Seine-Inférieure	»
Longueville	Seine-et-Marne	» 50
Longueville (Sém. Pointe de la Percée)	Calvados	3 »
Longuyon	Moselle	» 50
Lons-le-Saulnier	Jura	»
Lorgues (M)	Var	»
Lorient	Morbihan	»
Loriol (M)	Drôme	»
Lormes (M)	Nièvre	»
Lormont	Gironde	» 50

NOMS des BUREAUX.	DÉPARTEMENTS	FRAIS D'EXPRÈS.	NOMS des BUREAUX.	DÉPARTEMENTS.	FRAIS D'EXPRÈS.
Lorrez-le-Bocage (M).	Seine-et-Marne	»	**Luc-sur-Mer** (M)......	Calvados......	»
Lothiers..............	Indre.........	1 »	**Lunel** (L)............	Hérault.......	»
Loudéac (L)...........	Côtes-du-Nord..	»	**Luneray** (M)..........	Seine-Infér....	»
Loudun (L)...........	Vienne........	»	Lunery..............	Cher.........	» 50
Louhans (L)..........	Saône-et-Loire.	»	**Lunéville**............	Meurthe.......	»
Loupe (la)............	Eure-et-Loir...	» 50	**Lure** (L)............	Haute-Saône...	»
Lourches.............	Nord.........	1 »	Lusignan............	Vienne.......	» 50
Lourdes..............	H^tes^-Pyrénées.	» 5a	Lutterbach..........	Haut-Rhin.....	» 50
Louverné (P) (2)..........	Mayenne......	»	Lutzelbourg..........	Meurthe.......	» 50
Louviers.............	Eure..........	»	**Lutzelhausen** (M).....	Bas-Rhin......	»
Louvres.............	Seine-et-Oise..	1 »	Luxé...............	Charente......	» 50
Loxéville............	Meuse........	1 »	**Luxeuil** (L)..........	Haute-Saône...	»
Lozanne.............	Rhône........	» 50	**Luz** (Bl.)...........	H^tes^-Pyrénées..	»
Luant...............	Indre.........	1 »	**Lyon** (N) (1)..........	Rhône........	»
Luc (le) (M)..........	Var...........	»	**Lyons-la-Forêt** (M)...	Eure.........	»
Luçon	Vendée.......	»			

NOMS des BUREAUX.	DÉPARTEMENTS	FRAIS D'EXPRÈS.
Macinaggio (L)	Corse	»
Mâcon	Saône-et-Loire	»
Magalas (M)	Hérault	»
Magistère (la	Tarn-et-Garon.	» 50
Magnette	Allier	2 »
Magny	Côte-d'Or	1 »
Magny (M)	Seine-et-Oise	»
Maignelay (M)	Oise	»
Maintenon	Eure-et-Loir	1 »
Maisons-Alfort	Seine	» 50
Maisons-Laffitte	Seine-et-Oise	» 50
Maître-École (la) (r)		»
Maizières	Moselle	» 50
Malansac	Morbihan	» 50
Malaunay (M)	Seine-Inférieure	»
Malesherbes	Loiret	» 50
Malmerspach (M)	Haut-Rhin	»
Mamers (L)	Sarthe	»
Manduel	Gard	» 50
Manosque (L)	Basses-Alpes	»
Mans (le)	Sarthe	»
Mansle (M)	Charente	»
Mantes (L)	Seine-et-Oise	»
Manioche	Haute-Saône	» 50
Marans	Charente-Inf.	»
Maranville	Haute-Marne	» 50
Marchezais (r)	Eure-et-Loir	»
Marchiennes (M)	Nord	»
Marcilly-le-Hayer (M)	Aube	»
Marcillac	Aveyron	1 »
Marcilloles	Isère	» 50
Marckolsheim (M)	Bas-Rhin	»
Marennes (L)	Charente-Infér.	»
Mareuil-le-Port par Port-à-Binson)	Marne	» 50
Mareuil-sur-Ay (M)	Marne	»
Mareuil-sur Belle (M)	Dordogne	»
Marle (M)	Aisne	»
Marly-le-Roi (M)	Seine-et-Oise	»
Marmagne	Cher	» 50
Marmande (L)	Lot-et-Garonne	»
Marolles	Seine-et-Oise	» 50
Maromme (r)	Seine-Infér.	»
Marquise (Ville, M) 30	Pas-de-Calais	»
Marquise (Usines) (M)	Pas-de-Calais	»
Marsac	Creuse	» 50
Marsac	Tarn	» 50
Marseille (N) (1)	Bouches-du-Rh.	»
Marseille (M)	Oise	»
Martigues (L)	Bouches-du-Rh.	»
Martinvast (r)	Manche	»
Martainville (voir Rouen)	Seine-Infér.	»
Martres de Veyres (les)	Puy-de-Dôme	» 50
Marvejols (L)	Lozère	»
Mas-d'Agenais (le) (M)	Lot-et-Garonne	»
Massevaux (M)	Haut-Rhin	»
Massiac	Cantal	» 50
Matignon (Sém. Pte de St-Cast.)	Côtes-du-Nord	3 50
Matha (M)	Charente-Infér.	»
Maubeuge	Nord	»
Maubourguet	Hautes-Pyrén.	»
Mauguio	Hérault	»
Mauléon (L)	B.-Pyrénées	»
Mauriac (L)	Cantal	»
Maurs	Cantal	» 50
Mauves	Loire-Inférieure	» 50
Mauzé	Deux-Sèvres	» 50
Mayenne (L)	Mayenne	»
Mayet	Sarthe	» 50
Mazamet	Tarn	»
Mazères (M)	Ariège	»
Mazières (M)	Deux-Sèvres	»
Méautlle (la) (r)	Manche	»
Meaux	Seine-et-Marne	»
Mehun	Cher	1 »
Melle (L)	Deux-Sèvres	»
Melun	Seine-et-Marne	»
Ménars	Loir-et-Cher	» 50
Mende	Lozère	»
Ménitré (la)	Maine-et-Loire	» 50
Mennecy	Seine-et-Oise	» 50
Menton	Alpes-Maritimes	»
Mer	Loir-et-Cher	» 50
Méréville (M)	Seine-et-Oise	»
Méru (M)	Oise	»
Mertzwiller	Bas-Rhin	» 50
Merville (M)	Nord	»
Méry-sur-Oise (M)	Seine-et-Oise	»
Mesgrigny	Aube	» 50
Mesle-sur-Sarthe (M)	Orne	»
Mesnil-Mauger (r)	Calvados	»
Messac (r)	Ille-et-Vilaine	»
Mettray	Indre-et-Loire	» 50
Metz	Moselle	»
Meudon (M)	Seine-et-Oise	»
Meulan (M)	Seine-et-Oise	»
Meung	Loiret	» 50
Meursault (M)	Côte-d'Or	»
Meximieux	Ain	» 50
Meyrueis (M)	Lozère	»
Meze (M)	Hérault	»
Mézeriat	Ain	» 50
Mézidon (M)	Calvados	»
Mézières	Ardennes	»
Mezin (M)	Lot-et-Garonne	»
Mézière (M)	Haut Rhin	»
Mezos (M)	Landes	»
Milhac	Dordogne	1 50
Milhaud	Gard	» 50
Millau	Aveyron	»
Milles (les) (r)	Bouches-du-Rh.	»
Mines Anglaises (par Lamalou)	Hérault	» 50
Miramas	Bouches-du-Rh.	» 50
Miramont (M)	Lot-et-Garonne	»
Mirande (L)	Gers	»
Mirebeau de Poitou (M)	Vienne	»
Mirecourt (L)	Vosges	»
Miremont	Dordogne	1 50
Miribel	Ain	» 50
Moirans	Isère	1 »
Moirans (M)	Jura	»
Moissac (L)	Tarn-et-Garonne	»
Moissy-Cram. (pr Lieusaint)	Seine-et-Marne	1 »
Moitiers-d'Alloac (Sém. Carteret)	Manche	2 50
Molay-Littry (le) (r)	Calvados	»
Moliens	Oise	»
Molsheim (L)	Bas-Rhin	»
Monaco (19)	Pté de Monaco	»
Moncin (M)	B.-Pyrénées	»
Monfarrille (Sém. Barfleur)	Manche	3 »
Monnaie	Indre-et-Loire	» 50
Monnerville	Seine-et-Oise	» 50
Monistrol	Haute-Loire	2 »
Monswiller (voir Zorn-hoff)	Bas-Rhin	»
Montabard (r)	Orne	»
Montagnac (M)	Hérault	»

NOMS des BUREAUX.	DÉPARTEMENTS	FRAIS D'EXPRÈS.	NOMS des BUREAUX.	DÉPARTEMENTS	FRAIS D'EXPRÈS.
Montaigu	Vendée	1 »	Montrabé	Haute-Garonne.	» 50
Montaigu	Creuse	1 »	Montrejeau	Haute-Garonne.	1 »
Montain	Jura	» 50	**Montrésor** (M)	Indre-et-Loire..	»
Montargis (L)	Loiret	»	**Montreuil-sur-Mer** (L)	Pas-de-Calais..	»
Montastruc	Haute-Garonne.	1	**Montreuil** (M)	Seine	»
Montataire (1i)	Oise	»	Montreuil-sur-Ille (*r*)	Ille-et-Vilaine..	»
Montauban (*r*)	Ille-et-Vilaine..	»	Montricoux	Tarn-et-Garonne	» 50
Montauban	Tarn-et-Garonne	»	Montrond	Loire	» 50
Montbard	Côte-d'Or	» 50	Monts (les)	Indre-et-Loire.	2 »
Montbarrey	Jura	1 »	**Mont-St-Michel** (M)	Manche	»
Montbéliard (L)	Doubs	»	Montsurs	Mayenne	» 50
Montbizot (*r*)	Sarthe	»	Montvalent	Lot	1 50
Montbozon (M)	Haute-Saône	»	**Monville** (M)	Seine-Infér	»
Montbrison (L)	Loire	»	**Morannes** (M)	Maine-et-Loire.	»
Montceau-les-Mines	Saône-et-Loire.	» 50	*Moras* (par Epinouze)	Drôme	2 50
Montchanin	Saône-et-Loire.	1 »	Morceux	Landes	2 »
Mont-de-Marsan	Landes	»	Morée-St-Hil. (pour Morée)	Loir-et-Cher...	1 50
Montdidier (L)	Somme	»	Moret	Seine-et-Marne.	1 »
Mont-Dore (le) (BL)	Puy-de-Dôme..	»	**Moreuil** (M)	Somme	»
Montebourg (*r*)	Manche	»	**Morez** (L)	Jura	»
Monteils	Aveyron	1 »	**Morlaix**	Finistère	»
Montfort-l'Amaury (*r*)	Seine-et-Oise..	»	Mormant	Seine-et-Marne.	» 50
Montélimart (L)	Drôme	»	**Mortagne** (L)	Orne	»
Montereau (L)	Seine-et-Marne.	»	**Mortain** (L)	Manche	»
Montet (par Tronget)	Allier	1 »	Motte-Beuvron (la)	Loir-et-Cher...	» 50
Monteux (*r*)	Vaucluse	»	Motteville	Seine-Infér	» 50
Montfort-sur-Risle (M)	Eure	»	Mouchard	Jura	» 50
Monthermé	Ardennes	1 »	Moulin-des-Ponts	Ain	» 50
Monthois (M)	Ardennes	»	**Moulins**	Allier	»
Monthureux (M)	Vosges	»	**Moulins-Engilbert** (L)	Nièvre	»
Monthierender (M)	Haute-Marne	»	Moulins-sur-Yèvre	Cher	» 50
Montignac (M)	Dordogne	»	Moult-Argences (*r*)	Calvados	»
Montivilliers (M)	Seine-Infér	»	Moussac	Charente	» 50
Montlouis	Indre-et-Loire.	» 50	Mouthiers	Charente	» 50
Montluçon (L)	Allier	»	**Moutiers** (L)	Savoie	»
Montluel	Ain	» 50	Mouy	Oise	» 50
Montmédy (L)	Meuse	»	**Moyeuvre-Grande** (M)	Moselle	»
Montmélian	Savoie	» 50	Muizon	Marne	» 50
Montmoreau	Charente	» 50	N		
Montmorency	Seine-et-Oise..	» 50	**Mulhouse——** [2]	Haut-Rhin	»
Montmorillon (L)	Vienne	»	**Munster** (L)	Haut-Rhin	»
Montoir	Loire-Infér	» 50	**Murat** (L)	Cantal	»
Montoire (M)	Loir-et-Cher...	»	**Mure** (la) (M)	Isère	»
N			**Muret** (L)	Haute-Garonne.	»
Montpellier—— [2]	Hérault	»	Mussidan	Dordogne	» 50
Montpeyroux (M)	Hérault	»	**Mutzig** (M)	Bas-Rhin	»
Montpezat (M)	Tarn-et-Garonne	»	Muy (le)	Var	» 50
Montpont	Dordogne	» 50			

NOMS des BUREAUX.	DÉPARTEMENTS.	FRAIS D'EXPRÈS.	NOMS des BUREAUX.	DÉPARTEMENTS.	FRAIS D'EXPRÈS.
Najac	Aveyron	1 50	**N**		
Nançois-le-Petit	Meuse	» 50	**Nice—**	Alpes-Maritim.	»
Nancy	Meurthe	»	2		
Nangis	Seine-et-Marne	» 50	Niederbronn	Bas-Rhin	» 50
Nanterre (MC)	Seine	»	**Niedermors**chwiller (M)	Haut-Rhin	»
Nantes (J)	Loire-Inférieure	»	**N**		
Nantua (L)	Ain	»	**Nîmes** ——	Gard	»
Napoléon-Vendée	Vendée	»	2		
Napoléonville (L)	Morbihan	»	**Niort**	Deux-Sèvres	»
Narbonne	Aude	»	Niversac	Dordogne	» 50
Naussac	Aveyron	1 »	**Noailles** (M)	Oise	»
Navarrenx (M)	Basses-Pyren.	»	Nogent-l'Artaud	Aisne	» 50
Néau (r) 2)	Mayenne	»	**Nogent-le-Roi** (M)	Haute-Marne	»
Négreplisse	Tarn-et-Garonn.	» 50	**Nogent-le-Routrou** (L)	Eure-et-Loir	»
Négrondes	Dordogne	» 50	**Nogent-sur-Marne** (M)	Seine	»
Nemours	Seine-et-Marne	» 50	**Nogent-sur-Seine** (L).	Aube	»
Nérac (L)	Lot-et-Garonne	»	Nointot	Seine-Inférieure	» 50
Néris (BL)	Allier	»	**Noirmoutier** (L)	Vendée	»
Nérondes	Cher	» 50	Noisy-le-Sec	Seine	» 50
Neubourg (le) (M)	Eure	»	Nouzay	Indre-et-Loire	1 »
Neufbrisach (M)	Haut-Rhin	»	**Nonancourt** (M)	Eure	»
Neufchâteau (L)	Vosges	»	**Nontron** (L)	Dordogne	»
Neufchâtel-en-**Bray** (L)	Seine-Inférieure	»	**N.-D.-de-Bondeville** (M)	Seine-Inférieure	»
Neuillé	Indre-et-Loire	1 50	**N.-D.-du-Vaudreuil** (M)	Eure	»
Neuilly	Seine	»	Nouan-le-Fuzelier	Loir-et-Cher	» 50
Neuilly-en-Thelle (M)	Oise	»	Nouvelle (la)	Aude	» 50
Neuilly-l'Evêque (M)	Haute-Marne	»	Nouzon	Ardennes	» 50
Neuve-Lyre (la) (M)	Eure	»	Noveant	Moselle	» 50
Neuvic	Dordogne	2 »	Noyal (r)	Ille-et-Vilaine	»
Neuville de **Poitou** (M)	Vienne	»	Noyant	Allier	» 50
Neuville-sur-**Saône** (M)	Rhône	»	**Noyen** (M)	Sarthe	»
Nevers	Nièvre	»	**Noyon** (L)	Oise	»
Nexon	Haute-Vienne	1 »	Nuces	Aveyron	» 50
Nez-de-Jobourg (Sém.)	Manche	»	**Nuits**-sous-**Beaune** (M)	Côte-d'Or	»
			Nyons (L)	Drôme	»

NOMS des BUREAUX.	DÉPARTEMENTS	FRAIS D'EXPRÈS.	NOMS des BUREAUX.	DÉPARTEMENTS.	FRAIS D'EXPRÈS.
Oberbruck (M)	Haut-Rhin	»	**Origny**-Ste-**Benoîte** (M)	Aisne	»
Obernai (M)	Bas-Rhin	»	**Orléans**	Loiret	»
Offranville (M)	Seine-Inférieure	»	Ormes (les)	Vienne	» 50
Oignies (M)	Pas-de-Calais	»	Ormes (les)	Seine-et-Marne.	» 50
Oissel (M)	Seine-Inférieure	»	**Ornans** (M)	Doubs	»
Ollioules (M)	Var	»	**Orthez** (L)	Basses-Pyrén	»
Olmeto (M)	Corse	»	Oudon	Loire-Inférieure	» 50
Oloron (L)	Basses-Pyrén	»	**Ouessant** (phare) (Sém)	Finistère	»
Omonville-la-Rogue (Sém. Pointe Jardeheu)	Manche	»	**Ouessant** (sud) (Sém.)	Finistère	»
Onesse (M)	Landes	»	Ougney	Jura	» 50
Onzain	Loir-et-Cher	1 »	**Ouistreham** (Sém.)	Calvados	»
Orange (L)	Vaucluse	»	Oullins	Rhône	» 50
Orbec (M)	Calvados	»	**Ourscamps** (M)	Oise	»
Orchamps	Jura	»	Ourville (Sém. Port-Bail)	Manche	2 »
Orgelet (M)	Jura	» 50	**Ouville-la-Rivière** (M)	Seine-Inférieure	»
Orgon (M)	Bouches-du-Rhône.	»	Ozouer-la-Ferrière	Seine-et-Marne.	1 50
			Ozouer-les-Voulgis	Seine-et-Marne.	1 »

NOMS des BUREAUX.	DÉPARTEMENTS.	FRAIS D'EXPRÈS.
Pacaudière (la)	Loire	1 »
Pacy-sur-Eure (M)	Eure	»
Paimbœuf (L)	Loire-Inférieure	»
Paimpol (L)	Côtes-du-Nord	»
Palais (Le) (Belle-Isle)	Morbihan	»
Palaiseau (M)	Seine-et-Oise	»
Pallet (le)	Loire-Inférieure	» 50
Palisse (La) (L)	Allier	»
Palinges (M)	Saône-et-Loire	»
Pamiers (L)	Ariège	»
Pamproux	Deux-Sèvres	» 50
Pantin (M)	Seine	»
Paray-le-Monial	Saône-et-Loire	0 50
Paris (N) (4)	Seine	»
Parsac	Creuse	1 »
Parthenay (L)	Deux-Sèvres	»
Passenans	Jura	» 50
Pau	Basses-Pyrénées	»
Pauillac	Gironde	»
Paulhaguet	Haute-Loire	1 »
Pavilly (M)	Seine-Inférieure	»
Payns	Aube	» 50
Payrac (M)	Lot	»
Péage-Roussillon (Le)	Isère	» 50
Peltres	Moselle	» 50
Pelussin (M)	Loire	»
Penchot (M) (23)	Aveyron	»
Penmark (Sém.)	Finistère	»
Penmark (Sém. Penmark)	Finistère	1 50
Penne	Tarn	1 »
Penvénan (Sém. Port-Blanc)	Côtes-du-Nord	2 »
Périers (M)	Manche	»
Périgueux	Dordogne	»
Pernes (M)	Vaucluse	»
Péronne (L)	Somme	»
Perpignan	Pyrénées-Orientales	»
Perray (le) (r)	Seine-et-Oise	»
Perros-Guirec (M)	Côtes-du-Nord	»
Persan (par Beaumont)	Seine-et-Oise	» 50
Perthus (Le) (M)	Pyrénées-Orientales	»
Pessac	Gironde	» 50
Petit-Quérilly (le) (par Rouen)	Seine-Inférieure	1 50
Peyrehorade (M)	Landes	»
Peyriac-Minervois (M)	Aude	»
Pézénas	Hérault	»
Pezou	Loir-et-Cher	» 50
Pierrefitte (M)	Seine	»
Pierrefonds (M)	Oise	»
Pierrelatte	Drôme	» 50
Pierre-Pèze (par la gare de Civray)	Vienne	» 50
Pierrepont	Moselle	» 50
Pieux (les) (Sém. Flamanville)	Manche	3 50
Pignan (M)	Hérault	»
Pignans (r)	Var	»
Pincé-Précigné (r)	Sarthe	»
Piney (M)	Aube	»
Piriac (Sém. Pte de Piriac)	Loire-Inférieure	»
Pithiviers (L)	Loiret	»
Plaine (la) (Sém. Pte St-Gildas)	Loire-Inférieure	2 »
Plancher-Bas (M)	Haute-Saône	»
Plancher-les-Mines (M)	Haute-Saône	»
Plancoët (M)	Côtes-du-Nord	»
Pléhérel (Sém. Cap Fréhel)	Côtes-du-Nord	3 50
Plémet (M) (18)	Côtes-du-Nord	»
Plénée-Jugon (r)	Côtes-du-Nord	»
Pléneuf (Sém. Cap d'Erquy)	Côtes-du-Nord	3 50
Plestin (M)	Côtes-du-Nord	»

NOMS des BUREAUX.	DÉPARTEMENTS.	FRAIS D'EXPRÈS.
Pleubihan (Sém. Creach-par Maout)	Côtes-du-Nord	2 50
Plévenon (Sém. Cap Fréhel)	Côtes-du-Nord	»
Pleyber-Christ (r)	Finistère	2 »
Plobannalec (Sém. Lesconil)	Finistère	2 50
Plomeur (Sém. Pte Bihit)	Côtes-du-Nord	»
Ploërmel (L)	Morbihan	
Plogoff (Sém. Bec-du-Raz-de-Sein)	Finistère	2 50
M		
Piombières——	Vosges	
BL.		
Plouaret (r)	Côtes-du-Nord	2 50
Plouarzel (Sém. Pte Corsen)	Finistère	
Plaubalay (Sém. Pte du Décollé)	Côtes-du-Nord	1 »
Ploudalmézau (Sém. Pte de Landunvez)	Finistère	3 50
Plouézec (Sém. Pte de Plouézec)	Côtes-du-Nord	»
Plouguénou (Sém. Pte Primel)	Finistère	
Plougourelin (Sém. Pointe Creachmeur)	Finistère	»
Plouguerneau (Sém. Pointe de Kérisoc)	Finistère	4 »
Plouha (Sém. St Quay)	Côtes-du-Nord	4 »
Plouhinec (Sém. Pte de Gavres)	Morbihan	»
Plougneau (r)	Finistère	3 »
Ploumoguer (Sém. Pte Corsen)	Finistère	»
Plounerin (r)	Côtes-du-Nord	3 »
Plourin (Sém. Pte Landunvez)	Finistère	3 »
Plouzané (Sém. Pte Minou)	Finistère	2 50
Plurien (Sém. Cap d'Erquy)	Côtes-du-Nord	1 »
Pluvigner	Morbihan	1 »
Pointe La	Maine-et-Loire	»
Pointe d'Ailly (Sém.)	Seine-Inférieure	»
Pte d'Alprecht (Sém.)	Pas-de-Calais	»
Pte d'Arzic (Belle-Isle) Sém.	Morbihan	»
Pte des Baleines (Ile de Ré) (Sém.)	Charente-Inférieure	»
Pte de Besnard Sém.	Ille-et-Vilaine	»
Pte de Beuzeval Sém.	Calvados	»
Pte de Biarritz Sém.	Basses-Pyrénées	»
Pte de Bihit (Sém.)	Côtes-du-Nord	»
Pte de Bloscon (Sém.)	Finistère	»
Pte de Chassiron (Ile d'Oléron) (Sém.)	Charente-Inférieure	»
Pte de Chémoulin (Sém.)	Loire-Inférieure	
Pte de la Chiappa ou Porto-Vecchio	Corse	»
Pte de Combrit (Sém.)	Finistère	»
Pte de Corsen (Sém.)	Finistère	»
Pte de la Coubre Sém.	Charente-Inférieure	»
Pte Creachmeur (Sém.)	Finistère	
Pointe du Décollé (la Garde Guérin) (Sém.)	Ille-et-Vilaine	»
Pte d'Er-Hastellic (Belle-Isle) (Sém.)	Morbihan	»
Pte de Gâvres (Sém.)	Morbihan	»
Pte de Grâve (Sém.)	Gironde	»
Pte du Grognon (Ile de Groix) (Sém.)	Morbihan	»
Pte du Grouin (Sém.)	Ille-et-Vilaine	»
Pte Jardeheu (Sém.)	Manche	»
Pte de Kérisoc (Sém.)	Finistère	»
Pte de Landunvez (Sém.)	Finistère	»
Pte de Lervily (Sém.)	Finistère	»
Pte Minou (Sém.)	Finistère	»
Pte Mortella (Sém.)	Corse	»

4

NOMS des BUREAUX.	DÉPARTEMENTS.	FRAIS D'EXPRÈS.
Pte de la Percée (Sém.)	Calvados	»
Pte de Piriac (Sém.)	Loire-Inférieure	»
Pte de Plouëzec (Sém.)	Côtes-du-Nord	»
Pte de Ploumanach (Sém.)	Côtes-du-Nord	»
Pte des Pois (Sém.)	Finistère	»
Pte Portzic (Sém.)	Finistère	»
Pte du Pouldu (Sém.)	Morbihan	»
Pte de Primel (Sém.)	Finistère	»
Pte du Roc (Granville, Sém.)	Manche	»
Pte du Roselier (Sém.)	Côtes-du-Nord	»
Pte de Bosmeur (Sém.)	Finistère	»
Pte de St-Cast (Sém.)	Côtes-du-Nord	»
Pte de St-Gildas (Sém.)	Loire-Inférieure	»
Pte des Stes-Maries (Sém.)	Bouches-du-Rh.	»
Pte St-Mathieu (Sém.)	Finistère	»
Pte de Soccoa (Sém.)	Basses-Pyrén.	»
Pte de Taillefer (Belle-Isle) (Sém.)	Morbihan	»
Pte du Talut (Belle-Isle) (Sém.)	Morbihan	»
Pte du Touquet (Sém.)	Pas-de-Calais	»
Poissy (M)	Seine-et-Oise	»
Poitiers	Vienne	» 50
Poix	Ardennes	»
Poix (M)	Somme	» 50
Poliénas	Isère	»
Poligny (L)	Jura	» 50
Polliat	Ain	»
Pons (M)	Charente-Infér.	»
Pontacq (M)	Basses-Pyrén.	1 »
Pontailler	Côtes-d'Or	»
Pont-à-Mousson (L)	Meurthe	»
Pontanevaux (voir La Chapelle de Guinchay)	Saône-et-Loire.	»
Pontarlier (L)	Doubs	»
Pont-Audemer	Eure	»
Pont-Authou (M)	Eure	» 50
Pontcharra	Isère	» 50
Pont-Château	Loire-Inférieure	»
Pont-de-Beauvoisin (M	Isère	»
Pont-de-Bordes (voir Lavardac)	Lot-et-Garonne	1 »
Pont-d'Ain	Ain	» 50
Pont-de-Gennes	Sarthe	1 »
Pont-de-l'Arche	Eure	» 50
Pont-de-Lignon	Haute-Loire	»
Pont-de-Roide (M)	Doubs	»
Pont-de-Vaux (M)	Ain	» 50
Pont-de-Veyle	Ain	» 50
Pont-du-Casse	Lot-et-Garonne	1 »
Pontgouin	Eure-et-Loir	»
Pont-Hébert (v)	Manche	»
Pont-l'Abbé (L)	Finistère	»
Pont-l'Évêque (L)	Calvados	» 50
Pont-Ste-Maxence	Oise	»
Pont-St-Esprit (M)	Gard	»
Pont-St-Pierre (M)	Eure	»
Pontoise (L)	Seine-et-Oise	»
Pontonx (M)	Landes	»
Pontorson (M)	Manche	»
Pont-Rémy (M)	Somme	»
Pontrieux (L)	Côtes-du-Nord	
Pont-sur-Seine	Aube	» 50
Pornic (M)	Loire-Inférieure	»
Pornichet (Sém. Pointe de Chémoulin)	Loire-Inférieure	2 »
Porquerolles (Ile Porquerolles) (Sém. Ile de Porquerolles)	Var	1 50
Porspoder (Sém. Pointe de Landuuvez)	Finistère	2 50
Port-à-Binson (M)	Marne	»
Port-Bail (Sém.)	Manche	»
Port-Bail (Sém. Port-Bail)	Manche	»
Port-Blanc (Sém.)	Côtes-du-Nord	»
Port-Boulet	Indre-et-Loire	» 50
Port-Brillet (M)	Mayenne	»
Port-de-Penne	Lot-et-Garonne	1 50
Port-de-Piles (8)	Indre-et-Loire	» 50
Pont-en-Bessin (Sém.)	Calvados	»
Port-en-Bessin (Sém. Port-en-Bessin)	Calvados	»
Portel (Le) (Sém. Pointe d'Alprecht)	Pas-de-Calais	»
Port Frioul (Ile Pomègues) (Sém. Ile de Pomègues)	Bouches-du-Rh.	1 50
Port-Louis (Sém. Pointe de Gâvres)	Morbihan	»
Porto-Vecchio (M)	Corse	»
Porto-Vecchio, Pte de la Chiappa (Sém.)	Corse	»
Portrieux (Sém. St-Quay)	Côtes-du-Nord	»
Port-Ste-Marie	Lot-et-Garonne	» 50
Port-sur-Saône	Haute-Saône	» 30
Port-Vendres	Pyrénées-Or.	»
Possonnière (La)	Maine-et-Loire	» 50
Poterie (La) (Sém. Cap d'Antifer)	Seine-Inférieure	»
Pouancé (M)	Maine-et-Loire	»
Pougues (M)	Nièvre	»
Pouilly (M)	Nièvre	»
Poulaines (M)	Indre	»
Pournel	Lot	1 »
Poutroye (La) (voir Lapoutroye)	Haut-Rhin	»
Pouzin (le)	Ardèche	» 50
Prades (L)	Pyrénées-Orien	»
Préfailles (Sém. Pointe de St-Gildas)	Loire-Inférieure	»
Presle de Doyet (La)	Allier	1 »
Preste (La) BL	Pyrénées-Or.	»
Preuilly (M)	Indre-et-Loire	»
Privas	Ardèche	»
Propriano (M)	Corse	»
Provins (L)	Seine-et-Marne	»
Puget de Cuers (Le)	Var	1 »
Puget-Théniers (L)	Alpes-Maritim.	»
Puiseaux	Loiret	» 50
Puisserguier (M)	Hérault	»
Puteaux (M)	Seine	»
Puttelange (M)	Moselle	»
Puy (le)	Haute-Loire	»
Puyoo	Basses-Pyrén.	» 50
Pyrimont	Ain	» 50

NOMS des BUREAUX.	DÉPARTEMENTS.	FRAIS D'APRÈS.	NOMS des BUREAUX.	DÉPARTEMENTS.	FRAIS D'EXPRÈS.
Quatre-Routes (Les)......	Lot.............	» 50	**Quillebœuf** L.........	Eure............	»
Quéménéven.............	Finistère.	2 »	**Quimper**	Finistère........	»
Querqueville Sém. Fort de			**Quimperlé** L.........	Finistère........	»
Querqueville)..........	Manche........	»	**Quintin** M...........	Côtes du Nord.	»
Questembert.............	Morbihan......	1 50	**Quissac** M...........	Gard	»
Quettehou (Sém. Fᵗ la Hougue).	Manche........	2 50			

NOMS des BUREAUX.	DÉPARTEMENTS.	FRAIS D'EXPRÈS.	NOMS des BUREAUX.	DÉPARTEMENTS.	FRAIS D'EXPRÈS.
Rabastens	Tarn	» 50	Roche	Doubs	» 50
Racquinghem. (Voir Wardrecques.)	Pas-de-Calais	»	**Roche (La)** (M)	Haute-Savoie	»
Ramatuelle (Sém. Cap Camarat)	Var	2 »	**Roche-Bernard (La** M)	Morbihan	»
Rambervillers (M)	Vosges	»	Roche-Chalais (La) (10)	Charente-Infér.	2 »
Rambouillet (L)	Seine-et-Oise	»	**Rochechouart** (L)	Haute-Vienne	»
Ranchot	Jura	» 50	**Rochefort**	Charente-Infér.	»
Ranville (Sém. Ouistreham)	Calvados	3 »	Rochefort	Jura	1 »
Raon-l'Étape (M)	Vosges	»	**Rochefoucault (La,** M)	Charente	»
Razac	Dordogne	» 50	**Rochelle (La)**	Charente-Infér.	»
Réalmont (M)	Tarn	»	*Rocourt* (13)	Aisne	»
Rebais (M)	Seine-et-Marne	»	**Rocroy** (L)	Ardennes	»
Redessan (par Manduel)	Gard	» 50	**Rodez**	Aveyron	»
Redon (L)	Ille-et-Vilaine	»	**Roisel** (M)	Somme	»
Reyneville (Sém. Agon)	Manche	3 »	Rolampont	Haute-Marne	» 50
Regny	Loire	» 50	**Romans**	Drôme	»
Reichsoffen	Bas-Rhin	» 50	**Romilly** (M)	Aube	»
Reims	Marne	»	Romilly la Puthenaye	Eure	» 50
Rémilly	Moselle	» 50	**Romorantin** (L)	Loir-et-Cher	»
Remiremont	Vosges	»	**Ronchamp** (M)	Haute-Saône	»
Rennes — N/2	Ille-et-Vilaine	»	Roquebrune	Var	1 »
Renwez (M)	Ardennes	»	*Roquebrune* (Sém. Cap San-Martino)	Alpes-Maritimes	»
Réole (La) (L)	Gironde	»	Roquefavour	Bouches-du-Rhône	» 50
Rethel (L)	Ardennes	»	**Roquefort** (M)	Aveyron	»
Retournac	Haute-Loire	» 50	**Roquemaure** (M)	Gard	»
Reuilly	Indre	» 50	*Roscanvel* (Sém. Camaret)	Finistère	3 50
Revel	Haute-Garonne	» 50	*Roscoff* (Sém. P^te de Bloscon)	Finistère	»
Revigny (M)	Meuse	»	**Rosheim** (M)	Bas-Rhin	»
Réville (Sém. F^t la Hougue)	Manche	2 50	**Rosières-aux-Salines** (M)	Meurthe	»
Revin	Ardennes	» 50	Rosiers (Les)	Maine-et-Loire	1 »
Reynier (Sém. Six-Fours)	Var	1 50	Rosny (r)	Seine-et-Oise	»
Rianter (Sém. P^te de Gâvres)	Morbihan	2 »	Rosporden	Finistère	» 50
Ribeauvillé (L)	Haut-Rhin	»	Rossillon	Ain	» 50
Ribemont (M)	Aisne	»	**Rothau** (M)	Vosges	»
Ribérac (L)	Dordogne	»	**Roubaix**	Nord	»
Ricamarie (La)	Loire	» 50	**Rouen** — N/2 (1)	Seine-Inférieure	»
Riceys (Les) (M)	Aube	»	Rouessé-Vassé (r) (2)	Sarthe	»
Rideauville (Sém. Fort la Hougue)	Manche	2 »	Rouffach	Haut-Rhin	1 »
Rigny-le-Ferron (M)	Aube	»	Rouget (le)	Cantal	1 »
Rilly-la-Montagne	Marne	» 50	Rouillé	Vienne	» 50
Riols (M)	Hérault	»	*Roussillon* (pr Péage-Rous)	Isère	1 »
Riom (L)	Puy-de-Dôme	»	**Routot** (M)	Eure	»
Rioz (M)	Haute-Saône	»	**Royan**	Charente-Infér.	»
Riscle	Gers	» 50	**Roye** (M)	Somme	»
Rive-de-Gier (L)	Loire	»	**Rue** (M)	Somme	»
Rives	Isère	1 »	**Rueil** (M)	Seine-et-Oise	»
Rivesaltes	Pyrénées-Orientales	» 50	**Ruelle** (M) (22)	Charente	»
Rivière-de-Mansac (La)	Corrèze	3 »	**Ruffec** (L)	Charente	»
Rivière-Thibouville (La) (r)	Eure	»	*Ruffieux* (par Chatillon)	Savoie	3 »
Roanne	Loire	»	**Rugles** (M)	Eure	»
Rocamadour	Lot	2 »	**Rumilly** (M)	Haute-Savoie	»
			Rupt (M)	Vosges	»

NOMS des BUREAUX.	DÉPARTEMENTS	FRAIS D'EXPRÈS
(*) **St-Adresse** (M)	Seine-Inférieure	»
St-Affrique (L.)	Aveyron	»
Ste-Agnès	Jura	» 50
St-Amand (L.)	Cher	»
St-Amand	Loir-et-Cher	» 50
St-Amand-de-Boixe	Charente	1 »
St-Amand-les-Eaux (M)	Nord	»
St-Amand-en-Puysaye (M)	Nièvre	»
St-Amans-Soult (M)	Tarn	»
St-Amarin	Haut-Rhin	» 50
St-Ambroix	Gard	» 50
St-Amour	Jura	» 50
Saint-André (M)	Eure	»
St-André-de-**Cubzac** (M)	Gironde	»
St-André-du-Gaz	Isère	1 »
St-André-de-Saugonis (M)	Hérault	»
Ste-Anne	Morbihan	1 50
St-Antoine	Indre-et-Loire	1 »
St-Antonin	Tarn-et-Garonne	» 50
St-Astier	Dordogne	» 50
St-Aubin (Sém.)	Calvados	»
St-Aubin (Sém. St Aubin)	Calvados	1 50
St-Aubin, près Dieppe (r)	Seine-Inférieure	»
St-Avold	Moselle	1 50
St-Ay	Loiret	» 50
St-Benoist	Vienne	» 50
St-Bérain	Saône-et-Loire	» 50
St-Briac Sém. Pte du Décollé	Ille-et-Vilaine	1 50
St-Brieuc	Côtes-du-Nord	»
St-Calais (L.)	Sarthe	»
St-Cast (Sém. Pte de St-Cast	Côtes-du-Nord	1 50
St-Chamas (L.)	Bouches-du-Rh.	»
St-Chamond (L.)	Loire	»
Saint-Chéron	Seine-et-Oise	» 50
St-Chinian (M)	Hérault	»
St-Christau (M)	Basses-Pyrén.	»
StChristophe (M)	Indre	»
St-Christophe	Aveyron	» 50
St-Clair	Rhône	» 50
St-Claude (L.)	Jura	»
St-Cloud (M)	Seine-et-Oise	»
St-Coulomb (Sém. Pointe de Besnard)	Ille-et-Vilaine	2 »
Ste-Croix-aux-Mines (M)	Haut-Rhin	»
St-Cyr	Seine-et-Oise	» 50
St-Cyr	Loiret	1 50
St-Denis	Gironde	1 »
St-Denis	Lot	» 50
St-Denis (L.)	Seine	»
St-Denis-d'Oléron (Sém. Pointe de Chassiron)	Charente-Infér.	1 50
St-Dié	Vosges	»
St-Dizier	Haute-Marne	»
St-Donat (M)	Drôme	»
St-Erme près Laon	Aisne	» 50
St-Etienne	Loire	» 50
St-Etienne	Tarn-et-Garonne	» 50
St-Etienne-de-Montluc	Loire-Inférieure	» 50
St-Etienne-de-St-Geoirs	Isère	1 »
St-Etienne-du-Bois	Ain	» 50
St-Fargeau (M)	Yonne	»
Ste-Feyre	Creuse	» 50

NOMS des BUREAUX.	DÉPARTEMENTS	FRAIS D'EXPRÈS
St Florent	Cher	» 50
St-Florent (M)	Corse	»
St-Florentin (M)	Yonne	»
St-Flour (L.)	Cantal	»
St-Galmier (M)	Loire	»
St-Gaudens (L.)	Haute-Garonne	»
St-Genest (M)	Vienne	»
St-Geniez (M)	Aveyron	»
St-Genis-Saintonge (M)	Charente-Infér.	»
St-Geoire (M)	Isère	»
St-Georges	Maine-et-Loire	2 »
St-Georges-d'Oléron (M)	Charente-Infér.	»
St-Georges du-Vièvre (M)	Eure	»
St-Germain-des-Fosses	Allier	» 50
St-Germain-des-Vaux Sém. Cap la Hogue	Manche	2 »
St-Germain-en-Laye	Seine-et-Oise	»
St-Germain-l'Espinasse	Loire	1 »
St-Germain-sur-Ille (r)	Ille-et-Vilaine	»
St-Gervais (M)	Haute-Savoie	»
St-Gildas	Loire-Inférieure	» 50
St-Gilles (M)	Vendée	»
St-Girons (L.)	Ariège	»
St-Hilaire-de-Villefr. (M)	Charente-Infér.	»
St-Hilaire-du-Harcouet (M)	Manche	»
St-Hilaire par Morée-St-Hil.	Loir-et-Cher	» 50
St-Hyppolyte (M)	Doubs	»
St-Hyppolyte (L.)	Gard	»
St-Honore (M)	Nièvre	»
Ste-Honorine-des-Pertes Sém. Port en Bessin	Calvados	2 »
St-Jacut	Morbihan	1 50
St-James (M)	Manche	»
St-Jean-d'Angély	Charente-Infér.	»
St-Jean-de-Luz (M)	Basses-Pyrén.	»
St-Jean-de-Losne (M)	Côte-d'Or	»
St Jean-de-Maurienne (L.)	Savoie	»
St-Jean-du-Gard (M)	Gard	»
St-Jean-Pied-de-Port (M)	Basses-Pyrén.	»
St-Jouin Sém. Cap d'Antifer	Seine-Inférieure	2 50
St-Jeoire (M)	Haute-Savoie	»
St-Julien (L.)	Haute-Savoie	»
St-Julien (M)	Landes	»
St-Junien (M)	Haute-Vienne	»
St-Just-en-Chaussée (M)	Oise	»
Saint Lager-Bressac (r)	Ardèche	»
Saint-Lattier	Isère	» 50
St-Laurent (M)	Jura	»
St-Laurent (par Niversac)	Dordogne	1 »
St-Laurent de la Salanque (M)	Pyrénées-Or.	»
St-Léger	Saône-et-Loire	» 50
St-Léger-Boisset (r)	Eure	»
St-Léonard (M)	Haute-Vienne	»
St-Leu-d'Esserent (M)	Oise	»
Ste-Livrade (M)	Lot-et-Garonne	»
St-Lizier (M)	Ariège	»
St-Lô	Manche	»
St-Lothain	Jura	» 50
St-Loubès	Gironde	» 50
St-Louis (M) (**)	Haut-Rhin	»

(*) Le bureau de St-Adresse est fermé. Pendant la fermeture du bureau, les dépêches sont portées par le bureau d'Etretat, moyennant 1 fr. de frais fixes.

(**) Le bureau de St-Louis est fermé provisoirement. Les dépêches sont reçues par la gare, moyennant 0 fr. 50 de frais fixes.

NOMS des BUREAUX.	DÉPARTEMENTS	FRAIS D'EXPRÈS.
St-Loup (M)	Deux-Sèvres	»
St-Loup (M)	Haute-Saône	»
Ste-Luce	Loire-Inférieure	1 »
St-Lunaire (Sém. Pointe du Décollé)	Ille-et-Vilaine	»
St-Luperce (r)	Eure-et-Loir	»
St-Maixent	Deux-Sèvres	» 50
St-Malo	Ille-et-Vilaine	»
St-Mandé (M)	Seine	»
St-Mandrier (Sém. Cap Sepet)	Var	1 50
St-Marcellin (L)	Isère	»
St-Mards-en-Othe (M)	Aube	»
St-Mards-Orbec	Eure	3 50
Ste-Marguerite (Sém. Pointe d'Ailly)	Seine Inférieure	»
Ste-Marie-aux-Mines	Haut-Rhin	»
Stes-Maries (Sém. Pointe des Stes-Maries)	Bouches-du-Rh.	1 50
St-Mars-la-Brière (r, (2)	Sarthe	»
St-Martin	Maine-et-Loire	» 50
St-Martin-de-Bouillac	Aveyron	» 50
St-Martin-d'Estréaux	Loire	1 »
St-Martin-de-Ré	Charente-Infér.	»
St-Mathurin	Maine-et-Loire	» 50
St-Maur (M) (12)	Seine	»
Ste-Maure	Indre-et-Loire	2 50
St-Maurice (M)	Vosges	»
Ste-Maxime (Sém. Cap Sardinaux)	Var	»
St-Médard	Gironde	» 50
Ste-Ménéhould (L)	Marne	»
Ste-Mesme	Seine-et-Oise	1 »
St-Michel	Savoie	» 50
St-Michel	Seine-et-Oise	» 50
St-Mihiel (M)	Meuse	»
St-Nazaire	Loire-Inférieure	»
St-Nazaire (Sénary-Beauport) M	Var	»
St-Nicolas	Morbihan	» 50
St-Nicolas-d'Aliermont (M)	Seine-Inférieure	»
St-Nicolas de la Grave (M)	Tarn-et-Garonne	»
St-Omer	Pas-de-Calais	»
St-Palais (M)	Basses-Pyrén	»
St-Parre-les-Vaudes	Aube	» 50
St-Paterne	Indre-et-Loire	» 50
St-Patrice	Indre-et-Loire	» 50
St-Paul-lès-Romans	Drôme	» 50
St-Peray (M)	Ardèche	»
St-Père-en-Retz (M)	Loire-Inférieure	»
St-Pierre	Eure	» 50
St-Pierre-lès-Calais (L)	Pas-de-Calais	»
St Pierre-de-Chignac	Dordogne	» 50
St-Pierre-de-Quiberon (Sém. Locmaria)	Morbihan	1 50
St Pierre-d'Oléron (L)	Charente-Infér.	»
St-Pierre-Eglise (Sém. Cap Lévi)	Manche	3 50

NOMS des BUREAUX.	DÉPARTEMENTS	FRAIS D'EXPRÈS.
St-Pierre-Lacour (r)	Mayenne	»
St-Pierre-le-Moultier	Nièvre	» 50
St-Pierre-Quilbignon (Sém. Pte-Portzic)	Finistère	1 50
St-Pierre-sur-Dives (r)	Calvados	»
St-Pol-de-Léon (L)	Finistère	»
St-Pol-s-Ternoise (L)	Pas-de-Calais	»
St-Pons (L)	Hérault	»
St-Porchaire (M)	Charente-Infér.	»
St-Pourçain (M)	Allier	»
St-Priest	Isère	» 50
St-Priest-Taurion	Haute-Vienne	1 50
St-Quay (Sém.)	Côtes-du-Nord	»
St-Quay (Sém. St-Quay)	Côtes-du-Nord	»
St-Quentin	Aisne	»
St-Quintin	Isère	» 50
St-Rambert	Ain	» 50
St Rambert	Drôme	» 50
St-Raphaël	Var	» 50
St-Remy (M)	Bouches-du-Rh.	»
St-Renan (L)	Finistère	»
St-Robert	Isère	» 50
St-Romain de Colbosc (M)	Seine-Inférieure	»
St-Saëns (M)	Seine-Inférieure	»
St-Sauveur (par Luz)	Hautes-Pyrén	1 »
St-Sauveur (M)	Yonne	»
St-Sauveur-le-Vte (M)	Manche	»
St-Sébastien	Creuse	» 50
St-Sébastien (Sém. Pointe de Chémoulin)	Loire-Inférieure	2 »
St-Servan	Ille-et-Vilaine	»
St-Servan (Sém.)	Ille-et-Vilaine	»
St-Sever (L)	Landes	»
St-Simon (M)	Aisne	»
St-Sulpice	Gironde	» 50
St-Sulpice-la-Pointe	Tarn	» 50
St-Sulpice-Laurière	Haute-Vienne	1 »
St-Sylvain-Briollay (r)	Maine-et-Loire	»
St-Symphorien de Lay (M)	Loire	»
St-Thégonec (r)	Finistère	»
St-Tropez (L)	Var	»
St-Tudy (Sém. Pte Grognon)	Morbihan	2 »
St-Vaast (M)	Manche	»
St-Valéry	Somme	» 50
St-Valéry-en-Caux	Seine-Inférieure	»
St-Valéry-en-Caux (Sém.)	Seine-Inférieure	»
St-Vallier (M)	Drôme	»
St-Varent (M)	Deux-Sèvres	»
St-Vaury (M)	Creuse	»
St-Victor	Loire	» 50
St-Victor-l'Abbaye (M)	Seine-Inférieure	»
St-Vincent-de-Tyrosse	Landes	» 50
St-Wit	Doubs	« 50
St-Yrieix (L)	Haute-Vienne	»

NOMS des BUREAUX.	DÉPARTEMENTS.	FRAIS D'EXPRÈS.
Saales (M)	Vosges	»
Sablé (L)	Sarthe	»
Sables-d'Olonne(Les)	Vendée	»
Sables-d'Olonne (Sém.)	Vendée	»
Saincaize	Nièvre	» 50
Sains (M)	Nord	»
Saintes	Charente-Infér.	»
Salbris	Loir-et-Cher	» 50
Salernes (M)	Var	»
Salies (M)	B.-Pyrénées	»
Salins (L)	Jura	»
Sallanches (L)	Haute-Savoie	»
Salle (La) voir Lasalle)	Gard	»
Salléles d'Aude (M)	Aude	»
Salles-Courbatiers	Aveyron	» 50
Salles-la-Source	Aveyron	1 50
Salon (M)	Bouches-du-Rh.	»
Salviac (M)	Lot	»
Salyndres	Gard	» 50
Sancerre (L)	Cher	»
Sangatte (Sém. Calais)	Pas-de-Calais	2 »
Santeuil	Eure-et-Loir	» 50
Sanvic (M)	Seine-Infér.	»
Sarlat (L)	Dordogne	»
Sarralbe (M)	Moselle	»
Sarrebourg (L)	Meurthe	»
Sarreguemines (L)	Moselle	»
Sartène (L)	Corse	»
Sarzeau (M)	Morbihan	»
Sathonay	Ain	» 50
Saujon (M)	Charente-Infér.	»
Saulces-Monclin	Ardennes	1 »
Saulieu (M)	Côte-d'Or	»
Saulxures (M)	Vosges	»
Saumur	Maine-et-Loire	»
Sauve (M)	Gard	»
Sauveterre (M)	Gironde	»
Sauveterre (M)	B.-Pyrénées	»
Sauveterre	Lot-et-Garonne	» 50
Sauzé-Vaussais (M)	Deux-Sèvres	»
Savenay (L)	Loire-Inférieure	»
Saverdun (M)	Ariège	»
Saverne (L)	Bas-Rhin	»
Savigny-en-Septaine	Cher	1 »
Savigny-sur-Orge	Seine-et-Oise	» 50
Savonnières	Indre-et-Loire	1 »
Sceaux (v)	Sarthe	»
Sceaux (L)	Seine	»
Scey-sur-Saône (M)	Haute-Saône	»
Schirmeck (M)	Vosges	»
Schlestadt (L)	Bas-Rhin	»
Scorbé-Clairvaux (M)	Vienne	»
Séclin (M)	Nord	»
Sedan	Ardennes	»
Sées (M)	Orne	»
Segré (L)	Maine-et-Loire	»
Seilhac (M)	Corrèze	»
Seltz (M)	Bas-Rhin	»
Semur (L)	Côte-d'Or	»
Senlis (L)	Oise	»
Senonches (M)	Eure-et-Loire	»

NOM des BUREAUX.	DÉPARTEMENTS.	FRAIS D'EXPRÈS.
Senones (M)	Vosges	»
Sens (L)	Yonne	»
Sentheim (M)	Haut-Rhin	»
Séraucourt (M)	Aisne	»
Sermaize	Marne	» 50
Serquigny (M)	Eure	»
Servian (M)	Hérault	»
Servon (r) (2	Ille-et-Vilaine	»
Seurre (M)	Côte-d'Or	»
Sévérac	Loire-Inférieure	» 50
Sevran	Seine-et-Oise	» 30
Sèvres (M)	Seine-et-Oise	»
Seyne (La) (L)	Var	»
Seyssel	Ain	» 50
Sierck (M)	Moselle	»
Sierentz	Haut-Rhin	» 50
Siorac	Dordogne	» 50
Sisteron (L)	Basses-Alpes	»
Six-Fours (Sém.)	Var	»
Six-Fours Sem.Six-Fours	Var	»
Soccoa (la) (Sém. Pte Soccoa	B.-Pyrénées	»
Soissons	Aisne	»
Soisy-sous-Etiolles (M)	Seine-et-Oise	»
Solenzara (La) (M)	Corse	»
Solesmes (M)	Nord	»
Sollies-Pont	Var	» 50
Solre le-Château (M)	Nord	»
Somain	Nord	» 50
Sommevoire (M)	Haute-Marne	»
Sommières (M)	Gard	»
Sône (La)	Isère	» 50
Songeons (M)	Oise	»
Sorcy (M)	Meuse	»
Sorèze (M)	Tarn	»
Sorgues (L)	Vaucluse	»
Sottevast (r)	Manche	»
Sotteville-les-**Rouen** M	Seine-Inférieure	»
Soubie	Dordogne	» 50
Souillac (M)	Lot	»
Soulac-les-Bains (M)	Gironde	»
Soulac pendant l'hiver. (Sém. Pte de Grâve.)	Gironde	3 50
Soulaines (M)	Aube	»
Soultz (M)	Haut-Rhin	»
Soultzmatt (M)	Haut-Rhin	»
Soultz-sous-Forêts	Bas-Rhin	» 50
Sourdeval (M)	Manche	»
Souterraine (La)	Creuse	» 50
Souvigny	Allier	» 50
Stenay (M)	Meuse	»
N		
Strasbourg—	Bas-Rhin	»
2		
Styring	Moselle	» 50
Suèvres	Loir-et-Cher	1 »
Sumène (M)	Gard	»
Suresnes (M)	Seine	»
Surgères	Charente-Infér.	» 50
Survilliers	Seine-et-Oise	1 »
Sury-le-Comtal	Loire	» 50
Suze (La) (M)	Sarthe	»

NOMS des BUREAUX.	DÉPARTEMENTS.	FRAIS D'EXPRÈS.	NOMS des BUREAUX.	DÉPARTEMENTS.	FRAIS D'EXPRÈS.
Tacoignières (v)	Seine-et-Oise	»	**Toulon**	Var	»
Tain	Drôme	»	**Toulouse** (N)	Haute-Garonne	»
Talmay	Côte-d'Or	» 50	Touques (v)	Calvados	»
Tamaris	Gard	» 50	**Tourcoing**	Nord	»
Tarare (L)	Rhône	» 50	**Tour-du-Pin (La)** (L)	Isère	»
Tarascon	Bouches-du-Rh.	»	**Tournay** (M)	H.-Pyrénées	»
Tarascon-s-Ariége (M)	Ariége	» 50	**Tournon** (L)	Ardèche	»
Tarbes	H.-Pyrénées	»	Tournus	Saône-et-Loire	» 50
Tartas (M)	Landes	»	**Tourny** (M)	Eure	»
Tenay	Ain	»	**Tours** —	Indre-et-Loire	»
Tencin	Isère	1 »			
Tergnier	Aisne	» 50	**Tour-St-Louis (La)** (M)	Bouches-du-Rh.	»
Terrasson	Dordogne	» 50	Toury	Eure-et-Loir	» 50
Terre-Noire	Loire	» 50	**Trainel** (M)	Aube	»
Tessonnières	Tarn	» 50	**Trait (Le)** (M)	Seine-Inférieure	»
Teste (La)	Gironde	» 50	Trans	Var	» 50
Thann (L)	Haut-Rhin	» 50	Trappes	Seine-et-Oise	» 50
Theil (Le)	Orne	»	**Traves** (M)	Haute-Saône	»
Theillay	Loir-et-Cher	» 50	*Treberden* (Sém. P^{te} de Bihit)	Côtes-du-Nord	»
Thenon	Dordogne	» 50	**Tréguier** (L)	Côtes-du-Nord	»
Thiaucourt (M)	Meurthe	1 50	Treignat	Allier	» 50
Thiberville (M)	Eure	»	Trélazé	Maine-et-Loire	1 »
Thiers (L)	Puy-de-Dôme	»	**Tremblade (La)** (L)	Charente-Infér.	»
Thillot (Le) (M)	Vosges	»	Trémentines	Maine-et-Loire	1 50
Thionville (L)	Moselle	»	**Tréport (Le)**	Seine-Inférieure	»
Thiviers	Dordogne	»	**Tréport (Le)** Sém	Seine-Inférieure	»
Thizy (M)	Rhône	» 50	**Trévignon** (Sém)	Finistère	»
Tholy (Le) (M)	Vosges	»	**Trévoux** (L)	Ain	»
Thonon (L)	Haute-Savoie	»	Tricherie (La)	Vienne	» 50
Thoissey (M)	Ain	»	Triel (v)	Seine-et-Oise	»
Thouaré	Loire-Inférieure	»	Trillers (Les)	Allier	1 »
Thouars (M)	Deux-Sèvres	» 50	**Trilport** (M)	Seine-et-Marne	»
Thury-Arcourt (M)	Calvados	»	**Troissereux** (M)	Oise	»
Tiercé (M)	Maine-et-Loire	»	Tronget	Allier	» 50
Tillières (M)	Eure	»	**Trouville** —	Calvados	»
Tinchebray (M)	Orne	»			
Tonnay-Charente (L)	Charente-Infér.	»	**Troyes**	Aube	»
Tonneins (L)	Lot-et-Garonne	»	**Trun** (M)	Orne	»
Tonnerre (L)	Yonne	»	**Tulle**	Corrèze	»
Torigni-sur-Vire (M)	Manche	»	Tullins	Isère	» 50
Torpes	Doubs	»	Turenne	Corrèze	1 50
Tôtes (M)	Seine-Inférieure	» 50			
Toucy (M)	Yonne	»			
Toul (L) (5)	Meurthe	»			

NOMS des BUREAUX.	DÉPARTEMENTS	FRAIS D'EXPRÈS.	NOMS des BUREAUX.	DÉPARTEMENTS	FRAIS D'EXPRÈS.
Ucel (M)	Ardèche	»	**Ussat-les-Bains** (BM).	Ariége	»
Uchaud	Gard	» 50	**Ussel** (L)	Corrèze	»
Uckange	Moselle	» 50	**Ussy** (M)	Calvados	»
Ugine (M)	Savoie	»	*Uxem* (Sém. Zuydcoote)	Nord	2 50
Urçay (9)	Cher	» 50	**Uzel** (M)	Côtes-du-Nord	»
Uriage (BL)	Isère	»	**Uzerche** (M)	Corrèze	»
Urt	Basses-Pyrén	» 50	**Uzés** (L)	Gard	»

NOMS des BUREAUX.	DÉPARTEMENTS	FRAIS D'EXPRÈS.
Vaas	Sarthe	» 50
Vagney (M)	Vosges	»
Val-d'jol (Le) (M)	Vosges	»
Val-d'Osne (Le) (M)	Haute-Marne	»
Valençay (M)	Indre	»
Valence	Drôme	»
Valence-d'Agen	Tarn-et-Garonne	» 50
Valenciennes	Nord	»
Valergues	Hérault	» 30
Valette (la)	Gard	» 30
Vallon	Allier	» 50
Valmont (M)	Seine-Inférieure	»
Valognes (L)	Manche	»
Valréas (L)	Vaucluse	»
Vals (M)	Ardèche	»
Vannes	Morbihan	»
Vans (les) (M)	Ardèche	»
Vanves (M)	Seine	»
Var (r)	Alpes-Maritm.	»
Varades	Loire Inférieure	1 »
Varangevile	Meurthe	» 50
Varengeville(Sém.Pointe d'Ailly)	Seine Inférieure	1 50
Varennes-sur-Allier	Allier	» 50
Varennes-sur-Loire	Maine-et-Loire	1 »
Vars	Charente	» 50
Vassy (L)	Haute-Marne	»
Vast (le) (M)	Manche	»
Vatan (M)	Indre	»
Vaublanc (Forges) v. Plémet	Côtes-du-Nord	»
Vaucouleurs (M)	Meuse	»
Vauvert (M)	Gard	»
Vaux (voir Fouchères)	Aube	»
Vayres	Gironde	1 »
Veauce (M)	Allier	»
Velars-sur-Ouche (M)	Côtes d'Or	»
Velaux (r)	Bouches-du-Rh.	»
Vellexon	Haute-Saône	» 50
Vence-Cagnes	Alpes-Maritim.	» 50
Vendenheim	Bas-Rhin	1 »
Vendeuvre	Aube	» 50
Vendeuvre Jort (r)	Calvados	»
Vendôme (L)	Loir-et-Cher	»
Venissieux	Rhône	» 50
Verdon(le) Sém.P.de Grâve	Gironde	1 50
Verdun (L)	Meuse	»
Vermenton (M)	Yonne	»
Verneuil	Seine-et-Marne	» 50
Verneuil-sur-Avre (M)	Eure	»
Vernon (M)	Eure	»
Vernou	Indre-et-Loire	1 »
Verpillière (La)	Isère	» 50
Verrière (La) (r)	Seine-et-Oise	»
Versailles	Seine-et-Oise	»
Versannes	Dordogne	» 50
Verton	Pas-de-Calais	» 50
Vertou	Loire Inférieure	1 »
Vertus (M)	Marne	»
Vervins (L)	Aisne	»
Vescovato (M)	Corse	»
Vésinet (Le) (v)	Seine-et-Oise	»
Vesoul	Haute-Saône	»
Veules (M)	Seine Inférieure	»
Vias	Hérault	»
L		
Vichy——	Allier	»
BC		
Vic-Bigorre (M)	Hautes-Pyrén.	»
Vic-le-Comte	Puy-de-Dôme	2 50
Vic-sur-Cère (M)	Cantal	»

NOMS des BUREAUX.	DÉPARTEMENTS	FRAIS D'EXPRÈS.
Vic-sur-Seille (M)	Meurthe	»
*Vidauban (M)	Var	»
Vieilleville	Creuse	» 50
Vienne	Isère	»
Vienne-le-Château (M)	Marne	»
Vierzon	Cher	» 50
Vigan (Le) (L)	Gard	»
Vignory (M)	Haute-Marne	»
Villard-Bonnot (par Lancey)	Isère	» 50
Ville-d'Avray (r)	Seine-et-Oise	»
Villedieu (la)	Deux-Sèvres	» 50
Villedieu (M)	Manche	»
Villefort (L)	Lozère	»
Villefranche	Allier	1 »
Villefranche	Dordogne	2 »
Villefranche, Sém.Cap.Ferret	Alpes-Maritimes	2 »
Villefr.-de-Rouergue (L)	Aveyron	»
Villefr.-sur-Saône (L)	Rhône	»
Villefranche-de-Lauragais	Haute Garonne	» 50
Villemaur (M)	Aube	»
Villeneuve	Aveyron	2 »
Villeneuve-de-Berg (M)	Ardèche	»
Villeneuve-sur-Lot (L)	Lot-et-Garonne	»
Villeneuve-la-Guyard	Yonne	» 50
Ville-sur-Illon (M)	Vosges	»
Villeneuve-St-Georges	Seine-et-Oise	» 50
Villeneuve - les - Maguelonne (M)	Hérault	»
Villeneuve-s-Yonne (M)	Yonne	»
Villepatour	Seine-et-Marne	» 50
Villeperdue	Indre-et-Loire	» 50
Villepreux-les-Clayes (r)	Seine-et-Oise	»
Villers-Bretonneux (M)	Somme	»
Villers-Cotterets	Aisne	» 50
Villers-sur-Mer (M)	Calvados	»
Villiers-le-Bel	Seine-et-Oise	1 50
Villiers-sur-Marne	Seine-et-Oise	» 50
Villiers-Neauphle (r)	Seine-et-Oise	»
Villerville (M)	Calvados	»
Vimoutiers (M)	Orne	»
Vimpelles	Seine-et-Marne	1 »
Vinay	Isère	» 50
Vincennes	Seine	»
Vindrac	Tarn	1 »
Vingthanaps (r)	Orne	»
Violaines	Pas-de-Calais	» 50
Vire (L)	Calvados	»
Vireux	Ardennes	» 50
Virieu	Isère	» 50
Virieux-le-Grand	Ain	» 50
Viroflay	Seine-et-Oise	» 50
Vitré (L)	Ille-et-Vilaine	»
Vitry	Seine	1 »
Vitry-le-Français	Marne	»
Vittel (M)	Vosges	»
Vivario (Gatti di) (M)	Corse	»
Viviers (M)	Ardèche	»
Viviez (M)	Aveyron	»
Vivoin (r)	Sarthe	»
Vivonne	Vienne	» 50
Vizille (M)	Isère	»
Void (M)	Meuse	»
Voiron	Isère	» 50
Voivres (r)	Sarthe	»
Vonnas	Ain	» 50
Voreppe	Isère	» 50
Voroy	Haute-Loire	» 50
Voujaucourt	Doubs	» 50
Voulte (La)	Ardèche	» 50

NOMS des BUREAUX.	DÉPARTEMENTS	FRAIS D'APRÈS.
Voulx (M)............	Seine-et-Marne.	»
Voûte-sur-Loire La.....	Haute-Loire....	» 50
Voutré (c.........	Mayenne......	»
Vouvray (M)...........	Indre-et-Loire.	»
Vouziers L..........	Ardennes.....	»
Voves.................	Eure-et-Loire.	» 50
Walbourg.............	Bas-Rhin......	» 50
Wardrecques-Rac-quinghem (M).......	Pas-de-Calais..	»
Yerville (M)..........	Seine-Inférieure	»
Ygos (M)............	Landes........	»
Yssengeaux (L.......	Haute-Loire...	»
Zornhoff-Monswiller (M).................	Bas-Rhin......	»
Zuydcoote............	Nord.........	»

NOMS des BUREAUX.	DÉPARTEMENTS	FRAIS D'APRÈS.
Wasselonne M......	Bas-Rhin......	»
Wesserling (M).......	Haut-Rhin....	•
Willer...............	Haut-Rhin....	» 50
Wintzenheim (M.....	Haut-Rhin....	»
Wissant (Sém. Cap. Gris-Nez)....	Pas de Calais..	2 50
Wissembourg L......	Bas-Rhin......	»
Wygnehies (M)......	Nord.........	»
Ytrac..................	Cantal........	» 50
Yvrée-l'Évêque (r)......	Sarthe.......	»
Yvetot (L).............	Seine-Inférieure	»
Zuydcoote Sém.Zuydcoote	Nord.........	»

NOMS des BUREAUX.	PROVINCES.	FRAIS D'EXPRÈS.	NOMS des BUREAUX.	PROVINCES.	FRAIS D'EXPRÈS.

ALGÉRIE.

NOMS des BUREAUX.	PROVINCES.	FRAIS D'EXPRÈS.	NOMS des BUREAUX.	PROVINCES.	FRAIS D'EXPRÈS.
Aïn-Beïda (L)	Constantine	»	Jemmapes (L)	Constantine	»
Alger (N)	Alger	»	Laghouat	Alger	»
Ammi-Moussa (L)	Oran	»	Lalla-Maghrnia (L)	Oran	»
Arzew (L)	Oran	»	Marengo (L)	Alger	»
Aumale	Alger	»	Maskara	Oran	»
Batna	Constantine	»	Médéah	Alger	»
Biskra (L)	Constantine	»	Mers-el-Kébir (L)	Oran	»
Blidah	Alger	»	Milianah	Alger	»
Boghar	Alger	»	Mostaganem	Oran	»
Boghari (par Boghar)	Alger	3 50	Nemours (L)	Oran	»
Bône	Constantine	»	Oran (N)	Oran	»
Bordj-bou-Areridj (L)	Constantine	»	Orléansville	Alger	»
Bouçada (L)	Constantine	»	Philippeville	Constantine	»
Bougie	Constantine	»	Relizane	Oran	»
Calle (la) (L)	Constantine	»	St-Denis-du-Sig (L)	Oran	»
Cherchell (L)	Alger	»	Saïda (L)	Oran	»
Collo (L)	Constantine	»	Sebdou (L)	Oran	»
Constantine (N)	Constantine	»	Sétif	Constantine	»
Daya (L)	Oran	»	Sidi-bel-Abbès	Oran	»
Dellys	Alger	»	Souk-Arrhas	Constantine	»
Djelfa	Alger	»	Takitoun (L)	Constantine	»
Djidjelli	Constantine	»	Tebessa (L)	Constantine	»
Dra-el-Mizan (L)	Alger	»	Tenés	Alger	»
El-Arrouch (L)	Constantine	»	Teniet-el-Haad (L)	Alger	»
El-Milia (L)	Constantine	»	Tiaret	Oran	»
Fort-Napoléon (L)	Alger	»	Tizi-Ouzou	Alger	»
Frendah (L)	Oran	»	Tlemcen	Oran	»
Géryville	Oran	»	Zemorah (L)	Oran	»
Guelma	Constantine	»			

TUNISIE.

NOMS des BUREAUX.	FRAIS D'EXPRÈS.	NOMS des BUREAUX.	FRAIS D'EXPRÈS.
Le Bardo (L)	»	Media (L)	»
*Béja	»	Monastier (L)	»
Bizerte (N)	»	Sfax	»
La Goulette	»	Sousa	»
Le Kef (L)	»	Tunis	»

NOTES.

(1) Des bureaux succursales sont établis dans les villes suivantes :

BORDEAUX .. Dans le quartier Saint-Jean, avec service complet.
DIEPPE ..... Près de l'établissement des bains, avec service complet.
HAVRE (LE) .. Rue d'Etretat, sous le nom de Havre-Côte, et à Graville, avec service complet.
LYON .... Dans le faubourg de la Croix-Rousse et dans les gares de Perrache et de Vaise, avec service complet.
MARSEILLE .. A la Préfecture, avec service complet, et dans le quartier de la Joliette, avec service limité.
NANTES ..... A la Préfecture, avec service complet.
PARIS .... Pour les adresses des bureaux dans Paris, voir page 27.
ROUEN ...... A la Préfecture, dans les quartiers Saint-Sever et Bouvreuil, et à la gare de Martinville (chemin de fer de Rouen à Amiens), avec service complet.

(2) Bureau de gare admettant seulement les dépêches de départ.

(3) Bureau qui n'est ouvert les dimanches et jours fériés que de 8 h. 1/2 à 9 h. 1/2 du matin.

(4) Les dépêches envoyées à ce bureau doivent être adressées *en gare*.

(5) Le service est complet pendant le temps de la foire qui a lieu au commencement de septembre.

(6) Le service est complet pendant la durée du camp.

(7) Pendant l'hiver, le service des Eaux-Chaudes est fait par le bureau de Laruns.

(8) Le village de Port-de-Piles est dans la Vienne, mais la gare se trouve dans l'Indre-et-Loire.

(9) Le village d'Urçay est dans l'Allier, mais la gare se trouve dans le Cher.

(10) La ville de Laroche-Chalais est dans la Dordogne, mais la gare se trouve dans la Charente-Inférieure.

(11) Les dépêches adressées au Fort de Charenton, à l'Asile impérial de Vincennes et à la Maison d'aliénés de Charenton sont transmises par Charenton, moyennant les frais d'exprès réglementaires.

(12) Percevoir 1 franc de frais fixes pour port des dépêches à la Ferme impériale de Vincennes.

(13) Les dépêches adressées à MM. Robert de Massy et Cie, à Bocourt, ne payent aucun frais d'exprès, une ligne spéciale ayant été établie pour l'usage de leur usine.

(14) Les dépêches adressées aux forges et fonderies de Montataire ne supportent pas de frais d'exprès, une ligne spéciale ayant été établie pour l'usage de l'usine.

(15) Les dépêches adressées à MM. Barth et Herzog, à Logelbach, ne supportent pas de frais d'exprès, des lignes spéciales ayant été établies, pour leur usage, entre Colmar et leurs usines.

(16) Les dépêches adressées à MM. Dollfus, Mieg et Cie à Dornach, ne supportent pas de frais d'exprès, une ligne spéciale ayant été établie pour l'usage de leur usine.

(17) Les dépêches adressées dans l'île Chausey, par l'intermédiaire du sémaphore, sont remises à domicile sans frais d'exprès.

(18) Les dépêches adressées à Plémet, pour les forges du Vaublanc, ne supportent pas de frais d'exprès.

(19) Ce bureau est exploité par l'administration française; il suit les règles du tarif intérieur excepté pour ses correspondances avec le département des Alpes-Maritimes. Dans ce cas, la taxe est de 1 fr. 50 c. pour 20 mots.

(20) Les dépêches adressées en gare de Charleville sont remises par le bureau du chemin de fer; celles qui sont adressées dans cette localité sont portées gratuitement à domicile par le bureau de Mézières.

(21) Les dépêches adressées à MM. Schneider et Cie ne supportent aucun frais d'exprès.

(22) Bureau ouvert de 8 h. du matin à 11 h., et de 1 h. à 4 h. du soir.

(23) Les dépêches adressées à Penchot (usines de la rive droite) supportent 0,50 c. de frais d'exprès.

Indication de quelques dénominations données à l'étranger à certaines villes de France.

Albertstadt — Alberteville.
Agheno — Hagueneau.
Atrecht — Arras.
Avinhao — Avignon.
Bella-Ilha — Belle-Isle.
Bergen — Bergues.
Bisanz — Besançon.
Bolona — Boulogne.
Bolonha — Boulogne.
Boves — Beauvais.
Boulonje — Boulogne.
Burdeos — Bordeaux.
Burges — Bourges.
Cales — Calais.
Castelrosso — Châteauroux.
Diedenhofen — Thionville.
Dünkirchen — Dunkerque.
Dunkirk — Dunkerque.
Grevelingen — Gravelines.
Haysand — Ouessant.

Heysand — Ouessant.
Kamerich — Cambrai.
Lünstadt — Lunéville.
Leon — Lyon.
Lyao — Lyon.
Markirch — Sainte-Marie-aux-Mines.
Merghem — Merville.
Mümpelgard — Montbéliard.
Monpeller — Montpellier.
Nanzig — Nancy.
Nantz — Nantes.
Nizza — Nice.
Oberenheim — Obernai.
Ruan — Rouen.
Rouaan — Rouen.
Ruao — Rouen.
Ryssel — Lille.
Saargemünd — Sarreguemines.
Zabern — Saverne.

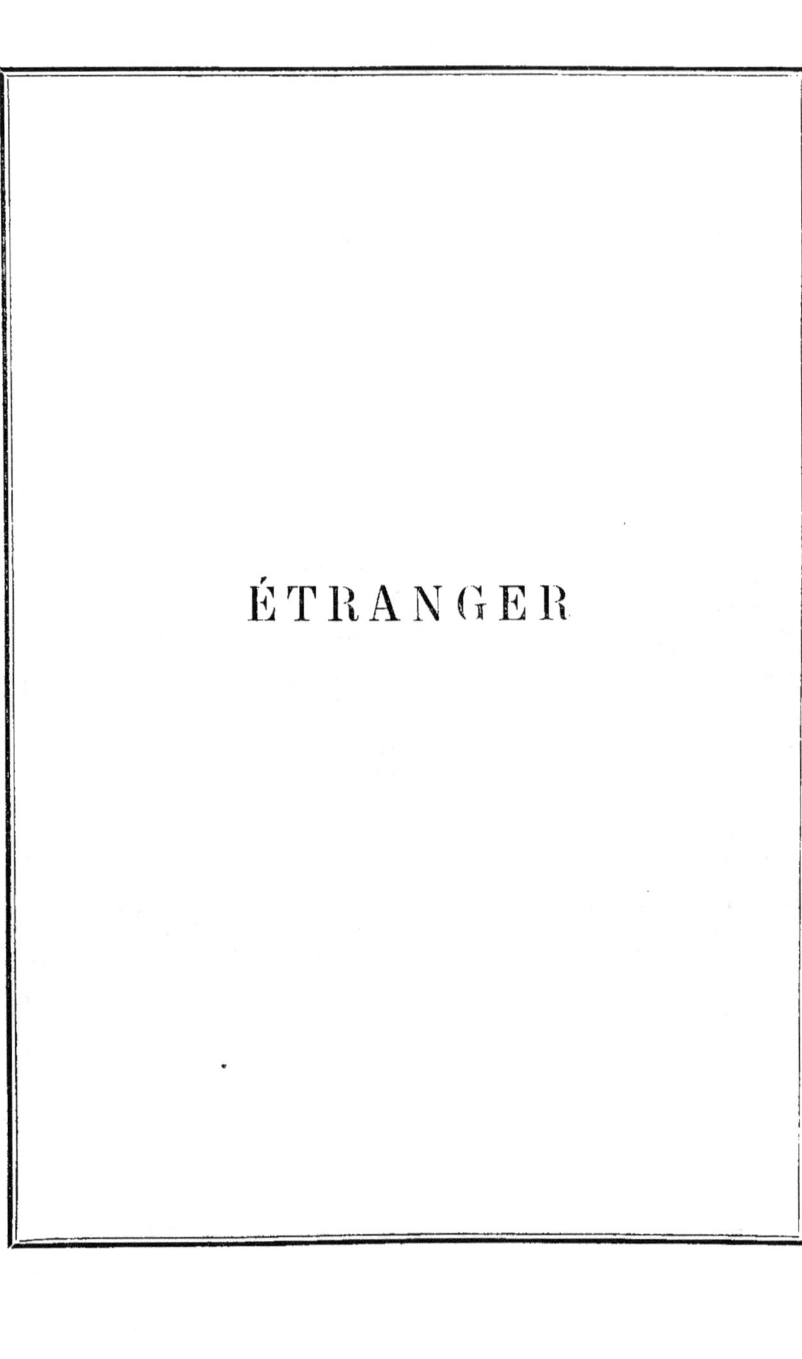

ÉTRANGER

TARIFS ÉTRANGERS.

DÉPÊCHE SIMPLE DE VINGT MOTS
Adresse et Signature comprises.

La correspondance internationale est régie par la convention conclue à Paris le 17 mai 1865. Toutefois, un très-petit nombre d'États ou de compagnies qui n'y ont point adhéré restent soumis aux tarifs anciens pour lesquels les renseignements doivent être pris dans les bureaux télégraphiques. Nous espérons pouvoir combler bientôt cette petite lacune.

L'Angleterre, bien que soumise aux règles de service de la convention de Paris, conserve l'ancien tarif. Vu l'importance de nos relations avec ce pays, nous donnons la taxe pour les dépêches expédiées de tous les chefs-lieux de département et des principales villes de France. (Voir p. 78.)

On trouvera ci-après l'indication de la règle suivie dans chaque pays.

AMÉRIQUE.

TARIFS ET RÈGLES DE TAXATION

PAR LA VOIE DU CABLE TRANSATLANTIQUE (1).

Réseau. — Les lignes télégraphiques américaines reliées aux télégraphes d'Europe par le câble transatlantique se composent de trois réseaux distincts :

1º Le réseau des possessions anglaises de l'Amérique du Nord, comprenant :
Sur l'Atlantique :
Le Canada, l'île du cap Breton, le Nouveau-Brunswick, la Nouvelle-Écosse, l'île du Prince-Édouard et Terre-Neuve.
Sur le Pacifique :
La Colombie anglaise ou l'île de Vancouver.
2º Le réseau des États-Unis de l'Amérique du Nord ;
3º Le réseau de l'île de Cuba.
Le câble transatlantique atterrit une première fois à Terre-Neuve, une seconde fois sur le territoire des États-Unis du Nord ; un autre câble relie Cuba aux États-Unis.

---

(1) Pour la correspondance par la voix mixte (paquebots et télégraphe) s'adresser aux bureaux télégraphiques.

TARIFS. — Le tarif applicable à toute dépêche à destination d'un point de ces trois réseaux, comprend trois éléments distincts :

1° La taxe européenne, du bureau d'origine à Londres ;

2° La taxe transatlantique, de Londres à Terre-Neuve et à New-York ;

3° La taxe américaine, de New-York à destination.

La taxe européenne ne subit aucun changement.

La taxe transatlantique est abaissée, pour la dépêche simple, à 125 francs jusqu'à Terre-Neuve, et à 131 fr. 25 cent. jusqu'à New-York.

La taxe américaine qui, sauf pour Cuba, était uniforme, devient variable non-seulement d'État à État, mais, dans un grand nombre de cas, de bureau à bureau.

Les tableaux A et B, annexés ci-après sous le n° 1, contiennent le détail de toutes les taxes applicables tant au parcours transatlantique qu'au parcours américain, c'est-à-dire de Londres au bureau de destination, pour les États-Unis d'Amérique ;

Les tableaux C et D (annexe n° 2) donnent ces taxes pour les possessions anglaises ;

Le tableau E (annexe n° 3), pour Cuba.

Les tableaux A de l'annexe n° 1 (États-Unis) et C de l'annexe n° 2 (Possessions anglaises) contiennent les taxes uniformes applicables à la correspondance de tous les bureaux d'un même État ou territoire en général.

Les tableaux B et D contiennent les taxes spécialement applicables à la correspondance de certains bureaux qui ne suivent pas le tarif général de l'État ou du territoire dont ils font partie.

Ces deux éléments distincts de tarifs sont réunis, pour Cuba, dans le tableau E.

COMPTE DES MOTS — *Règles générales.* Jusqu'à Londres, rien n'est changé aux règles actuelles, les dépêches restant, comme si elles étaient à destination de Londres même, sous le régime de la convention de Paris.

De Londres à destination, il faut observer les règles suivantes :

La dépêche simple est réduite à dix mots. Le mot ne peut dépasser cinq lettres ; c'est-à-dire que la dépêche simple est limitée par un double maximum ; elle ne peut excéder ni cinquante lettres, ni dix mots ; si les dix premiers mots n'atteignent pas cinquante lettres, le droit de l'expéditeur n'en est pas moins épuisé, et tout ce qui dépasse est compté séparément.

Il n'est fait à cette règle qu'une seule exception à l'égard des expressions géographiques, dans lesquelles il n'est pas tenu compte du nombre de lettres : les noms de pays, états, îles, cités, tels que Nova-Scotia (Nouvelle-Écosse), South-Carolina (Caroline du Sud) New-York, ne sont jamais comptés que pour un mot.

Il est accordé cinq mots francs pour l'adresse, quel que soit le nombre des lettres de ces mots.

Au-dessus de la dépêche simple, la taxe supplémentaire est proportionnelle au nombre des mots additionnels : le nombre des mots additionnels s'établit de la manière suivante :

On totalise, d'un côté, le nombre des mots réels de la dépêche, et, de l'autre, le nombre des lettres employées. On divise par cinq le nombre des lettres. Le quotient exprime le nombre des mots à taxer, le reste, s'il en existe, étant compté pour un mot ; mais si le nombre réel des mots est supérieur au nombre des groupes ainsi obtenu, la taxe s'établit d'après le nombre des mots.

La seconde colonne de taxe des tableaux ci-annexés donne la taxe supplémentaire applicable, à partir de Londres, à chaque mot additionnel ainsi défini.

Compte des lettres isolées et des chiffres, dans les dépêches ordinaires. Les lettres isolées et les lettres groupées qui n'offrent point de sens, sont comptées pour autant de mots qu'il y a de lettres.

Ainsi a, x, b, c, d = 5 mots.

De même ax, bcd = 3 mots.

Les nombres exprimés soit en chiffres soit en mots sont taxés pour autant de mots de cinq lettres qu'il faut de chiffres pour les exprimer.

Ainsi 1, 4, 5, 6 = 4 mots.

De même un, quatre, cinq, six = 4 mots.

L'expression FOB compte pour un seul mot lorsque les différentes lettres qui la composent ne sont pas séparées par des points. Dans le cas contraire F. O. B. elle compte pour trois mots.

L'expression C I F compte pour trois mots dans les deux cas.

Dépêches en chiffres. Dans les dépêches en chiffres que la Compagnie définit : *les dépêches en nombres ou lettres de l'alphabet ne formant pas des mots du dictionnaire ou des mots connus*, chaque chiffre compte pour un mot. Ainsi la dépêche simple est renfermée dans la limite maxima de dix chiffres, et chaque chiffre en sus est taxé comme mot additionnel.

La taxe ainsi établie est celle des dépêches en langage ordinaire.

Réponse payées. La Compagnie admet les réponses payées, l'expéditeur déterminant le nombre des mots affranchis par la mention *Répons .. ... payée*, inscrite après l'adresse. L'excédant, s'il y a lieu, est perçu sur le destinataire de la réponse. Le délai de présentation de la réponse est fixé à quatorze jours, à compter de la date de l'arrivée de la dépêche au bureau destinataire.

Collationnement. L'expéditeur peut obtenir le collationnement de sa dépêche moyennant double taxe.

Dépêches multiples. Jusqu'à nouvel avis, les dépêches multiples seront considérées comme autant de dépêches séparées qu'il y aura de destinataires.

Poste. — Au delà des lignes, les dépêches sont envoyées par la poste sur la demande de l'expéditeur inscrite immédiatement après l'adresse, et comprise dans le nombre des mots taxés. Le droit de poste à percevoir, sur l'expéditeur, est de 2 fr. 50 cent.

ANNEXE N° 1.

ÉTATS-UNIS DE L'AMÉRIQUE DU NORD.

TABLEAU **A.**

ÉTATS OU TERRITOIRES.	TAXES.		ÉTATS OU TERRITOIRES.	TAXES.	
	DÉPÊCHE simple.	MOTS additionnels.		DÉPÊCHE simple.	MOTS additionnels.
	fr. c.	fr. c.		fr. c.	fr. c.
Alabama	156 25	14 10	Michigan	153 15	14 10
Arkansas	156 25	14 10	Minnesota	150 00	13 75
Californie	181 25	16 25	Mississipi	150 00	13 75
Caroline du Nord	143 75	13 75	Missouri	150 00	13 75
Caroline du Sud	146 90	13 45	Montana (Territoire de)	184 40	16 25
Colorado (Territoire de)	178 15	16 25	Nebraska (Territoire de)	178 15	15 65
Colombie (District de)	134 40	12 85	Nevada (Territoire de)	178 15	16 25
Connecticut	137 50	13 15	New-Hampshire	143 75	13 45
Dakotah (Territoire de)	168 75	15 00	New-Jersey	137 50	12 85
Delaware	137 50	13 15	New-York	140 65	13 15
Floride	159 40	14 40	Ohio	146 90	13 45
Géorgie	156 25	14 10	Orégon	184 40	16 60
Idaho (Territoire d')	178 15	15 65	Pensylvanie	146 90	13 75
Illinois	146 90	13 45	Rhode-Island	134 40	12 85
Indiana	143 75	13 45	Tennessée	150 00	13 75
Iowa	150 00	13 45	Texas	162 50	14 70
Kansas (Territoire de)	150 00	13 75	Utah (Territoire de)	181 25	15 95
Kentucky	150 00	13 75	Vermont	140 65	13 15
Louisiane	159 40	14 40	Virginie	143 75	13 45
Maine	134 40	12 85	Washington (Territoire de)	184 40	16 60
Maryland	140 65	13 15	Wisconsin	150 00	13 45
Massachussetts	137 50	13 15			

ÉTRANGER.

TABLEAU B.

DÉSIGNATION DES BUREAUX.	ÉTATS OU TERRITOIRES.	TAXES.	
		DÉPÊCHE SIMPLE.	MOTS additionnels.
		fr. c.	fr. c.
Albany	Géorgie	150 00	11 40
Albany	New-York	134 40	12 85
Alden	Iowa	146 90	13 45
Alexandria	Virginie	137 50	13 45
Augusta	Géorgie	143 75	13 45
Austin	Texas	159 40	14 70
Baltimore	Maryland	134 40	12 85
Bangor	Maine	131 25	12 50
Bath	Maine	134 40	12 85
Belfast	Maine	131 25	12 50
Bennington	Vermont	140 65	13 45
Binghampton	New-York	134 40	12 85
Birmingham	Connecticut	137 50	13 45
Bordentown	New-Jersey	134 40	12 85
Boston	Massachussetts	131 25	12 30
Brewster	Massachussetts	137 50	13 45
Bridgeport	Connecticut	137 50	13 45
Bristol	Rhode-Island	137 50	13 45
Brockport	New-York	137 50	12 85
Brunswick	Maine	134 40	12 85
Bucksport	Maine	134 40	12 85
Calais	Maine	131 25	12 50
Canton	Mississipi	150 00	13 75
Carlisle	Pensylvanie	137 50	12 85
Charlestown	Caroline du Sud	143 75	13 45
Chicago	Illinois	143 75	13 45
Chicopee	Massachussetts	137 50	13 45
Chillicothe	Ohio	143 75	13 45
Cincinnati	Ohio	140 65	13 45
Clarksville	Tennessee	143 75	13 45
Cleveland	Ohio	140 65	13 45
Columbia	Caroline du Sud	143 75	13 45
Dayton	Ohio	140 65	13 45
Denver-City	Colorado	168 75	15 00
Dorby	Connecticut	137 50	13 45
Des Moines	Iowa	146 90	13 45
Detroit	Michigan	140 65	13 45
El Dorado	Californie	171 90	15 65
Elizabeth-City	New-Jersey	134 40	12 85
Elktown	Maryland	134 40	12 85
Erié	Pensylvanie	137 50	13 45
Fall-River	Massachussetts	137 50	13 45
Galveston	Texas	159 40	14 70

DÉSIGNATION DES BUREAUX.	ÉTATS OU TERRITOIRES.	TAXES.	
		DÉPÊCHE SIMPLE.	MOTS additionnels.
		fr.　c.	fr.　c.
Grass-Valley	Californie	181 25	16 60
Hartford	Connecticut	137 50	13 15
Hoboken	New-Jersey	134 40	12 85
Hoosick-Falls	New-York	137 50	13 15
Hopkinsville	Kentucky	143 75	13 45
Kennebunkport	Maine	134 40	12 85
Lasalle	Illinois	143 75	13 15
Little-Falls	New-York	134 40	12 85
Louisville	Kentucky	143 75	13 45
Lowell	Massachussetts	137 50	12 85
Mechanicsville	New-York	134 40	12 85
Middletown	Connecticut	137 50	13 15
Milford	Pensylvanie	137 40	12 85
Milwaukie	Wisconsin	143 75	13 45
Mobile	Alabama	150 00	13 75
Montgomery	Alabama	146 90	13 75
Morristown	Tennessée	143 75	13 45
Nahant	Massachussetts	137 50	12 85
Napa	Californie	178 15	16 25
Natick	Massachussetts	137 50	12 85
Newark	New-Jersey	134 40	12 85
New-Bedford	Massachussetts	137 50	13 15
New-Brunswick	New-Jersey	134 40	12 85
Newburyport	Massachussetts	134 40	12 85
Newcastle	Delaware	137 50	12 85
New-Haven	Connecticut	137 50	13 15
New-London	Connecticut	137 50	13 15
Newport	Rhode-Island	137 50	13 15
New-York	New-York	134 25	12 50
Norfolk	Virginie	146 90	13 15
Northampton	Massachussetts	137 50	13 15
Nouvelle-Orléans (La)	Louisiane	150 00	13 75
Oroville	Californie	181 25	16 60
Pensacola	Floride	156 25	14 40
Petersburg	Virginie	137 50	13 15
Philadelphie	Pensylvanie	134 40	12 85
Pittsburg	Pensylvanie	137 50	13 15
Portland	Maine	134 40	12 85
Portland	Orégon	187 50	16 90
Portsmouth	New-Hampshire	134 40	12 85
Providence	Rhode-Island	137 50	12 85
Racine	Wisconsin	143 75	13 45
Reading	Pensylvanie	134 40	12 85
Richmond	Maine	134 40	12 85
Richmond	Virginie	137 50	13 15
River-Point	Rhode-Island	137 50	13 15

DÉSIGNATION DES BUREAUX.	ÉTATS OU TERRITOIRES.	TAXES.	
		DÉPÊCHE SIMPLE.	MOTS additionnels.
		fr. c.	fr. c.
Rockland	Maine	131 25	12 50
Saco	Maine	134 40	12 85
Salem	Massachussetts	134 40	12 85
San-Antonia	Texas	162 50	14 70
San-Francisco	Californie	171 90	15 65
San-Juan-North	Californie	181 25	16 60
Santa-Clara	Californie	181 25	16 60
Savannah	Géorgie	143 75	13 45
Schenectady	New-York	134 40	12 85
Selma	Alabama	150 00	13 75
Silver-City	Nevada	175 00	15 95
Springfield	Massachussetts	137 50	13 15
Star-City	Nevada	181 25	16 60
Saint-Louis	Missouri	146 90	13 45
Saint-Paul	Minnesota	150 00	13 75
Summit	Mississipi	150 00	13 75
Thomaston	Maine	131 25	12 50
Troy	New-York	134 40	12 85
Vicksburg	Mississipi	150 00	13 75
Virginia-City	Nevada	175 00	15 95
Washington	District de Colombie	137 50	12 85
Waterbury	Connecticut	137 50	13 15
Watertown	Massachussetts	137 50	12 85
West-Newtown	Massachussetts	137 50	12 85
Wilmington	Caroline du Nord	140 65	13 45
Wilmington	Delaware	137 50	12 85
Wiscasset	Maine	134 40	12 85
Worcester	Massachussetts	137 50	12 85
Yarmouth	Maine	134 40	12 85

ANNEXE N° 2.

POSSESSIONS ANGLAISES DE L'AMÉRIQUE DU NORD.

TABLEAU C.

DÉSIGNATION DES CONTRÉES.	TAXES.		DÉSIGNATION DES CONTRÉES.	TAXES.	
	DÉPÊCHE simple.	MOTS additionnels.		DÉPÊCHE simple.	MOTS additionnels.
	fr. c.	fr. c.		fr. c.	fr. c.
Canada (Bas-) (Est)......	146 90	13 75	Nouvelle-Écosse.........	131 25	12 50
Canada (Haut-) (Ouest)..	143 75	13 45	Prince-Édouard (Île du).	131 25	12 50
Cap Breton.............	131 25	12 50	Terre-Neuve............	125 00	12 50
Colombie anglaise (1)...	»	»	Vancouver (Île de)......	193 75	17 50
Nouveau-Brunswick.....	146 90	13 75			

(1) Un seul bureau, New-Westminster. Voir tableau D.

TABLEAU D.

DÉSIGNATION DES BUREAUX.	CONTRÉES.	TAXES.	
		DÉPÊCHE SIMPLE.	MOTS additionnels.
		fr. c.	fr. c.
Amherst.....................	Nouvelle-Écosse.............	131 25	12 50
Bothwell....................	Haut-Canada................	137 50	13 15
Bowmanville................	Nouveau-Brunswick..........	137 50	12 85
Charlottetown	Île du Prince-Édouard........	131 25	12 50
Chatham....................	Nouveau-Brunswick..........	131 25	12 50
Clifton	Haut-Canada................	137 50	13 15
Cow-Bay....................	Nouvelle-Écosse.............	131 25	12 50
Dalhousie	Nouveau-Brunswick..........	131 25	12 50
Dorchester..................	Nouveau-Brunswick..........	131 25	12 50
Fredericton.................	Nouveau-Brunswick..........	131 25	12 50
Guelph.....................	Haut-Canada................	137 50	13 15
Halifax.....................	Nouvelle-Écosse.............	131 25	12 50
Hamilton...................	Haut-Canada................	137 50	13 15
Heart's-Content..............	Terre-Neuve	125 00	12 50
Kingston	Haut-Canada	137 50	12 85
London.....................	Haut-Canada	137 50	13 15
Mirimachi..................	Nouveau-Brunswick	131 25	12 50
Moncton	Nouveau-Brunswick..........	131 25	12 50
Montréal	Bas-Canada	131 40	12 85
Newcastle...................	Nouveau-Brunswick	131 25	12 50

DÉSIGNATION DES BUREAUX.	CONTRÉES.	TAXES.	
		DÉPÊCHE SIMPLE.	MOTS additionnels.
		fr. c.	fr. c.
New-Westminster	Colombie anglaise	193 75	17 50
Oshawa	Haut-Canada	137 50	12 85
Ottawa	Haut-Canada	137 50	12 85
Perth	Haut-Canada	137 50	12 85
Petersburgh	Haut-Canada	137 50	13 15
Petticodiac	Nouveau-Brunswick	131 25	12 50
Picton	Nouvelle-Écosse	131 25	12 50
Québec	Bas-Canada	131 40	12 85
Richibucto	Nouveau-Brunswick	131 25	12 50
Sackville	Nouveau-Brunswick	131 25	12 50
Shédiac	Nouveau-Brunswick	131 25	12 50
Sherbrooke	Bas-Canada	131 40	12 85
Saint-Andrews	Nouveau-Brunswick	131 25	12 50
Saint-John	Nouveau Brunswick	131 25	12 50
Saint-Stephen	Nouveau-Brunswick	131 25	12 50
Toronto	Haut-Canada	137 50	12 85
Upton	Bas-Canada	131 40	12 85
Victoria	Ile de Vancouver	193 75	17 50
Yarmouth	Nouvelle-Écosse	131 25	12 50

ANNEXE N° 3.

ILE DE CUBA.

Tableau E.

DÉSIGNATION DES BUREAUX.	TAXES.	
	DÉPÊCHE SIMPLE.	MOTS additionnels.
	fr. c.	fr. c.
La Havane	181 25	15 65
Tous les autres bureaux	181 40	15 95

TAXE
pour
20 mots.

ANHALT BERNBOURG (P^{té} d').

ANHALT COTHEN (P^{té} d').

ANHALT DESSAU (P^{té} d').

Tarif prussien (EW.

AUTRICHE (Empire d').

Voie de l'Union austro-allemande...	6	
Voie suisse...		
Voie italienne..	7	»

Ne reçoit pas les dépêches en chiffres ou lettres secrètes.
Transport au delà des lignes par exprès ou estafette.

BADE (Grand-Duché de).

Voie Kehl..	3	»
Voie suisse..	4	»
Voie bavaroise...	6	»
Voie prussienne..		

Reçoit les dépêches en chiffres ou lettres secrètes.
Transport au delà des lignes par exprès ou estafette.

BAVIÈRE (Royaume de).

Voie Wissembourg..	3	»
Voie suisse..	4	»
Voie badoise...	6	»
Voie prussienne..		

Reçoit les dépêches en chiffres ou lettres secrètes.
Transport au delà des lignes par exprès ou estafette.

BELGIQUE (Royaume de).

Voie belge...	3	»
Voie luxembourgeoise	3 50	

La taxe de la voie belge est réduite à **2** fr. pour les relations d'un bureau quelconque des départements de l'**Aisne**, des **Ardennes**, de la **Meuse**, de la **Moselle** et du **Nord**, avec un bureau quelconque des provinces de la **Flandre occidentale**, du **Hainaut**, du **Luxembourg** et de **Namur**.

Reçoit les dépêches en chiffres ou lettres secrètes.

Transport au delà des lignes par exprès (**1** fr. par cinq kilomètres de distance, sauf difficultés exceptionnelles. Le taux est augmenté pour les distances supérieures à 15 kilomètres).

TAXE
pour
20 mots.

BÉLOUCHISTAN.

Tarif ancien.

BRUNSWICK (Duché de).

Tarif prussien (EW).

CHINE.

Les dépêches adressées en Chine à Ourga, Kalgane, Pékin et Tien-Tsin sont transmises par le télégraphe jusqu'à Kiachta (taxes de la Sibérie 2e région), et de là par la poste jusqu'à destination. Les frais de poste sont fixés comme il suit : de Kiachta à Ourga, 0 fr. 40 c.; à Kalgane, Pékin et Tien-Tsin, 1 fr. 20 c.

L'expédition des dépêches a lieu quatre fois par mois, de Kiachta à Pékin, les 5, 12, 19, 26; de Pékin à Kiachta, 4, 11, 20 et 27.

CORFOU (Ile de).

Voie d'Italie..	**9** »
Voie de Suisse et d'Italie...	**10** »
Voie d'Allemagne et d'Italie..	**12** »

Reçoit les dépêches en chiffres ou lettres secrètes.

CUBA (Ile de).

Voie directe. — Valentia. — Câble transatlantique.

L'île de Cuba est reliée aux télégraphes d'Amérique par une communication sous-marine.

La taxe des dépêches s'établit de la manière suivante :

A partir de Londres jusqu'à destination :

Dépêche simple.... {	pour la Havane..	**181 25**
{	pour les autres stations de l'île.............................	**184 40**
Chaque mot additionnel...... {	dans le premier cas..	**15 65**
{	dans le second cas...	**15 95**

Pour toutes les autres conditions de taxation (rédaction, compte des mots, etc.), voir Amérique, page 65, Tarifs étrangers.

DANEMARK (Royaume de).

Voie prussienne................... {	par le Holstein....................................	**7** »
{	par la Suède..	**8** »
Voie de l'Union austro-allemande... {	par le Holstein................................	**7 50**
{	par la Suède......................................	**8 50**
Voie de Belgique et de Prusse...... {	par le Holstein...............................	**8** »
{	par la Suède.....................................	**9** »

Reçoit les dépêches en chiffres ou lettres secrètes.

Transport au delà des lignes par exprès ou estafette.

TAXE
pour
20 mots.

ÉGYPTE.

Voie turque. Tarif ancien.
(*Cette voie est la moins coûteuse.*)

Voie de Malte. Tarif ancien.

Reçoit les dépêches en chiffres ou lettres secrètes. — La taxe est simple. — Le compte des mots du texte chiffré est établi en divisant le nombre des caractères par trois et non par cinq.

ESPAGNE (Royaume d').

Voie espagnole.. **4** »

Ne reçoit pas les dépêches en chiffres ou lettres secrètes.

Aucun service d'exprès au delà des lignes.

La communication est interrompue entre la Péninsule espagnole et les Baléares.

ÉTATS DE L'ÉGLISE.

Voie italienne.. **5** »
Voie suisse... **6** »

Ne reçoit pas les dépêches en chiffres ou lettres secrètes.

Transport au delà des lignes par exprès ou estafette.

GRANDE-BRETAGNE ET D'IRLANDE (Royaume-Uni de).

Tarif ancien. — Toutefois, la correspondance avec l'Angleterre est soumise aux règles de service de la convention de Paris.

Reçoit les dépêches en chiffres ou lettres secrètes.

Transport au delà des lignes par exprès, moyennant 0 fr. 60 c. par mille anglais dans un rayon de trois milles, ou par estafette, à raison de 1 fr. 20 c. par mille.

Les heures de service des bureaux limités sont de 9 h. du matin à 6 h. du soir. Ces bureaux ne sont pas ouverts les dimanches et fêtes.

TABLEAU DE LA TAXE D'UNE DÉPÊCHE SIMPLE

Expédiée des chefs-lieux de département et des principales villes de France pour tous les bureaux anglais.

NOMS des BUREAUX FRANÇAIS.	pour Londres.	pour tous les autres bureaux anglais.
Abbeville	4 50	5 75
Agen	9 »	10 25
Ajaccio	12 »	15 25
Albi	9 »	10 25
Alençon	6 »	7 25
Alger	20 »	21 25
Amiens	4 50	5 75
Angers	7 50	8 75
Angoulême	9 »	10 25
Arras	4 50	5 75
Auch	10 50	11 75
Aurillac	9 »	10 25
Auxerre	7 50	8 75
Avignon	10 50	11 75
Bar-le-Duc	7 50	8 75
Bastia	12 »	13 25
Bayonne	10 50	11 75
Beaucaire	10 50	11 75
Beaune	7 50	8 75
Beauvais	6 »	7 25
Besançon	9 »	10 25
Béziers	10 50	11 75
Bordeaux	9 »	10 25
Boulogne (Pas-de-C.)	5 »	4 25
Bourg	9 »	10 25
Bourges	7 50	8 75
Brest	7 50	8 75
Caen	6 »	7 25
Cahors	9 »	10 25
Calais	5 »	4 25
Cambrai	6 »	7 25
Carcassonne	10 50	11 75
Cette	10 50	11 75
Châlons-sur-Marne	7 50	8 75
Châlons (Camp de)	7 50	8 75
Chambéry	9 »	10 25
Chartres	6 »	7 25
Châteauroux	7 50	8 75
Chaumont	7 50	8 75

NOMS des BUREAUX FRANÇAIS.	pour Londres.	pour tous les autres bureaux anglais.
Cherbourg	6 »	7 25
Clermont-Ferrand	9 »	10 25
Colmar	9 »	10 25
Constantine	20 »	21 25
Dieppe	5 »	4 25
Dijon	7 50	8 75
Douai	6 »	7 25
Draguignan	10 50	11 75
Dunkerque	4 50	5 75
Elbeuf	4 50	5 75
Épinal	7 50	8 75
Évreux	6 »	7 25
Foix	10 50	11 75
Fontainebleau	6 »	7 25
Gap	10 50	11 75
Grenoble	9 »	10 25
Guéret	7 50	8 75
Havre (Le)	4 50	5 75
Laon	6 »	7 25
Laval	6 »	7 25
Lille	4 50	5 75
Limoges	9 »	10 25
Lons-le-Saunier	9 »	10 25
Lorient	7 50	8 75
Lyon	9 »	10 25
Mâcon	9 »	10 25
Mans (Le)	6 »	7 25
Marseille	10 50	11 75
Melun	6 »	7 25
Metz	7 50	8 75
Mézières	6 »	7 25
Monaco	10 50	11 75
Montauban	9 »	10 25
Mont-de-Marsan	9 »	10 25
Montpellier	10 50	11 75
Moulins	7 50	8 75
Mulhouse	9 »	10 25
Nancy	7 50	8 75
Nantes	7 50	8 75

NOMS des BUREAUX FRANÇAIS.	pour Londres.	pour tous les autres bureaux anglais.
Napoléon-Vendée	7 50	8 75
Nevers	7 50	8 75
Nice	10 50	11 75
Nîmes	10 50	11 75
Niort	7 50	8 75
Oran	20 »	21 25
Orléans	6 »	7 25
Paris	6 »	7 25
Pau	10 50	11 75
Périgueux	9 »	10 25
Perpignan	10 50	11 75
Poitiers	7 50	8 75
Puy (Le)	9 »	10 25
Quimper	9 »	10 25
Reims	6 »	7 25
Rennes	7 50	8 75
Rochefort	9 »	10 25
Rochelle (La)	9 »	10 25
Rodez	9 »	10 25
Roubaix	4 50	5 75
Rouen	4 50	5 75
Saint-Brieuc	7 50	8 75
Saint-Étienne	9 »	10 25
Saint-Lô	6 »	7 25
Saint-Quentin	6 »	7 25
Strasbourg	9 »	10 25
Tarbes	10 50	11 75
Toulon	10 50	11 75
Toulouse	10 50	11 75
Tourcoing	4 50	5 75
Tours	7 50	8 75
Troyes	7 50	8 75
Tulle	9 »	10 25
Valenciennes	6 »	7 25
Vannes	7 50	8 75
Versailles	6 »	7 25
Vesoul	9 »	10 25

<table>
<tr><td></td><td style="border:1px solid">TAXE
pour
20 mots.</td></tr>
</table>

GRÈCE (Royaume de)

Voie de l'Union allemande (Castellastua, Gradiska)...........................
Voie d'Italie (Vallona)...
Voie de Suisse et d'Autriche (Castellastua, Gradiska)..........................
Voie d'Italie et d'Autriche... (austro-turque (Castellastua, Gradiska ....
(Belgrade et austro-roumaine)... ....
Voie de l'Union allemande (Belgrade et austro-roumaine)......................
Voie de Suisse et d'Autriche (Belgrade et austro-roumaine),.................

    10   »

    9 9   »

Reçoit les dépêches en chiffres ou lettres secrètes.
Aucun service d'exprès au delà des lignes.

HAMBOURG (Ville de) (Voir Villes libres).

HANOVRE (Voir Prusse).

HESSE-CASSEL (Électorat de).

Tarif prussien (OW).

HESSE–DARMSTADT (Grand-Duché de).

Tarif prussien (OW).

HESSE-HOMBOURG (Landgraviat de).

Tarif prussien (OW).

HOHENZOLLERN (Principautés de).

Voie de l'Union austro-allemande... 3 »
Voie suisse... 4 »

HOLSTEIN (Voir Prusse).

INDES.

Tarif ancien.
    Reçoit les dépêches en chiffres ou en lettres secrètes. — La taxe est simple. — Le compte des mots du texte chiffré est établi en divisant le nombre des caractères par trois et non par cinq.

<table>
<tr><td></td><td>TAXE
pour
20 mots.</td></tr>
</table>

ITALIE (Royaume d').

Voie italienne... 4 »
Voie suisse... 5 »

Reçoit les dépêches en chiffres ou lettres secrètes.
Transport au delà des lignes par exprès ou estafette.

LIPPE (Principautés de).

Tarif prussien pour les bureaux des principautés.

LUXEMBOURG (Grand-Duché de).

Voie luxembourgeoise... 3 »
Cette taxe est réduite à **1** fr. **50** c. pour les relations des bureaux du département de la **Moselle** avec ceux du Grand-Duché.

MALTE (Ile de).

Voie d'Italie .... 9 »
Voie de Suisse et d'Italie... 10 »
Voie d'Allemagne et d'Italie... 12 »

Reçoit les dépêches en chiffres ou lettres secrètes.

MANCHE (Iles de la).

Tarif ancien.

MECKLEMBOURG-SCHWÉRIN (Grand-Duché de)
et MECLEMBOURG-STRÉLITZ.

Tarif prussien (EW).

Ne reçoit pas les dépêches en chiffres ou lettres secrètes.
Transport au delà des lignes par exprès ou estafette.

MOLDO-VALACHIE.

Voie de l'Union austro-allemande..
Voie de Suisse et d'Autriche........
Voie d'Italie et d'Autriche (austro-roumaine)...... } 7 »
Voie d'Italie et de turquie (Vallona) ......
Voie d'Autriche et de Turquie (austro-turque, Castellastua, Gradiska)...... } 10 »

Ne reçoit pas les dépêches en chiffres ou lettres secrètes.
Transport au delà des lignes par exprès ou estafette.

<table>
<tr><td>TAXE
pour
20 mots.</td></tr>
</table>

NASSAU (Duché de) (Voir Prusse).

NORWÉGE (Royaume de).

Voie prussienne	Arcona	8 50
	Danoise	8 50
Voie de l'Union austro-allemande	Arcona	9 »
	Danoise	9 »
Voie belge et prussienne	Arcona	9 50
	Danoise	9 50

Reçoit les dépêches en chiffres ou lettres secrètes.

Transport au delà des lignes par estafette dans un rayon de un mille et demi (le mille norwégien vaut 12 kilomètres).

OLDENBOURG (Grand-Duché d').

Tarif prussien (OW).

PAYS-BAS (Royaume des).

Voie belge	4 »
Voie de l'Union austro-allemande	5 »

Reçoit les dépêches en chiffres ou lettres secrètes.

Transport au delà des lignes : par exprès (1 franc environ par 5 kilomètres); par estafette (4 francs environ pour la même distance). Augmentation dans le cas de difficultés exceptionnelles.

PERSE.

Voie turque. — Tarif ancien.
Voie russe. — Tarif ancien.

PORTUGAL (Royaume de).

Voie espagnole	5 »

Reçoit les dépêches en chiffres ou lettres secrètes.
Transport au delà des lignes par exprès ou estafette.

TAXE
pour
20 mots.

PRUSSE (Royaume de).

(Anciennes provinces. — Hanovre. — Holstein. — Nassau. — Sleswig.)

Voie prussienne.
- Bureaux situés à l'ouest du Weser et de la Werra (OW)............. **3**
- Bureaux situés à l'est du Weser et de la Werra (EW)................ **4**
- Ces taxes sont augmentées de 1 franc par dépêche, quel que soit le nombre de mots, quand la transmission s'effectue par la voie belge.

Voie de l'Union austro-allemande.. **6** »

Ne reçoit pas les dépêches en chiffres ou lettres secrètes.

Transport au delà des lignes par exprès. L'estafette ne peut être employée que pour les dépêches recommandées.

REUSS (Principautés de).

Tarif prussien (EW).

RUSSIE (Empire de).

	RUSSIE D'EUROPE.	RUSSIE DU CAUCASE.	SIBÉRIE 1re RÉGION.	SIBÉRIE 2e RÉGION.
	TAXE pour 20 mots.	TAXE pour 20 mots.	TAXE pour 20 mots.	TAXE pour 20 mots.
	fr. c.	fr. c.	fr. c.	fr. c.
Voie prussienne...............	10 50	13 50	18 50	26 50
Voie suisse....................	10 50	13 50	18 50	26 50
Voie de l'Union austro-allemande.	11 »	14 »	19 »	27 »
Voie belge............·.......	11 50	14 50	19 50	27 50
Voie italienne	12 »	15 »	20 »	28 »

Reçoit les dépêches en chiffres ou lettres secrètes.

Transport par estafette seulement pour les localités desservies par la poste.

Les dépêches adressées en Chine par la Russie sont mises à la poste à Kiachta (Sibérie). (*Voir* Chine.)

SAXE (Royaume de).

Les bureaux du royaume de Saxe sont administrés par la Prusse. Ils sont assimilés aux bureaux prussiens situés à l'est du Weser et de la Werra. (*Voir* Prusse.)

TAXE
pour
20 mots.

SAXE-ALTENBOURG (Duché de).

SAXE-COBOURG-GOTHA (Duché de).

SAXE-MEINENGEN-HILDBURGHAUSEN (Duché de).

SAXE-WEIMAR-EISENACH (Grand-Duché de).

Tarif prussien (EW).

SCHWARZBOURG (Principautés de.

Tarif prussien pour les bureaux des principautés.

SERBIE (Principauté de).

	TAXE pour 20 mots.
Voie de l'Union austro-allemande (Belgrade)..	
Voie de Suisse et d'Autriche (Belgrade)..	7 »
Voie d'Italie et d'Autriche (Belgrade)..	
Voie d'Italie et de Turquie (Vallona)..	10 »
Voie d'Autriche et de Turquie (austro-turque Castellastua-Gradiska..	

Ne reçoit pas les dépêches en chiffres ou lettres secrètes.
Transport au delà des lignes par exprès.

SIBÉRIE (Voir Russie).

SLESWIG (Voir Prusse).

SUÈDE (Royaume de).

		TAXE pour 20 mots.
Voie prussienne..	Arcona............................	8 50
	Danoise............................	9 50
Voie de l'Union austro-allemande............................	Arcona............................	9 »
	Danoise............................	10 »
Voie de Belgique et de Prusse............................	Arcona............................	9 50
	Danoise............................	10 50

Reçoit les dépêches en chiffres ou lettres secrètes.

Transport au delà des lignes : par exprès, dans un rayon de 15 kilomètres (taxe maxima, 4 francs); par estafette, dans un rayon de 15 à 50 kilomètres (taxe maxima, 25 francs).

TAXE
pour
20 mots.

SUISSE.

Voie suisse.. **3** »

Voie badoise.. }

Voie italienne.. } **4** »

La taxe est réduite à **2** francs pour les correspondances échangées entre un bureau d'un département français situé sur la frontière de la Suisse et un bureau d'un canton helvétique limitrophe de ce département.

Le département de la Savoie en France est traité pour l'application de ce principe comme celui de la Haute-Savoie; le canton suisse de Fribourg est de même traité comme celui de Neuchâtel, et le canton d'Argovie comme celui de Bâle.

DÉPARTEMENTS.	CANTONS.	DÉPARTEMENTS.	CANTONS.
Ain.............	Genève, Vaud..............	Haut-Rhin........	Argovie, Bâle, Berne, Soleure.
Doubs...........	Berne, Fribourg, Neuchâtel, Vaud.	Savoie............	Genève, Valais, Vaud.
Jura.............	Vaud.	Haute-Savoie. ...	

Reçoit les dépêches en chiffres ou lettres secrètes.

Transport au delà des lignes par exprès ou estafette.

TRIPOLI (Régence de).

Tarif ancien.

Reçoit les dépêches en chiffres ou en lettres secrètes. — La taxe est simple. — Le compte des mots du texte chiffré est établi en divisant le nombre des caractères par trois et non par cinq.

TUNISIE.

(Voir ci-dessus le tarif français, *page* 24.)

TURQUIE D'ASIE.

Tarif ancien.

TURQUIE D'EUROPE.

Voie d'Italie (Vallona)...

Voie de l'Union austro-allemande..... }

Voie de Suisse et d'Autriche.......... } austro-roumaine, Belgrade, Castellastua, Gradiska. **10** »

Voie d'Italie et d'Autriche............ }

Reçoit les dépêches en chiffres ou lettres secrètes.

Aucun service d'exprès au delà des lignes.

UNION AUSTRO-ALLEMANDE.

Les États composant l'Union télégraphique austro-allemande sont :

La Confédération du nord de l'Allemagne,
L'Empire d'Autriche,
Les Royaumes de Bavière,
— des Pays-Bas,
— de Prusse,
— de Saxe,
— de Wurtemberg,
Les Grands-Duchés de Bade,
— de Mecklembourg-Schwérin.

(Voir les taxes à chacun de ces États.)

VILLES LIBRES (Anciennes).

Hambourg (Tarif prussien) (EW).
Bergedorf (Tarif prussien) (EW).
Brême (Tarif prussien) (EW).
Vegesack (Tarif prussien) (EW).
Lubeck (Tarif prussien) (EW).
Travemunde (Tarif prussien) (EW).

WALDECK (Principauté de).

Tarif prussien pour les bureaux de la principauté.

VURTEMBERG (Royaume de).

Voie de l'Union austro-allemande.. 3 »
Voie Suisse .... 4 »

Reçoit les dépêches en chiffres ou lettres secrètes.
Transport par exprès. L'estafette peut être employée, mais seulement pour les dépêches recommandées.

NOMENCLATURE

DES

BUREAUX ÉTRANGERS

ABRÉVIATIONS.

N   — Bureau à service permanent de jour et de nuit.

$\dfrac{N}{2}$ — Bureau à service de jour prolongé jusqu'à minuit.

L   — Bureau à service limité (c'est-à-dire ouvert pendant un nombre d'heures moindre que les bureaux à service de jour complet).

M   — Bureau à service municipal.

B   — Bureau ouvert seulement pendant la saison des bains avec service complet.

H   — Bureau ouvert seulement pendant la saison d'hiver avec service complet.

$\dfrac{L}{BC}$ — Bureau ouvert avec service complet dans la saison des bains et limité le reste de l'année.

BL   — Bureau ouvert avec service limité dans la saison des bains.

$\dfrac{L}{HC}$ — Bureau ouvert avec service complet pendant l'hiver et limité le reste de l'année.

HL   — Bureau ouvert avec service limité pendant l'hiver.

$\dfrac{C}{HL}$ — Bureau ouvert avec service limité dans l'hiver et complet le reste de l'année.

E   — Bureau ouvert seulement pendant le séjour de la cour.

$\dfrac{C}{EN}$ — Bureau ouvert avec service de nuit pendant le séjour de la cour et complet le reste de l'année.

F   — Station de chemin de fer ouverte à la correspondance privée avec service complet.

FL   — Station de chemin de fer ouverte à la correspondance privée avec service limité.

P   — Bureau à service complet appartenant à une Compagnie privée.

PL   — Bureau à service limité appartenant à une Compagnie privée.

Sém. — Bureau sémaphorique ouvert à la correspondance privée.

(*)   — Bureau qui n'est pas encore ouvert.

N. B. Les bureaux qui n'ont aucun signe abréviatif sont des bureaux à service complet, ouvrant : en été à 7 heures du matin, en hiver à 8 heures, et fermant en toute saison à 9 heures du soir.

ÉTRANGER.

Se reporter, pour les taxes, aux *pages 65 et suivantes.*)

Nota. Voir, page 82, les indications relatives au tarif prussien.

NOMS des BUREAUX.	NATIONALITÉ.	NOMS des BUREAUX.	NATIONALITÉ.
Aabogen (F)	Norwége.	Aeltre (F)	Belgique.
Aachen (v. Aix-la-Chapelle)	Prusse.	Aeng	Indes.
Aadorf (FL)	Suisse.	Aeroeskjobing (FL)	Danemark.
Aalst (v. Alost)	Belgique.	Aerschot	Belgique.
Aalborg (Jutland)	Danemark.	Affoltern (FL)	Suisse.
Aalen	Wurtemberg.	Agimont (voir Heer)	Belgique.
Aalesund	Norwége.	Agira (L)	Italie.
Aamot (F)	Norwége.	Aglasterhausen	Bade.
Aarau (Argovie)	Suisse.	Agosta (L)	Italie.
Aarbourg (Argovie) (L)	Suisse.	Agra	Indes.
Aarhuus (Jutland)	Danemark.	Agram (N)	Autriche (Croatie).
Aarnaes (F)	Norwége.	Agrinion (L)	Grèce.
Abano (FL)	Italie.	Agueda (L)	Portugal.
Abbey-Wood	Grande-Bretagne.	Ahlen (OW) (F)	Prusse.*
Abbiategrasso (FL)	Italie.	Ahmedabad	Indes.
Aberdare	Grande-Bretagne.	Ahmednuggur	Indes.
Aberdare (Junction)	Grande-Bretagne.	Ahrensboeck (EW) (L)	Prusse (Holstein).
		Ahrnschwang (F)	Bavière.
Aberdeen .. $\frac{N}{2}$.	Grande-Bretagne.	Ahrweiler (OW) (L)	Prusse.
		Aibling (F)	Bavière.
Abergavenny	Grande-Bretagne.	Aigle (Vaud) (L)	Suisse.
Abergele	Grande-Bretagne.	Ainsdale	Grande-Bretagne.
Abingdon	Grande-Bretagne.	Aintree	Grande-Bretagne.
Abo	Russie d'Europe.	Aïrasca (FL)	Italie.
Abony (F)	Autriche.	Aïrolo (L)	Suisse.
Aboyne	Grande-Bretagne.	Aitrang (F)	Bavière.
Abrantès	Portugal.	Aivali (L)	Turquie-d'Asie.
Abtsdorf (F)	Autriche.	Aix-la-Chapelle (O. W.) (N)	Prusse.
Acciajolo (FL)	Italie.	Ajmere	Indes.
Accireale (L)	Italie.	Ajuda (N)	Portugal.
Accrington	Grande-Bretagne.	Akyab	Indes.
Achern	Bade.	Ala (F)	Autriche.
Achim (EW) (F)	Prusse (Hanovre).	Alassio (L)	Italie.
Acocks-Green	Grande-Bretagne.	Alba (FL)	Italie
Acoz (Hainaut) (FL)	Belgique.	Albacète	Espagne.
Acquapendente (L)	Etats de l'Église.	Albacina (FL)	Italie.
Acquaviva (FL)	Italie	Albano .. $\frac{L}{HC}$.	Etats de l'Église.
Acqui (FL)	Italie.	Albarracin (L)	Espagne.
Acre (v. St-Jean-d'Acre)	Turquie-d'Asie.	Albbruck	Bade.
Acs (F)	Autriche.	Albenga (L)	Italie.
Acsad (F)	Autriche.	Albergaria (L)	Portugal.
Adamsthal (F)	Autriche.	*Alberoni (L)	Italie.
Addlestrop	Grande-Bretagne.	Alberti-Irsa (F)	Autriche.
Adelsberg (L)	Autriche (Carniole).	Albizzate (FL)	Italie.
Adelsheim (L)	Bade.	Alblasserdam (L)	Bavière.
Adenau (OW) (L)	Prusse.	Albrighton	Grande-Bretagne.
Aderno (L)	Italie.	Albshausen (OW)	Prusse (Nassau).
Adisham	Grande-Bretagne.	Albufeira (L)	Portugal.
Adjiud (N)	Moldo-Valachie.	Alcala de Henarès	Espagne.
Adlington	Grande-Bretagne.	Alcamo (L)	Italie.
Adony (L)	Autriche (Hongrie).	Alcaniz (N)	Espagne.
Adorf (EW) (F)	Saxe.		
Adria (L)	Italie.		

NOMS des BUREAUX.	NATIONALITÉ.
Alcazar de San Juan (N)	Espagne.
Alcobaca (L)	Portugal.
Alcoy (L)	Espagne.
★Alcudia (Majorque) (24)	Espagne.
Aldborough (F)	Grande-Bretagne.
Aldeia Gallega (L)	Portugal.
Aldekerk (OW) (F)	Prusse.
Alderley (P)	Grande-Bretagne.
Aldermaston	Grande-Bretagne.
Alderney (île de la Manche)	Grande-Bretagne.
Aldershot	Grande-Bretagne.
Aldershot-Camp	Grande-Bretagne.
Alep (N)	Turquie d'Asie.
Alesandria (N)	Moldo-Valachie.
Alexandrie	Russie d'Europe.
Alexandrie $\frac{N}{2}$	Italie.
Alexandrie	Égypte.
Alexandrowo (par Varsovie) (F)	Russie d'Europe.
Alexinacz (N)	Servie.
Alfed (Ew) (F)	Prusse (Hanovre).
Alford (*Lincoln*)	Grande-Bretagne.
Alfreton	Grande-Bretagne.
Alfvestad (F)	Suède.
Algermissen (EW) (F)	Prusse (Hanovre).
Algéciras	Espagne.
Algeyire (v. Algéciras)	Espagne.
Alghero (J. de Sardaigne)	Italie.
Alicante (N)	Espagne.
★Alijo	Portugal.
Alingsas (F)	Suède.
Alkmaar (L)	Pays-Bas.
Allach (FC)	Pays-Bas.
Allahabad	Indes.
Allenburg (EW) (L)	Prusse.
Allensbach	Bade.
Alleppi	Indes.
Alloa	Grande-Bretagne.
Allyghur	Indes.
Almansa (N)	Espagne.
Almus (L)	Autriche (Hongrie).
Almelo	Pays-Bas.
Almenar (Soria) (L)	Espagne.
Almeria (N)	Espagne.
Almissa (L)	Autriche (Dalmatie).
Alne	Grande-Bretagne.
Alnwick	Grande-Bretagne.
Alost	Belgique.
Alpignano (FL)	Italie.
Alpirsbach (L)	Wurtemberg.
Alquizar	Ile de Cuba.
Alresford (F)	Grande-Bretagne.
Alsager	Grande-Bretagne.
Alsasua (N)	Espagne.
Alseno (FL)	Italie.
Also-Kubin (L)	Autriche (Hongrie).
Alston (L)	Grande-Bretagne.
Altamura (L)	Italie.
Altavilla (FL)	Italie.
Alt-Becse (L)	Autriche (Hongrie).
Alt-Boyen (EW) (F)	Prusse.
Altbreisach (L)	Bade.
Alt-Damm (EW) (L)	Prusse.
Altdorf (L)	Suisse.
Atefahr (FW) (L)	Prusse.
Altena (OW) (L)	Prusse.
Altenbeken (OW) (F)	Prusse.
Altenbourg (EW)	Prusse (Saxe-Altenb.).

NOMS des BUREAUX.	NATIONALITÉ.
Altenhunden (OW) (F)	Prusse.
Altenkirchen(Ile Rugen)(EW)(L	Prusse.
Altenmuhr (F)	Bavière.
Altenschwang (F)	Bavière.
Altenstadt (F)	Bavière.
Altensteig (L)	Wurtemberg.
Altfelde (EW) (F)	Prusse.
Alt-Gradiska (L)	Autriche (Esclavonie).
Althegnenberg (F)	Bavière.
Alt-Kemnitz (EW) (F)	Prusse.
Altmannshof (F)	Bavière.
Alt-Moldava (L)	Autriche (Hongrie).
Alt-Morschen (OW) (F)	Prusse (Hesse-Cassel).
Alt-Ofen (L)	Autriche (Hongrie).
Alton (F)	Grande-Bretagne.
Altona (EW) (N)	Prusse (Holstein).
Altotting (L)	Bavière.
Altrincham	Grande-Bretagne.
Altshausen (L)	Wurtemberg.
Altstatten (L)	Suisse.
Alvanas	Ile de Cuba.
Altwasser (EW) (L)	Prusse.
Alyth	Grande-Bretagne.
Amal (L)	Suède.
Amalfi (L)	Italie.
★Amantea (L)	Italie.
Amaranto (L)	Portugal.
Amay (FL)	Belgique.
Amberes (v. Anvers)	Belgique.
Amberg (L)	Bavière.
Ambergate	Grande-Bretagne.
Amberley	Grande-Bretagne.
Amelia (L)	Italie.
Amersfoort (L)	Pays-Bas.
Amorbach (L)	Bavière.
Amphissa	Grèce.
Ampthill	Grande-Bretagne.
Amselfing (F)	Bavière.
Amriswell (L)	Suisse.
Amsterdam (N)	Pays-Bas.
Amstetten	Autriche.
Amstetten	Wurtemberg.
Anagni (L)	Etats de l'Eglise.
Anclam (EW)	Prusse.
Ancône (N)	Italie.
Andeer (L)	Suisse.
Andelfingen (FL)	Suisse.
Andenne (Namur) (F)	Belgique.
Andermatt (L)	Suisse.
Andernach (OW) (F)	Prusse.
Andover (F)	Grande-Bretagne.
Andrinople (N)	Turquie d'Europe.
Andria (L)	Italie.
Andujar (N)	Espagne.
Angel Road (F)	Grande-Bretagne.
Angerburg (EW) (L)	Prusse.
Angermunde (EW) (L)	Prusse.
Angern	Autriche.
Angora (N)	Turquie d'Asie.
Anna-Paulowna (F)	Pays-Bas.
Annaberg (EW) (F)	Prusse.
Annaberg (EW)	Saxe.
Annan	Grande-Bretagne.
Annen (OW) (F)	Prusse.
Annweiler (L)	Bavière.
Anrath (OW) (F)	Prusse.
Ans (F)	Belgique.
Anspach ou Ansbach	Bavière.
Antequera	Espagne.

NOMS des BUREAUX.	NATIONALITÉ.
Anthée (Namur) (L)	Belgique.
Antoing (Hainaut) (L)	Belgique.
Antrim (Irlande) (L)	Grande-Bretagne.
Antuerpia (v. Anvers)	Belgique.
Antwerp (v. Anvers)	Belgique.
Antwerpen (v. Anvers)	Belgique.
Anvers (N)	Belgique.
Anzio ou Porto d'Anzio (E)	États de l'Église.
Aoste (L)	Italie.
Apatin (L)	Autriche (Hongrie).
Apeldoorn (L) (30)	Pays-Bas.
Apenrade (EW) (L)	Prusse (Sleswig).
Aplerbeck (OW) (F)	Prusse.
Apolda (EW) (L)	Saxe-Weimar.
Appenzell (L)	Suisse.
Appenweier	Bade.
Apperley Bridge	Grande-Bretagne.
Appledore (Devon)	Grande-Bretagne.
Appledore (Kent)	Grande-Bretagne.
Appley	Grande-Bretagne.
Appley Bridge	Grande-Bretagne.
Aprath (OW) (F)	Prusse.
Apricena (F)	Italie.
Aquaviva (F)	Italie.
Aquila (Abruzzes) N/2	Italie.
Aquino	Italie.
Aquisgrana (v. Aix-la-Chapelle)	Autriche (Hongrie).
Arad (N)	Espagne.
Aranda de Duero	Espagne.
Aranjuez	Italie.
Aranyos Maroth (L)	Autriche Hongrie.
Arboga (L)	Suède.
Arbon (L)	Suisse.
Arbroath	Grande-Bretagne.
Arce (L)	Italie.
Archangel	Russie d'Europe.
Arcona (J. Rugen) (EW) (L)	Prusse.
Arcos de Valle de Vez L.	Portugal.
Ardenza (BL)	Italie.
Ardleigh	Grande-Bretagne.
Ardler	Grande-Bretagne.
Ardrishaig	Grande-Bretagne.
Ardrossan	Grande-Bretagne.
Ardsley	Grande-Bretagne.
Arendal	Norwége.
Arezzo	Italie.
Argenteau (FL)	Belgique.
Argos (L)	Grèce.
Arheilgen (OW) (F) (1)	Hesse-Darmstadt.
Ariano (L)	Italie.
Arlesheim (Bâle) (L)	Suisse.
Arlsey	Grande-Bretagne.
Arlon (Luxembourg)	Belgique.
Armagh	Grande-Bretagne.
Armley	Grande-Bretagne.
Arnau (L)	Autriche (Bohême).
Arnheim	Pays-Bas.
Arnsberg (OW) (L)	Prusse.
Arnstadt (EW) (L)	Prusse.
Arnswalde (EW) (L)	Prusse.
Arona (F)	Italie.
Arolsen (OW) (L)	Waldeck.
Arsenal da Marinha (Sém.)	Portugal.
Arsoli (L)	États de l'Église.
Artemise	Ile de Cuba.
Artern (EW) (L)	Prusse.
Arth (L)	Suisse.
Arthington	Grande-Bretagne.
Arundel	Grande-Bretagne.
Asbach (L)	Bade.
Asch (N)	Autriche (Bohême).
Aschbach	Autriche.
Aschaffenbourg	Bavière.
Aschersleben (EW) (L)	Prusse.
Ascoli (Capitanate) (L)	Italie.
Ascoli-Piceno	Italie.
Ascot (F)	Grande-Bretagne.
Ash	Grande-Bretagne.
Ashbourne (F)	Grande-Bretagne.
Ashby de la Zouch	Grande-Bretagne.
Ashchurch	Grande-Bretagne.
Ashford N/2	Grande-Bretagne.
Ashton	Grande-Bretagne.
Ashton-under-Lyne	Grande-Bretagne.
Askerod (F)	Suède.
Askersund (L)	Suède.
Aspatria	Grande-Bretagne.
Asperg	Wurtemberg.
Assche (L)	Belgique.
Assen (L)	Pays-Bas.
Assens (P)	Danemark.
Assesse (Namur (FL))	Belgique.
Assmannshausen (OW) (F)	Prusse (Nassau).
Asten (F)	Autriche.
Asterabad	Perse.
Asti (L)	Italie.
Astorga	Espagne.
Astrakhan	Russie d'Europe.
Aszod	Autriche (Hongrie).
Ath (Hainaut)	Belgique.
Athènes (N)	Grèce.
Athenry (Irlande) (L)	Grande-Bretagne.
Atherstone N/2	Grande-Bretagne.
Atherton	Grande-Bretagne.
Athlone (Irlande) (L)	Grande-Bretagne.
Athus (Luxembourg) (FL)	Belgique.
Athy (L)	Grande-Bretagne.
Atina (L)	Italie.
Attleborough (F)	Grande-Bretagne.
Attnang	Autriche.
Attock	Indes.
Atvidaberg (L)	Suède.
Au (OW) (F)	Prusse.
Aubel (L)	Belgique.
Aubonne (Vaud) (L)	Suisse.
Auchinleck	Grande-Bretagne.
Audegem (FL)	Belgique.
Audenaerde (F)	Belgique.
Audlem (L)	Grande-Bretagne.
Audley End (F)	Grande-Bretagne.
Aue (EW) (F)	Saxe.
Auerbach (F)	Bade.
Auerbach (EW) (L)	Saxe.
Augsbourg (N)	Bavière.
Augusta (voir Agosta)	Italie.
Augustenbourg (EW) (L)	Prusse (Sleswig).
Augustwalde (EW) (F)	Prusse.
Aulendorf	Wurtemberg.
Auletta (L)	Italie.
Aumenau (OW)	Prusse (Nassau).
Aurich (OW) (L)	Prusse (Hanovre).
Aurigny (voyez Alderney)	Grande-Bretagne.

ÉTRANGER.

NOMS des BUREAUX.	NATIONALITÉ.	NOMS des BUREAUX.	NATIONALITÉ.
Auscha (L)	Autriche (Bohême).	Avilès	Espagne.
Ausci (FL)	Autriche.	Avlona (v. Vallona)	Turquie d'Europe.
Ausic (F)	Autriche.	Avola (L)	Italie.
Aussec (L)	Autriche (Styrie).	Avonbridge (L)	Grande-Bretagne.
Aussig (N)	Autriche (Bohême).	Axminster (F)	Grande-Bretagne.
Auvelais (Namur) (F)	Belgigne.	Aycliffe	Grande-Bretagne.
Auwal	Autriche.	Aye (Luxembourg) (F)	Belgique.
Aveïro	Portugal.	Aylesbury	Grande-Bretagne.
Avelghem (Flandre occid.) (L)	Belgique.	Aylesford	Grande-Bretagne.
Avellino	Italie.	Aylsham	Grande-Bretagne.
Avenches (Wiflisburg) (Vaud) (L)	Suisse.	Aynho	Grande-Bretagne.
Avezzano	Italie.	Ayr	Grande-Bretagne.
Avigliana (FL)	Italie.	Aywaille (L)	Belgique.
Avila (N)	Espagne.	Azmoos	Suisse.

NOMS des BUREAUX.	NATIONALITÉ.	NOMS des BUREAUX.	NATIONALITÉ.
Baal (OW) (F)...............	Prusse.	Bammenthal...............	Bade.
Baar (L)...................	Suisse.	Ban L....................	Autriche Hongrie.
Bacau (N).................	Moldo-Valachie.	Banbridge................	Grande-Bretagne.
Bacharach (OW) (F.......	Prusse.	Banbury..................	Grande-Bretagne.
Backnang (L)..............	Wurtemberg.	Banchory (F..............	Grande-Bretagne.
Bacup....................	Grande-Bretagne.	Bandon (C° Cork).........	Grande-Bretagne.
Badajoz (N................	Espagne.	Banff....................	Grande-Bretagne.
Baden-Baden..............	Bade.	Bangalore................	Indes.
Baden près Vienne —L./BC—	Autriche (Autriche).	Bangor...................	Grande-Bretagne.
		Banteln (EW) (F.........	Prusse (Hanovre).
Baden (Argovie)—L/B C—	Suisse.	Barbastro (ML)..........	Espagne.
Badenweiler (B) (10).......	Bade.	Barby (EW) (L.).........	Prusse.
Badia (L).................	Italie.	Barca-d'Alva (L.)........	Portugal.
		Barcellona (L.)..........	Italie.
Badminton —N/2—	Grande-Bretagne.	Barcellos (L.)...........	Portugal.
		Barcelone (N)...........	Espagne.
Baeck (F.................	Suède.	Bares (L.)...............	Autriche (Hongrie).
Baeckaskog (E...........	Suède.	Bardo (le) (L.)..........	Tunisie.
Baera (ML.)..............	Espagne.	Bareilly.................	Indes.
Bagaria (FL.)............	Italie.	Barentschweil (L.).......	Suisse.
Bagdad (N................	Turquie d'Asie.	Barga (L.)...............	Italie.
Bagnacavallo (F.........	Italie.	Bari —N/2—	Italie.
Bagnalstown (L) (Irlande)....	Grande-Bretagne.		
Bagnara (N)..............	Italie.	Barletta.................	Italie.
Bagnolo (L.).............	Italie.	Barmen (OW)...........	Prusse.
Bagworth................	Grande-Bretagne.	Barmen-Rittershausen (OW) (F.	Prusse.
Bahn (EW) (L.)..........	Prusse.	Barnard Castle (F.)......	Grande-Bretagne.
Baiersbronn (L.).........	Wurtemberg.	Barn L.................	Autriche (Moravie).
Baiersdorff (F)..........	Bavière.	Barnes (F)..............	Grande-Bretagne.
Bailen L................	Espagne.	Barnet (F...............	Grande-Bretagne.
Bains de Ledesma (Bl......	Espagne.	Barnetby................	Grande-Bretagne.
Bains de Montemayor (L....	Espagne.	Barnham Junction.......	Grande-Bretagne.
Baja....................	Autriche Hongrie.	Barnsley................	Grande-Bretagne.
Bakewel.................	Grande-Bretagne.	Barnstaple..............	Grande-Bretagne.
Bakoven F..............	Autriche.	Baroda..................	Indes.
Balasore................	Indes.	Barop (OW) (F.........	Prusse.
Balassa-Gyarma (L.......	Autriche Hongrie.	Barquinha...............	Portugal.
Balbriggan..............	Grande-Bretagne.	Barrackpore.............	Indes.
Balcombe...............	Grande-Bretagne.	Barreiro................	Portugal.
Baldenburg (EW) (L........	Prusse.	Barrow (Furness).......	Grande-Bretagne.
Baldock.................	Grande-Bretagne.	Barry-Maulde (Hainaut) (L.....	Belgique.
Balduinstein (OW)........	Prusse (Nassau).	Bartenstein (EW) (L.)....	Prusse.
Bâle (Bâle) (N...........	Suisse.	Bartenstein (L.).........	Wurtemberg.
Balgerhocke (FL.........	Belgique.	Bartfeld (L.)............	Autriche (Hongrie).
Balham.................	Grande-Bretagne.	Barth (EW) (L.).........	Prusse.
Balingen (L.)............	Wurtemberg.	Barvaux (Luxembourg) (L.)...	Belgique.
Ballenstedt (EW) (L.......	Anhalt-Bernbourg.	Barwalde (EW) (L.......	Prusse.
Ballinasloe (L.) (Irlande......	Grande-Bretagne.	Barzdorf (L.)............	Autriche (Silésie).
Ballindallock............	Grande-Bretagne.	Basheek (EW) (L........	Prusse (Hanovre).
Bally...................	Grande-Bretagne.	Baséclès (Hainaut) (FL.)...	Belgique.
Ballybay (L.)............	Grande Bretagne.	Basel (L.)...............	Belgique.
Ballybrophy (L. (Irlande...	Grande-Bretagne.	Basel (v. Bâle)..........	Suisse.
Ballycarrey (L...........	Grande-Bretagne.	Basiasch................	Autriche (Hongrie).
Ballyhaunis.............	Grande Bretagne.	Basilea (v. Bâle)........	Suisse.
Ballymena (L.) (Irlande......	Grande-Bretagne.	Basingstoke —N/2—	Grande-Bretagne.
Ballymoe................	Grande-Bretagne.		
Ballymoney (L...........	Grande-Bretagne.	Bas-Oha (FL.)..........	Belgique.
Ballymurry..............	Grande-Bretagne.	Bassano (L.)............	Italie.
Ballypallady (L.).........	Grande-Bretagne.	Bassilly (Hainaut) (FL.)...	Belgique.
Ballyrag................	Grande-Bretagne.	Bassora (N).............	Turquie d'Asie.
Balsorane (L.)...........	Italie.	Bastogne (Luxembourg) (L...	Belgique.
Balstad (III. (18.........	Norwège.	Batabano...............	Ile de Cuba.
Balsthal (Soleure) (L......	Suisse.	Batalha (Porto).........	Portugal.
Balta...................	Russie d'Europe.	Batalpen (H)...........	Norwège.
Baltchik (L.............	Turquie d'Europe.	Bataszek (L.)...........	Autriche (Hongrie).
Bamberg................	Bavière.	Bath (N)................	Grande-Bretagne.
		Bathgate (L.)...........	Grande-Bretagne.

NOMS des BUREAUX.	NATIONALITÉ.
Bativa (par Chiclana)	Espagne.
Batley	Grande-Bretagne.
Battaglia (FL)	Italie.
Battersea	Grande-Bretagne.
Battle	Grande-Bretagne.
Bauerwitz (EW) (F)	Prusse.
Bauma (L)	Suisse.
Bautzen (EW)	Saxe.
Baveno (L)	Italie.
Bawtry	Grande-Bretagne.
Bay-Horse	Grande-Bretagne.
Bayamo	Ile de Cuba.
Baynards	Grande-Bretagne.
Bayreuth	Bavière.
Bearley	Grande-Bretagne.
Beattock (N)	Grande-Bretagne.
Beaulay	Grande-Bretagne.
Beaumont (Hainaut) (L)	Belgique.
Beauraing (Namur) (L)	Belgique.
Beaurivage-hôtel-Ouchy (Vaud) (L)	Suisse.
Bebra (OW) (F)	Prusse (Hesse-Cassel).
Beccles (F)	Grande-Bretagne.
Beckenham	Grande-Bretagne.
Beckingen (OW) (F)	Prusse.
Beckum (OW) (F)	Prusse.
Becskerek (voir Gross.)	Autriche.
Bedale	Grande-Bretagne.
Beddington	Grande-Bretagne.
Beddon	Grande-Bretagne.
Bedford	Grande-Bretagne.
Bedwyn	Grande-Bretagne.
Bejucal	Ile de Cuba.
Beimerstetten	Wurtemberg.
Beiseforth (OW) (F)	Prusse (Hesse-Cassel).
Beith	Grande-Bretagne.
Beja	Portugal.
★Beja	Tunisie.
Bejar	Espagne.
Bekesbourne	Grande-Bretagne.
Beket (N)	Moldo-Valachie.
Belem (Sém) (3)	Portugal.
Belfast (Irlande) N/2	Grande-Bretagne.
Belford	Grande-Bretagne.
Belgard (EW) (L)	Prusse.
Belgaum	Indes.
Belgorod	Russie d'Europe.
Belgrade (N)	Servie.
Bellaghy (F)	Grande-Bretagne.
Bellano (L)	Italie.
Bellary	Indes.
Bellenz (v. Bellinzona)	Suisse.
Bellinzona (N)	Suisse.
Bellovar (L)	Autriche (Croatie).
Belluno	Italie.
Belmont	Grande-Bretagne.
Belœil (Hainaut) (L)	Belgique.
Belostok (N)	Russie d'Europe.
Belper	Grande-Bretagne.
Belvedere	Grande-Bretagne.
Bely-Klutch (B)	Russie du Caucase.
Bemba	Ile de Cuba.
Benarès	Indes.
Benavente (N)	Espagne.
Bender	Russie d'Europe.
Bendorf (OW) (L)	Prusse.
Bencovacz (L)	Autriche (Dalmatie).
Beneschau (L)	Autriche (Bohême).

NOMS des BUREAUX.	NATIONALITÉ.
Benevento	Italie.
Benghazi	Régence de Tripoli.
Benninghausen (OW) (F)	Prusse.
Benrath (OW) (F)	Prusse.
Bensberg (OW) (L)	Prusse.
Bensheim (OW) (F) (1)	Hesse-Darmstadt.
Benthein (OW) (F)	Prusse (Hanovre).
Bently (Hants-) (F)	Grande-Bretagne.
Bently (Suffolk) (F)	Grande-Bretagne.
Beodra (L)	Autriche (Hongrie).
Beora	Indes.
Bérat (N)	Turquie d'Europe.
Beraun	Autriche.
Berceto (L)	Italie.
Berchtesgaden (L)	Bavière.
Berdiansk	Russie d'Europe.
Berditschew	Russie d'Europe.
Berettyo Ujfalu (F)	Autriche.
Berg (EL)	Bavière.
Berg (F)	Norwége.
Bergame N/2	Italie.
Berge-Borbeck (OW) (F)	Prusse.
Bergedorf (EW) (F)	Ville de Hambourg.
Bergen (v. Mons)	Belgique.
Bergen (F)	Bavière.
Bergen	Norwége.
Bergen (I. Rugen) (EW) (L)	Prusse.
Bergenopzoom (L)	Pays-Bas.
Berghausen	Bade.
Bergheim (OW) (L)	Prusse.
Bergisch Gladbach (OW) (L)	Prusse.
Bergrheinfeld (F)	Bavière.
Bergtheim (F)	Bavière.
Bergzabern (L)	Bavière.
Bergwitz (EW) (F)	Prusse.
Berhampose	Indes.
Berislaw (N)	Russie d'Europe.
Berkeley-Road	Grande-Bretagne.
Berkhampstead	Grande-Bretagne.
Berlad (N)	Moldo-Valachie.
Berlaer (FL)	Belgique.
Berlin (EW) (N)	Prusse.
Bermeo (L)	Espagne.
Bernalda (L)	Italie.
Bernau (F)	Bavière.
Bernau (EW) (F)	Prusse
Berncastel (OW) (L)	Prusse.
Berne (Berne)	Suisse.
Bernebourg (EW)	Anhalt-Bernbourg.
Bernried (F)	Bavière.
Bernstadt (Silésie) (EW) (L)	Prusse.
Bernstorf (P)	Danemark.
Berthoud ou Burgdorf (Berne) (L)	Suisse.
Bertrange (FL)	Luxembourg.
Berwick-on-Tweed	Grande-Bretagne.
Berzée (Namur) (FL)	Belgique.
Bescot (Junction)	Grande-Bretagne.
Besigheim	Wurtemberg.
Betanzos (N)	Espagne.
Betchworth	Grande-Bretagne.
Bettembourg (FL)	Luxembourg.
Bettingen (FL)	Luxembourg.
Betzdorf (OW) (F)	Prusse.
Betzigau (F)	Bavière.
Beuggen	Bade.
Beurig-Saarburg (OW) (F)	Prusse.
Beuten-s.-l'Oder (EW) (L)	Prusse.

NOMS des BUREAUX.	NATIONALITÉ.	NOMS des BUREAUX.	NATIONALITÉ.
Beuthen (Silésie) (EW)	Prusse.	Bitetto (FL)	Italie.
Bevensen (EW) (F)	Prusse (Hanovre).	Bitonto-S.-Spirito (L)	Italie.
Beveren (F)	Belgique.	Bitterfeld (EW) (L)	Prusse.
Beverley	Grande-Bretagne.	Bivona (L)	Italie.
Beverloo (camp de) (L)	Belgique.	Bizerte (N)	Tunisie.
Beverungen (OW) (L)	Prusse.	Bjersjolagard (F)	Suède.
Beverwyk (F)	Pays-Bas.	Bjorneborg (N)	Russie d'Europe.
Bewdley	Grande-Bretagne.	Blackburn	Grande-Bretagne.
Bex (Vaud) (L)	Suisse.		
Bexley	Grande-Bretagne.	Blackheath	Grande-Bretagne.
Beypore	Indes.		
Beyrouth (N)	Turquie d'Asie.	Blacklane	Grande-Bretagne.
Bezdan (L)	Autriche (Hongrie).	Blackpool (Irlande)	Grande-Bretagne.
Bezwarrach	Indes.	Blackpool (Lancaster)	Grande-Bretagne.
Bewie	Grande-Bretagne.	Blackwall (W. I. Docks)	Grande-Bretagne.
Bhurtpore	Indes.	Blackwall (Pier or E. I. Docks)	Grande-Bretagne.
Biafosliwe (EW) (F)	Prusse.	Blackwater	Grande-Bretagne.
Biberach (L)	Bade.	Blaenavon	Grande-Bretagne.
Biberach (an-der-Ruhr)	Wurtemberg.	Blague Gate (F)	Grande-Bretagne.
Bicester	Grande-Bretagne.	Blana	Grande-Bretagne.
Bickenbach (EW) (F) (L)	Hesse-Darmstadt.	Blairgowrie	Grande-Bretagne.
Bickley	Grande-Bretagne.	Blakjer (F)	Norwége.
Bideford (F)	Grande-Bretagne.	Blandain (Hainaut) (FL)	Belgique.
Biebrich-Mosbach (OW) (F)	Prusse (Nassau)	Blandford	Grande-Bretagne.
Biechowitz (F)	Autriche (Bohême)	Blankenberghe (Flandre occ.) (F)	Belgique.
Biel (v. Bienne)	Suisse.	Blankenburg (EW) (L)	Schwarzbourg.
Bielefeld (OW)	Prusse.	*Blankenhain (EW) (L)	Saxe-Weimar.
Bielitz	Autriche (Silésie)	Blansko (F)	Autriche.
Biella (L)	Italie.	Blaton (Hainaut) (FL)	Belgique.
Biendorf (EW) (F)	Prusse.	Blaubeuren (L)	Wurtemberg.
Bienenbuttel (EW) (F)	Prusse (Hanovre).	Blaufelden (L)	Wurtemberg.
Bienne ou Biel (Berne)	Suisse.	Blaydon (L)	Grande-Bretagne.
Bierzanow	Autriche.	Bleiburg (F)	Autriche.
Biesenthal (EW) (F)	Prusse.	Bleicherode (EW) (L)	Prusse.
Biessenhofen (F)	Bavière.		
Bietigheim	Wurtemberg.	Bletchley	Grande-Bretagne.
Biggleswade	Grande-Bretagne.		
Bilbao (N)	Espagne.	Blindenmarkt (F)	Autriche.
Billingham	Grande-Bretagne.		
Billingshurst	Grande-Bretagne.	Blisworth	Grande-Bretagne.
Bilsen (FL)	Belgique.		
Bilston	Grande-Bretagne.	Bloemendael (F)	Belgique.
Bilton Junction (N)	Grande-Bretagne.	Bloensdorf (EW) (F)	Prusse.
Bimlipatam	Indes.	Bludenz (L)	Autriche (Vorarlberg).
Binche (Hainaut) (L)	Belgique.	Blue Pits	Grande-Bretagne.
Bingen (OW) (L)	Hesse-Darmstadt.	Blythe (L)	Grande-Bretagne.
Bingerbruck (OW) (F)	Prusse.	Bobbio (L)	Italie.
Bingley	Grande-Bretagne.	Bobingen (F)	Bavière.
Birchington	Grande-Bretagne.	Boblingen (L)	Wurtemberg.
Birdhill	Grande-Bretagne.	Bobruisk (N)	Russie d'Europe.
Birkenhead	Grande-Bretagne.	Bochnia (F)	Autriche.
Birkenfeld (OW) (L)	Oldenbourg.	Bocholt (OW) (L)	Prusse.
Birmingham (N)	Grande-Bretagne.	Bochum (OW)	Prusse.
Birnbaum (EW) (L)	Prusse.	Bokenheim (OW) (F)	Prusse.
Birrwyl (Argovie)	Suisse.	Bodaik (F)	Autriche (Hongrie).
Bisaccia (L)	Italie.	Bodmin-Road	Grande-Bretagne.
Bisceglie (L)	Italie.	Bodenbach (N)	Autriche (Bohême).
Bischofsburg (EW) (L)	Prusse.	Bodenwohr (F)	Bavière.
Bischofswerda (EW) (F)	Saxe.	Boenen (OW) (F)	Prusse.
Bischofszell (L)	Suisse.	Boersum (EW)	Brunswick.
Bisenz (F)	Autriche.	Bogense (PL)	Danemark.
Bishop Auckland (F)	Grande-Bretagne.	Bogheria (L)	Italie.
Bishop Stortford	Grande-Bretagne.	Boglar (F)	Autriche.
Bishops Lydeard (L)	Grande-Bretagne.	Bognor	Grande-Bretagne.
Bishopstoke	Grande-Bretagne.	Bogumilowice	Autriche.
Bisic (F)	Autriche.	Boheimkirchen	Autriche.
Bistritz	Autriche (Transylvanie).	Bohmisch-Brood	Autriche.
Bistritz-sur-la-Waag (L)	Autriche (Hongrie).	Bohmisch-Kamnitz (L)	Autriche (Bohême).
Bitburg (OW) (L)	Prusse.	Bohmisch-Leipa	Autriche (Bohême).

NOMS des BUREAUX.	NATIONALITÉ.
Bohmisch-Trubau (L)	Autriche (Bohême).
Bois (les) (Berne) (L)	Suisse.
Bois-du-Luc (Hainaut) (FL)	Belgique.
Boisheim (OW) (F)	Prusse.
Bois-le-Duc (Hertogenbusch)	Pays-Bas.
Boisschot (FL)	Belgique.
Boitsfort (FL)	Belgique.
Boitzenburg (EW) (F)	Mecklembourg.
Boitzenburg (EW) (L)	Prusse.
Bojan (L)	Autriche (Bukowine).
Bojano (L)	Italie.
Bojanovo (EW) (F)	Prusse.
Bolechow (L)	Autriche (Galicie).
Bolgrad (N)	Moldo-Valachie.
Bolkehain (EW) (L)	Prusse.
Bologne (N)	Italie.
Bolonhia (v. Bologne)	Italie.
Bolonia (v. Bologne)	Italie.
Bolsward (L)	Pays-Bas.
Bolton	Grande-Bretagne.
Bolzano (v. Botzen)	Autriche.
Bomal (Luxembourg) (L)	Belgique.
Bombay	Indes.
Bommel (L)	Pays-Bas.
Bonamos (OW)	Prusse.
Bonar Bridge	Grande-Bretagne.
Bonenburg (OW) (F)	Prusse.
Boness ou Barrow Stonness (L)	Grande-Bretagne.
Bonn (OW)	Prusse.
Bonndorf (L)	Bade.
Boom (L)	Belgique.
Bootle	Grande-Bretagne.
Boppard (OW) (F)	Prusse.
Bopfingen	Wurtemberg.
Boras	Suède.
Borba (L)	Portugal.
Bordesley	Grande-Bretagne.
Borgholm (J. Celand) (L)	Suède.
Borghorst (OW) (L)	Prusse.
Borgo (L)	Russie d'Europe.
Borgomanero (FL)	Italie.
Borgo-s.-Donnino (FL)	Italie.
Borgo-s.-Sepolcro (L)	Italie.
Borgotaro (L)	Italie.
Borgo (L)	Autriche (Tyrol).
Borgo-Ticino (L)	Italie.
Borjom (B)	Russie du Caucase.
Borken (OW) (L)	Prusse.
Borken (OW) (F)	Prusse.
Borkenfriede (EW) (F)	Prusse.
Borkum (OW) (L) (19)	Prusse (Hanovre).
Bormio (L)	Italie.
Borna (EW) (F)	Saxe.
Boro'bridge (F)	Grande-Bretagne.
Borsbeck Wommelghem (L)	Belgique.
Bortniki (F)	Autriche (Galicie).
Borynicze (F)	Autriche (Galicie).
Bosa (I. de Sardaigne) (L)	Italie.
Boston	Grande-Bretagne.
Botley (F)	Grande-Bretagne.
Bottesford	Grande-Bretagne.
Botuschanu (N)	Moldo-Valachie.
Botzen (N)	Autriche (Tyrol).
Bouchir	Perse.
Bouchout (FL)	Belgique.
Baudry (Neuchâtel) (L)	Suisse.
Bouillon (Luxembourg) (L)	Belgique.
Bourgas (L)	Turquie d'Europe.
Bournemouth	Grande-Bretagne.
Bous (OW) (F)	Prusse.
Boussu (Hainaut) (F)	Belgique.
Boussu en Fagne (Namur) (FL)	Belgique.
Bousval (L)	Belgique.
Bovino (L)	Italie.
Bow	Grande-Bretagne.
Bowdon	Grande-Bretagne.
Box Hill	Grande-Bretagne.
Box (Somersetshire)	Grande-Bretagne.
Boxberg (L)	Bade.
Boxmoer	Grande-Bretagne.
Boyle (L)	Grande-Bretagne.
Bozzolo (FL)	Italie.
Bra (L)	Italie.
Brackenheim (L)	Wurtemberg.
Brackley	Grande-Bretagne.
Bracknell	Grande-Bretagne.
Brackwede (OW) (F)	Prusse.
Bracquegnies (Hainaut) (F)	Belgique.
Bradegrube (EW) (L)	Prusse.
Bradford $\frac{N}{2}$	Grande-Bretagne.
Bradley	Grande-Bretagne.
Braga	Portugal.
Bragance	Portugal.
Braguestadt (L)	Russie d'Europe.
Brablsdorf (EW) (F)	Mecklembourg.
Braila (N)	Moldo-Valachie.
Braine l'Alleud (L)	Belgique.
Braine-le-Comte (Hainaut)	Belgique.
Braintrée (F)	Grande-Bretagne.
Brake (OW)	Oldenbourg.
Brakel (OW) (F)	Prusse.
Bramley	Grande-Bretagne.
Bramsche (OW) (L)	Prusse (Hanovre).
Brandeis-sur-Adler	Autriche (Bohême).
Brandeis-sur-Elbe (L)	Autriche (Bohême).
Brandeisl (F)	Autriche.
Brandenbourg (EW)	Prusse.
Brandon (Suffolk) (F)	Grande-Bretagne.
Brannenbourg (F)	Bavière.
Branowitz	Autriche.
Branzoll (F)	Autriche (Tyrol).
Brasschael (L)	Belgique.
Brassus (Vaud) (L)	Suisse.
Braubach (OW) (F)	Prusse (Nassau).
Braughing for Purkeridge (F)	Grande-Bretagne.
Braunfels (EW) (L)	Prusse.
Braunsberg (EW) (L)	Prusse.
Braunchsweig (v. Brunswick)	Brunswick.
Bray (Irlande) (L)	Grande-Bretagne.
Brechelshof (EW) (F)	Prusse.
Brechin	Grande-Bretagne.
Breda	Pays-Bas.
Bredstedt (EW) (L)	Prusse (Sleswig).
Brée (L)	Belgique.
Bregenz (N)	Autriche (Vorarlberg).
Brehna (EW) (F)	Prusse.
Breitengüssbach (F)	Bavière.
Breitenschutzing (F)	Autriche.
Breitenstein (F)	Autriche.
Brême (EW) (N)	Ville libre.
Bremcarten (Argovie) (L)	Suisse.
Bremervorde (EW) (L)	Prusse (Hanovre).
Brenets (les) (Neuchâtel) (L)	Suisse.
Brennet	Bade.
Breno (L)	Italie.
Brent (L)	Grande-Bretagne.

NOMS des BUREAUX.	NATIONALITÉ.
Brentford (L).....	Grande-Bretagne.
Brentwood (F).....	Grande-Bretagne.
Brescello (L).....	Italie.
Brescia $\frac{N}{2}$.....	Italie.
Breslau (EW) (N).....	Prusse.
Brest-Litowsk (N).....	Russie d'Europe.
Bretten (F).....	Bade.
Brettesnaes (Ill.) (Is.....	Norwége.
Brévik.....	Norwége.
Breyell (OW) (F).....	Prusse.
Bricklayers' Arms.....	Grande-Bretagne.
Bridgend (F).....	Grande-Bretagne.
Bridgenorth.....	Grande-Bretagne.
Bridge of Allan.....	Grande-Bretagne.
Bridge-of-Dee (L.....	Grande-Bretagne.
Bridge-of-Dun.....	Grande-Bretagne.
Bridgewater.....	Grande-Bretagne.
Bridlington.....	Grande-Bretagne.
Bridport.....	Grande-Bretagne
Brieg voir Brigue.....	Suisse.
Brieg (EW).....	Prusse.
Briella (P.....	Pays-Bas.
Brienz (Berne) (L).....	Suisse.
Briesen (EW) (F.....	Prusse
Brigg (F).....	Grande-Bretagne.
Brighouse.....	Grande-Bretagne.
Brighton (N.....	Grande-Bretagne.
Brigue (Brieg, Valais) (L).....	Suisse.
Brilon (OW) (L).....	Prusse.
Brindisi.....	Italie.
Brimscomb.....	Grande-Bretagne.
Brissago (L).....	Suisse.
Bristol (N).....	Grande-Bretagne.
Briton-Ferry (F).....	Grande-Bretagne.
Brixen.....	Autriche (Tyrol).
Brixham.....	Grande-Bretagne.
Brixlegg (F).....	Autriche.
Brixton.....	Grande-Bretagne.
Broach.....	Indes.
Broadclyst (F).....	Grande-Bretagne.
Broadheath.....	Grande-Bretagne.
Broadstairs (F).....	Grande-Bretagne.
Brochenhurst (F).....	Grande-Bretagne.
Brockley Whins.....	Grande-Bretagne.
Brockholes Junction.....	Grande-Bretagne.
Brodek.....	Autriche.
Brody (N).....	Autriche (Galicie).
Brohl (OW) (F).....	Prusse.
Bromberg (EW).....	Prusse.
Bromley (Kent).....	Grande-Bretagne.
Bromley Cross.....	Grande-Bretagne.
Brompton.....	Grande-Bretagne.
Bromsgrove.....	Grande-Bretagne.
Brondrut (v. Porrentruy).....	Suisse.
Brom (FL).....	Italie.
Brood (L).....	Autriche (Esclavonie).
Brooklands.....	Grande-Bretagne.
Broos (L).....	Autriche (Transylvanie).
Brough.....	Grande-Bretagne.
Broughton (nr Preston).....	Grande-Bretagne.
Broughton-in-Furness.....	Grande-Bretagne.
Broughty Ferry.....	Grande-Bretagne.
Brousse (L).....	Turquie d'Asie.
Brouwershaven (P).....	Pays-Bas.
Brownhills.....	Grande-Bretagne.
Broxbourne.....	Grande-Bretagne.
Bruchmühl (F).....	Bavière.

NOMS des BUREAUX.	NATIONALITÉ.
Bruckberg (F).....	Bavière.
Bruchsal.....	Bade.
Bruck sur la Leitha (L).....	Autriche (Autriche
Bröch-sur-le-Mur.....	Autriche (Styrie).
Brugelette (Hainaut) (Fl......	Belgique.
Bruges (Flandre occidentale).....	Belgique.
Brugg (Argovie) (L.....	Suisse.
Brühl (OW) (L.....	Prusse.
Brujas (v. Bruges).....	Belgique.
Brundall.....	Grande-Bretagne.
Brundrut (v. Porrentruy).....	Suisse.
Brünn (N).....	Autriche (Moravie).
Bruno (F.....	Autriche (unter der Enns
Brunnecken (L).....	Autriche (Tyrol).
Brunsbüttel (EW) (L).....	Prusse (Holstein).
Brunshausen (EW) (L).....	Prusse (Hanovre).
Brunswick (EW).....	Brunswick.
Brusau (F).....	Autriche.
Brux (L).....	Autriche (Bohême).
Bruxelles (N).....	Belgique.
Brzezan (L).....	Autriche (Galicie).
Bubene (F).....	Autriche.
Buccari (L).....	Autriche (Croatie).
Bucharest (N).....	Moldo-Valachie.
Buchau (L).....	Wurtemberg.
Buchen (L).....	Bade.
Buchen (EW) (L.....	Prusse.
Buchloe (F).....	Bavière.
Buchs (FL).....	Suisse.
Buenne.....	Italie.
Buckau (EW) (L).....	Prusse.
Bückeburg (EW) (F).....	Lippe-Schaumbourg
Buckenham.....	Grande-Bretagne.
Buckingham.....	Grande-Bretagne.
Buckwall (EW) (F).....	Prusse.
Buczacz (L).....	Autriche (Galicie).
Buddenhagen (EW) (F).....	Prusse.
Bude v. Ofen.....	Autriche.
Badenera.....	Indes.
Bubesdorf.....	Autriche.
Budoa.....	Autriche (Dalmatie
Budweis (N).....	Autriche (Bohême).
Buggenhout (L).....	Belgique.
Buhl.....	Bade.
Buhler (L).....	Suisse.
Bur (OW) (F).....	Prusse.
Buitenpost (F).....	Pays-Bas.
Bukaczowce (F).....	Autriche (Galicie).
Balo (OW) (F).....	Prusse.
Bukk (F).....	Autriche.
Bulach (L).....	Suisse.
Bulle (Fribourg) (L).....	Suisse.
Bulsar.....	Indes.
Bünde (OW) (F).....	Prusse (Hanovre).
Buntingdorf (F).....	Grande-Bretagne.
Bunzen (Argovie) (L).....	Suisse.
Bunzlau (EW) (L).....	Prusse.
Burbach (OW) (F).....	Prusse.
Burdwan.....	Indes.
Buren (Berne).....	Suisse.
Burg (EW) (L).....	Prusse (Sleswig).
Burg (EW) (L).....	Prusse.
Burgau (F).....	Bavière.
Burgbernheim (F).....	Bavière.
Burgdorf (EW) (F).....	Prusse (Hanovre).
Burgdorf (voir Berthoud).....	Suisse.
Burgess Hill.....	Grande-Bretagne.
Burgfarnbach (F).....	Bavière.
Burghausen (L).....	Bavière.

NOMS des BUREAUX.	NATIONALITÉ.	NOMS des BUREAUX.	NATIONALITÉ.
Burghausen (OW) (F)	Prusse (Hesse-Cassel).	Burton-on-Trent	Grande-Bretagne.
Burgkemnitz (EW) (F)	Prusse.	Burton-Salmon	Grande-Bretagne.
Burgkundstadt (F)	Bavière.	Burxdorf (EW) (F)	Prusse.
Burglen (L)	Suisse.	Bury (Lancashire)	Grande-Bretagne.
Burglesum (EW) (F)	Prusse (Hanovre).	Bury-St-Edmunds	Grande-Bretagne.
Burgo de Osma (L)	Espagne.	Busalla (F)	Italie.
Burgos (N)	Espagne.	Bussolino (FL)	Italie.
Burgsteinfurt (OW) (L)	Prusse.	Busto-Arsizio (FL)	Italie.
Burhee	Indes.	Bustyahaza (L)	Autriche (Hongrie).
Burnham)F)	Grande-Bretagne.	Butow (EW) (L)	Prusse.
Burnley	Grande-Bretagne.	Butschwyl (L)	Suisse.
Burntisland	Grande-Bretagne.	Buttes (Neuchatel)	Suisse.
Burnt Mill	Grande-Bretagne.	Butzbach (OW) (F)	Prusse.
Bursa (v. Brousse)	Turquie d'Asie.	Butzow (L) (EV)	Mecklembourg.
Burscough (L)	Grande-Bretagne.	Buxtehude (EW) (L)	Prusse (Hanovre).
Burscough Bridge	Grande-Bretagne.	Buxton	Grande-Bretagne.
Burslem (F)	Grande-Bretagne.	Buzeu (N)	Moldo-Valachie.
Burstcheid (pr Aix-la-Chapelle)	Prusse.	Buzias (L)	Autriche (Hongrie).
Burstwicx (F)	Grande-Bretagne.	Byers-Green (L)	Grande-Bretagne.
Bursztyn (F)	Autriche (Galicie).	Bynea (L)	Grande-Bretagne.
Burton-Constable	Grande-Bretagne.		

NOMS des BUREAUX.	NATIONALITÉ.	NOMS des BUREAUX.	NATIONALITÉ.
Cabanas	Ile de Cuba.	Canterbury —— N	Grande-Bretagne.
Cabel (OW) (F)	Prusse.	Canterbury City	Grande-Bretagne.
Cabo da Rocca (Octaves) (Sém.)	Portugal.	Canterbury-Tow	Grande-Bretagne.
Cabra (L)	Espagne	Cauth EW F	Prusse.
Cachar	Indes.	Canto del Embarcadero	Ile de Cuba.
Caceres	Espagne.	Caobillas	Ile de Cuba.
Cadix N	Espagne.	Cape Clear	Grande-Bretagne.
Cadjavica (L)	Autriche.	Capelle-au-Bos L	Belgique.
Caermarthen	Grande-Bretagne.	Capellen OW F	Prusse.
Caernarvon	Grande Bretagne.	Capaanthorpe	Grande Bretagne.
Caes-dos-Soldados (Lisbonne)	Portugal.	Capo-d'Istria L	Autriche.
Cagli (L)	Italie.	Capoue	Italie.
Cagliari (Ile de Sardaigne)	Italie.	Cappellen F	Belgique.
Cahir (Irlande) L	Grande-Bretagne.	Cappeln EW F	Prusse-Sleswig.
Cahul N	Moldo-Valachie.	Capri Sém L	Italie.
Caibarien	Ile de Cuba.	Caraca N	Moldo-Valachie.
Caire (le)	Egypte.	Caravaggio FL	Italie.
Calafat N	Moldo-Valachie.	Carcagente N	Espagne.
Calamata	Grèce.	Cardenas	Ile de Cuba.
Calarasch N	Moldo-Valachie.	Cardiff N	Grande-Bretagne.
Calatayud N	Espagne.	Carisati L	Italie.
Calau EW L	Prusse.	Cork	Grande-Bretagne.
Calbe-s.-la-Saale EW L	Prusse.	Carlisle N	Grande-Bretagne.
Calcar OW L	Prusse.	Carloforte L	Italie.
Calcum OW F	Prusse.	Carlow Irlande	Grande-Bretagne.
Calcutta	Indes.	Carlowitz L	Autriche (Hongrie).
Caldas-da-Rainha	Portugal.	Carlsbad —— L	Autriche Bohême.
Caldas-de-Reyes L	Espagne.	Carlsburg L	Autriche Transylvanie.
Calicut	Indes.	Carlshafen OW F	Prusse Hesse-Cas.
Calingapatam	Indes.	Carlshamn	Suede.
*Callander	Grande Bretagne	Carlskrona	Suede.
Callenberg OW EL	Saxe Cobourg Gotha.	Carlsruhe N	Bade.
Calliano F	Autriche.	Carlstad	Suede.
Calmpthout L	Belgique.	Carlstadt	Autriche.
Calolzio (FL)	Italie.	Carlstadt F	Baviere.
Caltagirone (I. de Sicile) L	Italie.	Carlstein F	Autriche (Bohême).
Caltanisetta (Ile de Sicile)	Italie.	Carlton	Grande Bretagne.
Caluso (F)	Italie.	Carmagnola FL	Italie.
Calw (L)	Wurtemberg.	Carmona L	Espagne.
Camberwell	Grande Bretagne.	Carnforth	Grande-Bretagne.
Cambiano (FL)	Italie.	Carnoustie	Grande-Bretagne.
Camborne	Grande-Bretagne.	Carolina (la)	Espagne.
Cambridge N	Grande-Bretagne.	Carolinenhorst EW F	Prusse.
Camen (OW) F	Prusse.	Carolinensiel OW L	Prusse (Hanovre).
Camerino F	Italie.	Carouge Genève	Suisse.
Camerlata (FL)	Italie.	Carovigno FL	Italie.
Caminha (L)	Portugal.	Carpi L	Italie.
Cammin (Poméranie) (EW) L	Prusse.	Carrare	Italie.
Cammago (FL)	Italie.	Carrickfergus L	Grande-Bretagne.
Camogli (L)	Italie.	Carrick Junction Irlande L	Grande-Bretagne.
Camp (OW) (F)	Prusse (Nassau).	Carrich-on-Shannon L	Grande-Bretagne.
Campagna (L)	Italie.	Carrick on Suir (Irlande) L	Grande-Bretagne.
Campbelton	Grande-Bretagne.	Carrigtwohill	Grande-Bretagne.
Campiglia (L)	Italie.	Carron L	Grande-Bretagne.
Campina (N)	Moldo-Valachie.	Carshalton	Grande-Bretagne.
Campobasso	Italie.	Carstairs N	Grande-Bretagne.
Cambolung (N)	Moldo-Valachie.	Carthagene N	Espagne.
*Campo-Maior	Portugal.	Cartaxo L	Portugal.
Campo Marino (F)	Italie.	Casalbordino FL	Italie.
Cancello (FL)	Italie.	Casalbuttano	Italie.
Candela (L)	Italie.	Casale L	Italie.
Canelli (FL)	Italie.	Casalecchio FL	Italie.
Canicatti	Italie.	Casale-Maggiore L	Italie.
Cannamore (a)	Indes.	Casaletto Vaprio L	Italie.
Cannobbio (L)	Italie.	Casalpusterlengo FL	Italie.
Cannosa (Pouille) (L)	Italie.		
Canstatt	Wurtemberg.		
Cantalupo (FL)	Italie.		
Cantareira	Portugal.		

NOMS des BUREAUX.	NATIONALITÉ.
Casarsa (F)	Italie.
Cascaes (Sém.) (5)	Portugal.
Casebruciate (F)	Italie.
Casekow (EW) (F)	Prusse.
Caserte	Italie.
Cashel	Grande-Bretagne.
Casoria (L)	Italie.
Caspe (LM)	Espagne.
Cassano (FL)	Italie.
Cassel (OW)	Hesse-Cassel.
Cassine FL	Italie.
Cassino (L	Italie.
Castalguelfo (FL)	Italie.
Castasegna (L	Suisse.
Castebrea	Grande-Bretagne.
Casteggio (FL)	Italie.
Castelblaney	Grande-Bretagne.
Castel Bolognese (F	Italie.
Castelfranco (L)	Italie.
Castel-Franco Emilie (FL	Italie.
Castel-di-Sangro (L)	Italie.
Castelgandolfo (E)	Etats de l'Eglise.
Castellamare di Stabia	Italie.
Castellamare di Alcamo	Italie.
Castellastua (L	Autriche (Dalmatie).
Castelleone FL)	Italie.
Castello-Branco	Portugal.
Castellon de la Plana	Espagne.
Castelmaggiore (FL)	Italie.
Castelnuovo-Garfagnana (L)	Italie.
Castel-Nuovo (N	Autriche (Dalmatie).
Castelnuovo-ne Monti (L)	Italie.
Castel-san-Giovanni (FL	Italie.
Castel san Pietro F	Italie.
Casteltermini (L	Italie.
Castelvetrano (L	Italie.
Castiglione delle Stiviere (L)	Italie.
Castiglione Fiorentino (FL	Italie.
Castlebar (L	Grande-Bretagne.
Castleblaney (L)	Grande-Bretagne.
Castle Cary	Grande-Bretagne.
Castle Douglas (L	Grande-Bretagne.
Castleford	Grande-Bretagne.
Castle Hedingham (F	Grande-Bretagne.
Castle Howard	Grande-Bretagne.
Castlerea (L	Grande-Bretagne.
Castleton	Grande-Bretagne.
Castricum (F)	Pays-Bas.
Castrogiovanni (L	Italie.
Castroreale (L	Italie.
Castro-Urdiales (L)	Espagne.
Castrovillari $\frac{N}{2}$	Italie.
Catane (I. de Sicile) $\frac{N}{2}$	Italie.
Catanzar (N	Italie.
Caterham	Grande-Bretagne.
Caterham Junction	Grande-Bretagne.
Catford Bridge	Grande-Bretagne.
Cattaro (N)	Autriche (Dalmatie)
Cattolica (la) (F	Italie.
Caub (OW) (F)	Prusse (Nassau).
Cava de Tireni (L)	Italie.
Cavalla (L)	Turquie d'Europe.
Cavalese (L)	Autriche (Tyrol).
Cavallermaggiore (FL	Italie.
Cavan (Irlande) (L)	Grande-Bretagne.

NOMS des BUREAUX.	NATIONALITÉ.
Cavarzere (L)	Italie.
Cawnpore	Indes.
Cazbin	Perse.
Cecina (L)	Italie.
Cefalu (I. de Sicile) (L)	Italie.
Celle (EW)	Prusse (Hanovre).
Celles (Hainaut) (L	Belgique.
Celorico (L)	Portugal.
Centallo (FL)	Italie.
Cento (L)	Italie.
Ceprano (L)	Etats de l'Eglise.
Ceraino (F)	Italie.
Cerfontaine (Namur) (FL)	Belgique.
Cerignola (L)	Italie.
Cerreto Sannita (L	Italie.
Certosa (FL)	Italie.
Cesena (L)	Italie.
Ceva (L	Italie.
Chabatz	Servie.
Chalcis	Grèce.
Cham (F)	Bavière.
Cham	Suisse.
Chambrelien (Neuchâtel) F	Suisse.
Champlon (Luxembourg) (L)	Belgique.
Chanda	Indes.
Chapeltown	Grande-Bretagne.
Chard	Grande-Bretagne.
Chardroad (F)	Grande-Bretagne.
Charfield	Grande-Bretagne.
Charlbury	Grande-Bretagne.
Charleroi (Hainaut) (N	Belgique.
Charleville	Grande-Bretagne.
Charlottenbourg (EW) (L)	Prusse.
Charlton	Grande-Bretagne.
Chartham	Grande-Bretagne.
Chastre (FL)	Belgique.
Chatburn	Grande-Bretagne.
Chatelineau (Hainaut) (N	Belgique.
Chatel-St-Denis (Fribourg) (L)	Suisse.
Chatham $\frac{N}{2}$	Grande-Bretagne.
Chathill	Grande-Bretagne.
Chatteris	Grande-Bretagne.
Chaud-Fontaine (FL)	Belgique.
Chaumont (Neuchâtel) (BL)	Suisse.
Chaud-de-Fonds (la) (Neuchât.)	Suisse.
Chaves	Portugal.
Chelmsford	Grande-Bretagne.
Chelsea	Grande-Bretagne.
Cheltenham	Grande-Bretagne.
Chemnitz (EW) (N	Saxe.
Chêne (Genève)	Suisse.
Chenée (F)	Belgique.
Chepstow	Grande-Bretagne.
Cherso (L)	Autriche.
Chertsey (F)	Grande-Bretagne.
Chester (N)	Grande-Bretagne.
Chesterfield	Grande-Bretagne.
Chesterford (F)	Grande-Bretagne.
Chexbres (Vaud) (FL)	Suisse.
Chiaravalle (FL)	Italie.
Chiari (L	Italie.
Chiaromonte (L)	Italie.
Chiasso (L)	Suisse.
Chiavari (L)	Italie.
Chiavenna (L)	Italie.
Chicacolo	Indes.
Chichester	Grande-Bretagne.

NOMS des BUREAUX.	NATIONALITÉ.	NOMS des BUREAUX.	NATIONALITÉ.
Chiclana (LM)	Espagne.	Clare F	Grande-Bretagne.
Chieti	Italie.	Claremorris L	Grande-Bretagne.
Chilham	Grande-Bretagne.	Clarens (Vaud) (L)	Suisse.
Chilworth	Grande-Bretagne.	Clausthal (EW) (L)	Prusse (Hanovre).
Chimay (Hainaut) FL	Belgique.	Claverdon	Grande-Bretagne.
Chio (I. de Chio) (N. 27)	Turquie d'Asie.	Clay Cross	Grande-Bretagne.
Chioggia (I.)	Italie.	Cleckheaton	Grande-Bretagne.
Chiraz	Perse.	Cleten (v. Chiavenna)	Italie.
Chippenham (N)	Grande-Bretagne.	Clenze (EW) (L)	Prusse (Hanovre).
Chipping Campden	Grande-Bretagne.	Cleobury Mortimer	Grande-Bretagne.
Chipping Norton Junction	Grande-Bretagne.	Cles (L)	Autriche (Tyrol).
Chipping-Ongar (F)	Grande-Bretagne.	Cleve (OW) L	Prusse.
Chipping Warden	Grande-Bretagne.	Clevedon F	Grande-Bretagne.
Chirk (L)	Grande-Bretagne.	Cleven (v. Chiavenna)	Italie.
Chislehurst F	Grande-Bretagne.	Clifton (Bristol)	Grande-Bretagne.
Chittajong	Indes.	Clifton (Lancashire)	Grande-Bretagne.
Chitterham	Grande-Bretagne.	Clifton Junction	Grande-Bretagne.
Chivasso (F)	Italie.	Clitheroe	Grande-Bretagne.
Chlumetz (L)	Autriche (Bohême).	Clones L	Grande-Bretagne.
Chodorow (F)	Autriche (Galicie).	Clonmel (Irlande) (L)	Grande-Bretagne.
Chorin (EW) (F)	Prusse.	Clusone L	Italie.
Chorley	Grande-Bretagne.	Coalbrookdale	Grande-Bretagne.
Chotzen	Autriche.	Coalport	Grande-Bretagne.
Choumla (N)	Turquie d'Europe.	Coalville	Grande-Bretagne.
Chrast (F)	Autriche.	Coatbridge (N)	Grande-Bretagne.
Christchurch (FL)	Grande-Bretagne.	Coblentz O.W.	Prusse.
Christchurch Road	Grande-Bretagne.	Cobourg (EW)	Saxe-Cobourg-Gotha.
Christianfeld (EW) (L)	Prusse (Sleswig).	Coccaglio (FL)	Italie.
Christiania (N)	Norwège.	Cochem (OW) (L)	Prusse.
Christiansand	Norwège.	Cochin	Indes.
Christianstad	Suède.	Cockburnpath	Grande-Bretagne.
Christiansund	Norwège.	Cockermouth	Grande-Bretagne.
Christinehamn	Suède.	Coconada	Indes.
Chur voir Coire	Suisse.	Codnor Park	Grande-Bretagne.
Church Fenton	Grande-Bretagne.	Codogno (FL)	Italie.
Church Stretton	Grande-Bretagne.	Codroipo (F)	Italie.
Chybi	Autriche.	Codsall	Grande-Bretagne.
Ciares (par Gijon)	Espagne.	Coesfeld OW L	Prusse.
Ciego-de-Avila	Ile de Cuba.	Coïmbre (N)	Portugal.
Cienfuegos	Ile de Cuba.	Coire ou Chur	Suisse.
Cilly (L)	Autriche (Styrie).	Colberg (EW)	Prusse.
Cimbrisha (L)	Suède.	Colchester	Grande-Bretagne.
Ciney (Namur)	Belgique.	Coldstream	Grande-Bretagne.
C Cintra ——	Portugal.	Cole (près Bruton) (F)	Grande-Bretagne.
H L Cinquefronde (L)	Italie.	Coleford (L)	Grande-Bretagne.
Cirencester	Grande-Bretagne.	Coleraine (Irlande) (L)	Grande-Bretagne.
Ciro (L)	Italie.	Colico (L)	Italie.
Cisano (FL)	Italie.	Colmar (FL)	Luxembourg.
Cittadella (L)	Italie.	Collegno (FL)	Italie.
Citta-delle-Pieve (L)	Italie.	Collumpton (FL)	Grande-Bretagne.
Citta-Ducale (L)	Italie.	Coln v. Cologne	Prusse.
Citta-di-Castello (L)	Italie.	Colne	Grande-Bretagne.
Cittanuova (L)	Italie.	Cologna (L)	Italie.
Citta Vecchia (L)	Autriche (Dalmatie).	Cologne (OW) (N)	Prusse.
Ciudadela (Minorque) (24)	Espagne.	Colombier (Neuchâtel) (L)	Suisse.
Ciudad-Réal	Espagne.	Colombo	Indes (Ceylan).
Ciudad-Rodrigo	Espagne.	Colon	Ile de Cuba.
Cividale (L)	Italie.	Colonella (Sép)	Italie.
Civita-Castellana (L)	Etats de l'Eglise.	Colonia (v. Cologne)	Prusse.
Civitanuova (F)	Italie.	Colwall	Grande-Bretagne.
Civita-Vecchia (N)	Etats de l'Eglise.	Colwich	Grande-Bretagne.
Civitella-Roveto (L)	Italie.	Colyton (F)	Grande-Bretagne.
Clapham (Junction)	Grande-Bretagne.	Comacchio	Italie.
Clapham (London)	Grande-Bretagne.	Comblain au-Pont (L)	Belgique.
Clapham (Yorkshire)	Grande-Bretagne.	Comblain-la-Tour (L)	Belgique.
Clapton	Grande-Bretagne.	N Côme ——	Italie.
Clara (Irlande) (L)	Grande-Bretagne.	Comilla	Indes.

NOMS des BUREAUX.	NATIONALITÉ.	NOMS des BUREAUX.	NATIONALITÉ.
Comines (Flandre occident.) (F)	Belgique.	Courtray (Flandre occ.) (N)..	Belgique.
Comiso (Vaud)	Italie.	Court-Saint-Etienne (FL)	Belgique.
Commercial Docks (L	Grande-Bretagne.	Couvet (Neuchâtel) (L)	Suisse.
Conceise (Vaud) (L)	Suisse.	Couvin (Namur) (FL)	Belgique.
Conegliano (FN)	Italie.	Coventry $\frac{N}{2}$	Grande-Bretagne.
Congleton	Grande-Bretagne.	Covilha (L)	Portugal.
Coni (Cunéo)	Italie.	Cowbridge (Glamor)	Grande-Bretagne.
Coniston	Grande-Bretagne.	Cowes (Ile de Wight)	Grande-Bretagne.
Conitz (EW) (L	Prusse.	Coxhoe (L)	Grande-Bretagne.
Consett (L	Grande-Bretagne.	Coxwold	Grande-Bretagne.
Consolacion del-Sur	Ile de Cuba.	Cozzo-Spadaro (Sém (L	Italie.
Constadt (EW) (L	Prusse.	Cracovie (N)	Autriche (Galicie).
Constanz	Bade.	Crailsheim	Wurtemberg.
Constantinople (N) 28	Turquie d'Europe.	Craïova (N)	Moldo-Valachie.
Contich F	Belgique.	Cranenburg (OW) F	Prusse.
Convers (Neuchâtel F	Suisse.	Cranley	Grande-Bretagne.
Conway	Grande-Bretagne.	Cranz (EW) (L	Prusse.
Conz (OW) (F)	Prusse.	Graven Arms	Grande-Bretagne.
Cooksbridge	Grande-Bretagne.	Crawley	Grande-Bretagne.
Cookstown (L	Grande-Bretagne.	Crediton F	Grande-Bretagne.
Cooper Bridge	Grande-Bretagne.	Creetown (L	Grande-Bretagne.
Copenhague-Kjœbenhavn (N)	Danemark.	Crefeld (OW	Prusse.
Copnick (EW) (F	Prusse.	Creglingen (L	Wurtemberg.
Coppet (Vaud) (L	Suisse.	Creme (FL)	Italie.
Coppleston	Grande-Bretagne.	Crémone	Italie.
Corato (L	Italie.	Creutzburg (Silésie) EW (L	Prusse.
Corbach (OW) (L	Waldeck.	Creutzthal (OW) (F)	Prusse.
Corbetha (EW) (F	Prusse.	Crewe (N	Grande-Bretagne.
Corcelles (Neuchâtel) (FL	Suisse.	Crewkerne (F)	Grande-Bretagne.
Cordoba (v. Cordone	Espagne.	Crief	Grande-Bretagne.
Cordone	Espagne.	Crimmitzschau (EW) (F	Saxe.
Corfou	Ile de Corfou.	Cromer (N	Grande-Bretagne.
*Corigliano (L	Italie.	Cronach (voir Kronach)	Bavière.
Corinthe	Grèce.	Cronenberg (OW) (L	Prusse.
Cork (Irlande $\frac{FN}{2}$	Grande-Bretagne	Crook	Grande-Bretagne.
Corleone (L)	Italie.	Crookhaven (L	Grande-Bretagne.
Corlin (EW) (L)	Prusse.	Crooklands	Grande-Bretagne.
Cormons (N)	Grande-Bretagne.	Cropredy	Grande-Bretagne.
Cornbrook	Autriche.	Crosby	Grande-Bretagne.
Corneto (L	Etats de l'Eglise.	Crossen-s.-l'Oder EW (L)	Prusse.
Cornhill ou Coldstream	Grande-Bretagne.	Crossen près Zeitz (EW) (F)	Prusse.
Corogne (la) (N)	Espagne.	Crowcombe-Heathfield	Grande-Bretagne.
Correiogeral (Lisbonne)	Portugal.	Crowle (L)	Grande-Bretagne.
Corsena (bains de) (B	Italie.	Croydon (East	Grande-Bretagne.
Corsham	Grande-Bretagne.	Croydon South	Grande-Bretagne.
Cortenbergh (L)	Espagne.	Croydon (West) $\frac{N}{2}$	Grande-Bretagne.
Cortina d'Ampezzo (L)	Autriche (Tyrol).	Crumlin	Grande-Bretagne.
Cortes (15)	Portugal.	Crystal Palace	Grande-Bretagne.
Cortona (L	Italie.	Csaba (L)	Autriche.
Cortryk (v. Courtrai)	Belgique.	Csaba Keresztur (F	Autriche (Hongrie).
Corunna (v. Corogne)	Espagne.	Csakathurn	Autriche (Hongrie).
Cosel (EW)	Prusse.	Cservenka (L)	Autriche (Hongrie).
Cosenza (N)	Italie.	Csikvar (F	Autriche (Hongrie).
Cosham (F)	Grande-Bretagne.	Cuba	Ile de Cuba.
Coslin (EW) (F	Prusse.	Cucciago (FL)	Italie.
Cossonay (Vaud) (L)	Suisse.	Cuddalore	Indes.
Coswig (EW) (F)	Anhalt-Dessau.	Cudowa (EW) (L	Prusse
Coswig (EW) (F)	Saxe.	Cuenca	Espagne.
Côte-aux-Fées (Neuchâtel) (N)	Suisse.	Culemborg (L)	Pays-Bas.
Cöthen (EW)	Anhalt-Cothen.	Culham	Grande-Bretagne.
Cotrone	Italie.	Cully (Vaud) (L)	Suisse.
Cottbus (EW)	Prusse.	Culm (EW) (L)	Prusse.
Cottingham (F)	Grande-Bretagne.	Culmbach (L)	Bavière.
Couillet (Hainaut) (F)	Belgique.	Culmsée (EW) (L)	Prusse.
Coupar Angus	Grande-Bretagne.	Cunéo (voir Coni)	Italie.
Courmayeur (LB	Italie.		
Courtelary (Berne) (L)	Suisse.		

NOMS des BUREAUX.	NATIONALITÉ.	NOMS des BUREAUX.	NATIONALITÉ.
Cupar	Grande-Bretagne.	Czarna	Autriche (Galicie).
Curragh Camp (Irlande) (L)	Grande-Bretagne.	Czaslau (L)	Autriche (Bohême).
Curzola (L)	Autriche (Dalmatie).	Czasza (L)	Autriche (Hongrie).
Curtea de Argesch (N)	Moldo-Valachie.	Czegled	Autriche (Hongrie).
Custrin (EW) (L)	Prusse.	Czempin (EW) (L)	Prusse.
Cuttack	Indes.	Czernitz (EW) F	Prusse.
Cuxhaven (EW)	Ville de Hambourg.	Czernowitz (N)	Autriche (Bukowine).
Cuxton	Grande-Bretagne.	Czerwinsk (EW) F	Prusse.
Czakova (L)	Autriche (Hongrie).	Czerwionka (EW) (FL)	Prusse.
Czany (F)	Autriche (Hongrie).	Czorthow (L)	Autriche (Galicie).

NOMS des BUREAUX.	NATIONALITÉ.	NOMS des BUREAUX.	NATIONALITÉ.
Dacca	Indes.	Denzlingen	Bade.
Dachau (FC)	Bavière	Deptford (L)	Grande-Bretagne.
Dachsen (F	Suisse.	Dera, Ghazee Khan	Indes.
Daschsfelden (voir Travannes)	Suisse.	Dera, Ismail Khan	Indes.
Dagebüll (EW) (L)	Prusse (Sleswig).	Derby (N)	Grande-Bretagne.
Dahlen EW) (F	Saxe.	Dereham (F)	Grande-Bretagne.
Dailly	Grande-Bretagne.	Dernis (L)	Autriche (Dalmatie).
Daisy Field	Grande-Bretagne.	Derwyd-Road (L	Grande-Bretagne.
Dal (F)	Norwége.	Desborough	Grande-Bretagne.
Delaroo (L'	Suède.	Desenzano (L)	Italie.
Dalbeattie (Irlande) (L	Grande-Bretagne.	Desford	Grande-Bretagne.
Dalkeith (F	Grande-Bretagne.	Desio (FL)	Italie.
Dallau (L)	Bade.	Dessau (EW	Anhalt-Dessau.
Dalmellington	Grande-Bretagne.	Detmold (OW) (L	Lippe-Delmold.
Dalry	Grande-Bretagne.	Detta (L	Autriche (Hongrie).
Dalry-Junction	Grande-Bretagne.	Dettelbach (F	Bavière.
Dalton (Lancashire	Grande-Bretagne.	Deurne F	Pays-Bas.
Dalton (Junction	Grande-Bretagne.	Deutschbrood (L	Autriche (Bohême).
Damagodium	Indes.	Deutschcrone (EW) (L	Prusse.
Dannenberg (EW) (L	Prusse (Hanovre).	Deutz (OW) (L	Prusse.
Dantzig (EW) N/2	Prusse.	Deux-Ponts v. Zweibrucken	Bavière.
Darching (F	Bavière.	Deva (L	Autriche (Transylvanie).
Dardanelles (N. 23	Turquie d'Asie.	Deva (BL	Espagne.
Darjeeling	Indes.	Deventer	Pays-Bas.
Darkehmen (EW) (L'	Prusse.	Devizes	Grande-Bretagne.
Darlaston	Grande-Bretagne.	Dewsbury	Grande-Bretagne.
Darlington N	Grande-Bretagne.	Deynze	Belgique.
Darmstadt (OW) (L	Hesse-Darmstadt.	Dharwar	Indes.
Darsham or Yoxford	Grande-Bretagne.	Dhoolia	Indes.
Dartford	Grande-Bretagne.	Diakovar (L	Autriche (Esclav.).
Dartmoor Prisons	Grande-Bretagne.	Diamond Harbour	Indes.
Dartmouth	Grande-Bretagne.	Diano-Marina (L	Italie.
Darwen	Grande-Bretagne.	Diarbekir (N	Turquie d'Asie.
Dauba (L'	Autriche (Bohême).	Dideot (N	Grande-Bretagne.
Dave (Namur) (FL	Belgique.	Diedort (F)	Bavière.
Davos (L)	Suisse.	Dickirch (FL)	Luxembourg.
Dawlish	Grande-Bretagne.	Diepholz (OW) (L	Prusse (Hanovre).
Deal N/2	Grande-Bretagne.	Diessenhofen (L	Suisse.
Debica (F)	Autriche (Galicie).	Diest (L	Belgique.
Debreczin (N)	Autriche (Hongrie).	Dietendorf (EW) (F)	Saxe-Cobourg-Gotha
Deddington (L)	Grande-Bretagne.	Dietikon (FL'	Suisse.
Dées (L	Autriche (Transylvanie).	Dietmansried (F	Bavière.
Deesna	Indes.	Diez (OW) (F	Prusse (Nassau).
Deetzbull (EW) (L)	Prusse (Sleswig).	Difford	Grande-Bretagne.
Degow (EW) (F)	Prusse.	Dignano (L	Autriche (Styrie).
Defford	Grande-Bretagne.	Dillenburg (OW) (F	Prusse.
Deggendorf (L)	Bavière.	Dillingen (OW) (F	Prusse.
Deggengen-a.-d.Fils (L)	Wurtemberg.	Dinant (Namur)	Belgique.
Deidesheim (L	Bavière.	Dinglingen	Bade.
Deisenhofen (F	Bavière.	Dingwall	Grande-Bretagne.
Oehlen (F)	Pays-Bas.	Dinkelscherben (F	Bavière.
Délémont ou Delsberg (Berne) (L)	Suisse.	Dinmore	Grande-Bretagne.
Delfshaven (L)	Pays-Bas.	Dinnyes (F	Autriche (Hongrie).
Delft (L)	Pays-Bas.	Dinslaken (OW) (F	Prusse.
Delfzyl (L)	Pays-Bas.	Dinton (F	Grande-Bretagne.
Delhi	Indes.	Diószeg	Autriche (Hongrie).
Delitzsch (EW) (L)	Prusse.	Dirksland (P	Pays-Bas.
Delmenhorst (OW) (L)	Oldenbourg.	Dirschau (EW)	Prusse.
Delsberg (voir Delémont)	Suisse.	Disentis (L	Suisse.
Demmin (EW) (L)	Prusse.	Dison (L)	Belgique.
Denbigh	Grande-Bretagne.	Diss (F	Grande-Bretagne.
Denby Dale	Grande-Bretagne.	Dittersbach (EW) (F)	Prusse.
Denderleeuw (F)	Belgique.	Divacca (F	Autriche (Littorale).
Dendermund (v. Termonde)	Belgique.	Dixmude (Flandre Occid.) (FL)	Belgique.
Denia (L)	Espagne.	Djoulla (N)	Russie du Caucase.
		Doberan (EW) (B	Mecklembourg.
		Dobrichowitz (F	Autriche (Bohême).
		Dobschau (L)	Autriche (Hongrie).
		Dock (L	Grande-Bretagne.

NOMS des BUREAUX	NATIONALITÉ.
Doebeln (EW) (F..............	Saxe.
Doelitz (EW) (F).............	Prusse.
Dogern....................	Bade.
Doische (Namur) (FL)......	Belgique.
Dokkum...................	Pays-Bas.
Dolhain (F.................	Belgique.
Dolnij-Miholjac L..........	Autriche (Esclav.
*Dolo (F..................	Italie.
*Domegliara (F............	Italie.
Domo-d'Ossola L...........	Italie.
Dommeldange Fl...........	Luxembourg.
Donaghadee L..............	Grande-Bretagne.
Donaueschingen F.........	Duché de Bade.
Donauwörth...............	Bavière.
Doncaster N...............	Grande-Bretagne.
Dorchester................	Grande-Bretagne.
Dordrecht.................	Pays-Bas.
Dorking...................	Grande-Bretagne.
Dormagen (OW, F.........	Prusse.
Dornbirn (L...............	Autriche (Vorarlb.
Dornick (v. Tournay)......	Belgique.
Dornigheim Hochstadt OW F	Hesse-Cassel.
Dorohoiu N...............	Moldo-Valachie.
Dorpat....................	Russie d'Europe.
Dorrington................	Grande-Bretagne.
Dortmund OW.............	Prusse.
Dorum (EW) (L...........	Prusse (Hanovre).
Dorzbach (L)..............	Wurtemberg.
Doulmo...................	Russie d'Europe.
Douglas L.................	Grande-Bretagne.
Dour (Hainaut) L.........	Belgique.
Dover (Danvres) $\frac{N}{2}$......	Grande-Bretagne.
Dovre.....................	Norwége.
Dowlais...................	Grande-Bretagne.
Dowlai Iswaram...........	Indes.
Downham (F..............	Grande-Bretagne.
Downpatrick L............	Grande-Bretagne.
Dragoer P................	Danemark.
Dramburg (EW) L.........	Prusse.
Drammen.................	Norwége.
Dransfeld (EW) F.........	Prusse (Hanovre).
Drayton *.................	Grande-Bretagne.
Drem (F..................	Grande-Bretagne.
Drenkova (L..............	Autriche (Hongrie).
Drensteinfurt (OW) (F)...	Prusse.
Dresde (EW) N...........	Saxe.
Driburg (OW) (F).........	Prusse.
Driesen EW F............	Prusse.
Driffield..................	Grande-Bretagne.
Drochtersen (EW) L.......	Prusse (Hanovre).
Droebak..................	Norwége.
Drogheda (Irlande)........	Grande-Bretagne.
Drohobycz................	Autriche (Galicie).
Droitwich.................	Grande-Bretagne.
Drontheim (Throndhjem)....	Norwége.
Drossen (EW) (L).........	Prusse.
Drottningholm (L 44)......	Suède.
Drumlithie................	Grande-Bretagne.
Drumsough (Irlande........	Grande-Bretagne.
Dubbeln (B................	Russie d'Europe.
Dublin (Irlande) $\frac{N}{2}$......	Grande-Bretagne.
Dubton...................	Grande-Bretagne.
Ducherow (EW F..........	Prusse.
Duderstadt (EW L.........	Prusse (Hanovre).
Dudley $\frac{N}{2}$............	Grande-Bretagne.
Dudley Port..............	Grande-Bretagne.
Dudweiler (OW (F........	Prusse.
Duffel (FL................	Belgique.
Duffryn L................	Grande-Bretagne.
Duisbourg OW............	Prusse.
Dukla L..................	Autriche (Galicie.
Dulken OW L.............	Prusse.
Dumbarton................	Grande-Bretagne.
Dumfermline..............	Grande-Bretagne.
Dumfries L...............	Grande-Bretagne.
Danabourg N.............	Russie d'Europe.
Dunady L................	Grande-Bretagne.
Duna Foldvar I...........	Autriche (Hongrie).
Dunakecz F...............	Autriche (Hongrie).
Dunbar F.................	Grande-Bretagne.
Dunblane.................	Grande-Bretagne.
Duncannon (Wexford) F....	Grande-Bretagne.
Dundalk (Irlande..........	Grande-Bretagne.
Dundee $\frac{N}{2}$............	Grande-Bretagne.
Dundrum L...............	Grande-Bretagne.
Dunford Bridge...........	Grande-Bretagne.
Dungannon (Tyrone) (Irl. (L)	Grande-Bretagne.
Dungarvan (Waterford) F...	Grande-Bretagne.
Dunkeld..................	Grande-Bretagne.
Dunkettle................	Grande-Bretagne.
Dunleer L................	Grande-Bretagne.
Dunmanway L.............	Grande-Bretagne.
Dunoon..................	Grande-Bretagne.
Dunse F..................	Grande-Bretagne.
Dunstable F..............	Grande-Bretagne.
Duradji..................	Turquie d'Asie.
Durazzo L................	Turquie d'Europe.
Duren OW L..............	Prusse.
Durenberg EW F..........	Prusse.
Durenzimmern F..........	Bavière.
Durham...................	Grande-Bretagne.
Durham pass. station......	Grande-Bretagne.
Durkheim L...............	Bavière.
Dürnkrut.................	Autriche.
Durlach..................	Bade.
Durrheim L...............	Bade.
Durston L................	Grande-Bretagne.
Dusseldorf OW............	Prusse.
Duvre (v. Douvres)........	Grande-Bretagne.
Dylta (F.................	Suède.
Dynow L.................	Autriche (Galicie).
Dzieditz.................	Autriche (Silésie).
Dzieschowitz EW (F.......	Prusse.

NOMS des BUREAUX.	NATIONALITÉ.	NOMS des BUREAUX.	NATIONALITÉ.
Ealing	Grande-Bretagne.	Ekersund	Norwége.
Earley (F)	Grande-Bretagne.	Ekesjo (L)	Suède.
Eastbourne	Grande-Bretagne.	Elbassan	Turquie d'Europe.
East Farleigh	Grande-Bretagne.	Elberfeld (OW)	Prusse.
East Grinstead	Grande-Bretagne.	Elbeteinitz (F)	Autriche (Bohême).
Eastwood	Grande-Bretagne.	Elbing (EW)	Prusse.
East Woolwich	Grande-Bretagne.	Elbogen (L)	Autriche (Bohême).
Ebbw Vales	Grande-Bretagne.	Elbogen (v. Malmoe)	Suède.
Ebeleben (EW) (L)	Schwarzbourg Soudershausen.	Elburg-Epe (P)	Pays-Bas.
Ebelsbach (F)	Bavière.	El-Carmen	Ile de Cuba.
Ebeltoft (L	Danemark.	El-Cristo	Ile de Cuba.
Ebensfeld (F)	Bavière.	Eletz	Russie d'Europe.
Eberbach (L)	Bade.	Elgin	Grande-Bretagne.
Ebersbach (EW) (L)	Saxe.	Elisabethgrad	Russie d'Europe.
Ebersbach	Wurtemberg.	Elisabethstadt (L)	Autriche (Transylvanie).
Ebersdorf (EW	Saxe-Cobourg-Gotha.	Elland	Grande-Bretagne.
Eberstadt (OW) (F) (1)	Hesse-Darmstadt.	Ellera (FL)	Italie.
Ebingen (L	Wurtemberg.	Ellwangen (L)	Wurtemberg.
Ebnat (L)	Suisse.	Elmer's End (F)	Grande-Bretagne.
Eboli (L)	Italie.	Elmhult F	Suède.
Ecaussines (Hainaut)	Belgique.	Elmshorn (EW) (L)	Prusse (Holstein).
Eccles	Grande-Bretagne.	El-Mulato	Ile de Cuba.
Echallens (Vaud)	Suisse.	Elopatak (BL)	Autriche (Transylvanie).
Ecija (L)	Espagne.	Elsecar (L)	Grande-Bretagne.
Eckernförde (EW) (L)	Prusse (Sleswig).	Elseneur	Danemark.
Eckington	Grande-Bretagne.	Elsenham	Grande-Bretagne.
Edam (L)	Pays-Bas.	Elsfleth (OW) (L)	Oldenbourg.
Edenbridge	Grande-Bretagne.	Elster (EW) (B) (12	Saxe.
Edenkoben (L)	Bavière.	Eltersdorf (F)	Bavière.
Eden Quay	Grande-Bretagne.	Eltville (OW) (F)	Prusse (Nassau).
Ederbauer (F)	Autriche.	Elvas (N)	Portugal.
Edinbourg (N)	Grande-Bretagne.	Elverum (F)	Norwége.
Edington-Road (F)	Grande-Bretagne.	Ely (N)	Grande-Bretagne.
Edmonton	Grande-Bretagne.	Elze (EW) (F)	Prusse (Hanovre).
Edolo (L)	Italie.	Emden (OW) (N)	Prusse (Hanovre).
Eecloo (FL)	Belgique.	Emmenhof (filature) Soleure (L)	Suisse.
Efremow (L)	Russie d'Europe.	Emmerich (OW) (L)	Prusse.
Efringen	Bade.	Emmindingen	Bade.
Egeback	Danemark.	Empel (OW) (F)	Prusse.
Egeln (EW) (L)	Prusse.	Empoli (F)	Italie.
Eger	Autriche (Bohême).	Ems (B)	Prusse (Nassau).
Eggesforf	Grande-Bretagne.	Emskirchen (F)	Bavière.
Eggolsheim (F)	Bavière.	Emstetten (OW) (F)	Prusse.
Eghezée (Namur) (L)	Belgique.	Emsworth	Grande-Bretagne.
Egham (F)	Grande-Bretagne.	Endingen (L)	Bade.
Ebingen (L)	Wurtemberg.	Endingen (Argovie) (L)	Suisse.
Ehrenbreitstein (OW) (L)	Prusse.	Endorf (F)	Bavière.
Ehrenfeld (OW) (F)	Prusse.	Enfield (Middlesex) (F)	Grande-Bretagne.
Ehrenhausen (F)	Autriche (Styrie).	Enfield (Irlande) (L)	Grande-Bretagne.
Ehringshausen (OW) (F)	Prusse.	Engelholm (L)	Suède.
Eiban (EW) (L)	Saxe.	Engelskirchen (OW) (L)	Prusse.
Eibenstock (EW) (L)	Saxe.	Engen (L)	Bade.
Eidskog (F)	Norwége.	Enghien (Hainaut)	Belgique.
Eidsvold (F)	Norwége.	Engis (FL)	Belgique.
Eilenburg (EW) (L)	Prusse.	Eningen (L)	Wurtemberg.
Einbeck (EW) (L)	Prusse (Hanovre).	Enkœping (L)	Suède.
Eindhoven (L)	Pays-Bas.	Enkhuizen (L)	Pays-Bas.
Einsiedel (L)	Autriche (Bohême).	Ennis (Irlande) (L)	Grande-Bretagne.
Einsielden (L)	Suisse.	Enniscorsty (L)	Grande-Bretagne.
Eisenach (EW)	Saxe-Weimar.	Enniskillen (Irlande) (L)	Grande-Bretagne.
Eisenbrod (F)	Autriche (Bohême).	Enns (F)	Autriche (Hongrie).
Eisfeld (EW) (F)	Saxe-Meiningen.	Enramadas	Ile de Cuba.
Eisenstadt (L)	Autriche (Hongrie).	Enschedé (L)	Pays-Bas.
Eisleben (EW) (L)	Prusse.	Ensdorf (OW) (F)	Prusse.
Eistrup (EW) (F)	Prusse (Hanovre).	Ensival (FL)	Belgique.
Eitorf (OW) (F)	Prusse.	Entlebuch (L)	Suisse.
Ekaterinburg (N)	Russie d'Europe.	Entwistle	Grande-Bretagne.
Ekaterinoslaw	Russie d'Europe.	Enzberg (F)	Wurtemberg.
Ekeness (L)	Russie d'Europe.	Eperies (L)	Autriche (Hongrie).

NOMS des BUREAUX.	NATIONALITÉ.	NOMS des BUREAUX.	NATIONALITÉ.
Eplatures (Neuchâtel) (F)	Suisse.	Esperod (F)	Suède.
Epping (F)	Grande-Bretagne.	Espevaer (F)	Norwége.
Eppingen (L)	Bade.	Espozende (Porto) (L)	Portugal.
Epsom	Grande-Bretagne.	Esschen (FL)	Belgique.
Epsom-Downs	Grande-Bretagne.	Essegg Festung (N) (20)	Autriche (Esclavonie).
Erba (L)	Italie.	Essegg Oberstadt (N)	Autriche (Esclavonie).
Erbach	Wurtemberg.	Essen (OW)	Prusse.
Erdmannsdorf (EW) (L)	Prusse.	Essendine	Grande-Bretagne.
Erdmannsdorf (EW) (F)	Saxe.	Essendorf	Wurtemberg.
Erfurt (EW)	Prusse.	Esslingen	Wurtemberg.
Ergolsbach (F)	Bavière.	Estavager ou Staffis (Fribourg) (L)	Suisse.
Ericeira L/BC	Portugal.	Este (L)	Italie.
Erith	Grande-Bretagne.	Eston (L)	Grande-Bretagne.
Erivan (N)	Russie du Caucase.	Estremoz	Portugal.
Erkelenz (OW) (F)	Prusse.	Etalle (Luxembourg)	Belgique.
Erkner (EW)	Prusse.	Etchingham	Grande-Bretagne.
Erkhrat (OW) (F)	Prusse	Etherley	Grande-Bretagne.
Erlangen	Bavière.	Ettelbruck (FL)	Luxembourg.
Erlau	Autriche (Hongrie).	Ettenheim (L)	Bade.
Erlen (FL)	Suisse.	Ettlingen	Bade.
Ermatingen (L)	Suisse.	Etzelwang (F)	Bavière.
Ermetzhofen (F)	Bavière.	Eubigheim (L)	Bade.
Ernsthal-Hohenstein	Saxe.	Eupen (OW) (L)	Prusse.
Ernstthal (L)	Bade.	Euskirchen (OW) (F)	Prusse.
Erquelinnes (Hainaut) (F)	Belgique.	Eutin (EW) (L)	Oldenbourg.
Ersingen	Bade.	Euxton Junction	Grande-Bretagne.
Erzingen	Bade.	Evenwood (L)	Grande-Bretagne.
Eschede (EW) (F)	Prusse (Hanovre).	Evesham	Grande-Bretagne.
Escholzmatt (L)	Suisse.	Evora	Portugal.
Esch sur Alzette (FL)	Luxembourg.	Ewell (Surrey)	Grande-Bretagne.
Eschwege (OW) (L)	Prusse.	Ewell (Kent)	Grande-Bretagne.
Eschweiler (OW) (L)	Prusse.	Exeter N/2	Grande-Bretagne.
Esens (OW) (L)	Prusse (Hanovre).	Exminster (L)	Grande-Bretagne.
Esher (Surrey) (F)	Grande-Bretagne.	Exmouth (F)	Grande-Bretagne.
Eshbank (F)	Grande-Bretagne.	Eyach	Wurtemberg.
Eskilstuna	Suède.	Eydtkuhnen (EW) (N)	Prusse.
Esloef (F)	Suède.	Eylau (Preussich) (EW) (L)	Prusse.
Esneux (L)	Belgique.	Eynesford	Grande-Bretagne.

NOMS des BUREAUX.	NATIONALITÉ.
Faaborg (P)	Danemark.
Fabriano (FL	Italie.
Facset (L	Autriche (Transylv.)
Faenza (L)	Italie.
Fahlun (F)	Suède.
Fahrwangen Argovie, (L)	Suisse.
Faido (L	Suisse.
Fakenham F	Grande-Bretagne.
Falconara (FL)	Italie.
Falgendorf (F	Autriche (Bohême).
Falkenau L	Autriche (Bohême).
Falkenberg (EW (Silésie) (L	Prusse.
Falkenberg (L	Suède.
Falkenberg (EW) (F)	Prusse.
Falkenburg (EW (L)	Prusse.
Falkenstein (EW, (F)	Saxe.
Falkœping (F	Suède.
Falkirk (Grahanston)	Grande-Bretagne.
Falmouth (N/2)	Grande-Bretagne.
Faltschin (N)	Moldo-Valachie.
Fano (L)	Italie.
Fao ou Fava (N)	Turquie d'Asie.
Farciennes (Hainaut) (F	Belgique.
Fareham (F)	Grande-Bretagne.
Farnham (F)	Grande-Bretagne.
Farnborough	Grande-Bretagne.
Farningham (Kent)	Grande-Bretagne.
Faro	Portugal.
Farringdon	Grande-Bretagne.
Farringdon Road ou Uffington	Grande-Bretagne.
Farrington	Grande-Bretagne.
Farsund (L)	Norwége.
Fasano (L)	Italie.
Fava (voir Fao)	Turquie d'Asie.
Favara (L	Italie.
Faversham (N/2)	Grande-Bretagne.
Fay Gate	Grande-Bretagne.
Featherstone	Grande-Bretagne.
Fedderwardersbield (OW)	Oldenbourg.
Fegyvernek (F)	Autriche (Hongrie).
Feldaffing (F)	Bavière.
Feldbach (L)	Suisse (Zurich).
Feldkirch (N	Autriche (Vorarlberg).
Feldmoching (F)	Bavière.
Felegyhaza (F	Autriche (Hongrie).
Felixdorf F	Autriche.
Fellheim (F)	Bavière.
Fellingsbro (F)	Suède.
Fellizzano (FL)	Italie.
Folsenau (Berne) (L)	Suisse.
Feltham	Grande-Bretagne.
Feltre (L)	Italie.
Feluy Arquennes (Hainaut) (FL)	Belgique.
Fence Houses (F)	Grande-Bretagne.
Fenestrelle (L)	Italie.
Fenny-Compton	Grande-Bretagne.
Ferdinandshof (EW) (F)	Prusse.
Ferentino (L)	Etats de l'Eglise.
Fermo (L)	Italie.
Fermoy (Irlande)	Grande-Bretagne.
Ferrandina (L)	Italie.
Ferrare (N)	Italie.
Ferrière (la) (Berne) (L)	Suisse.
Ferrol (le) (N)	Espagne.
Ferryhil	Grande-Bretagne.
Fetsund (F)	Norwége.
Feuerbach	Wurtemberg.
Ficarolo (L)	Autriche.
Fiddown (L)	Grande-Bretagne.
Figline (FL)	Italie.
Figueira da Foz	Portugal.
Figueras (N)	Espagne.
Filhene (EW) (F)	Prusse.
Filey	Grande-Bretagne.
Filey (During Summer Season)	Grande-Bretagne.
Filipstad (L)	Suède.
Fimber	Grande-Bretagne.
Finale Modène (L)	Italie.
Finalmarina (L)	Italie.
Finkenheerd (EW) F)	Prusse.
Finkenwalde (EW) (F)	Prusse.
Finnentrop (OW) (F)	Prusse.
Finsterwalde (EW) (L)	Prusse.
Firenzuola FL	Italie.
Firsby	Grande-Bretagne.
Fischbach (F)	Bavière.
Fischbach (OW) F	Prusse.
Fischhausen (EW) (L)	Prusse.
Fischenthal (L)	Suisse.
Fiume (N)	Autriche.
Fivizzano (L)	Italie.
Flawyl (L)	Suisse.
Flaxton	Grande-Bretagne.
Fleckefjord	Norwége.
Fleetwood	Grande-Bretagne.
Flemalle (F)	Belgique.
Flensbourg (EW) N)	Prusse (Sleswig).
Flessingue ou Vlissengen	Pays-Bas.
Fleurier (Neuchâtel) (L)	Suisse.
Fleurus (Hainaut) (FL)	Belgique.
Flint	Grande-Bretague.
Floha (EW) (F)	Saxe.
Floreffe (Namur) (F)	Belgique.
Florence (N)	Italie.
Florennes (Namur) (FL)	Belgique.
Florenville (Luxembourg) (L)	Belgique.
Floridsdorf	Autriche.
Floroen (L) (N/2)	Norwége.
Fluelen (HC) (L)	Suisse.
Fluntern (L)	Suisse.
Focschan (N)	Moldo-Valachie.
Fogaras (L)	Autriche (Transylv.)
Foggia (N)	Italie.
Folkestone (Junction)	Grande-Bretagne.
Folkestone Harbour (N/2)	Grande-Bretagne.
Follonica (HL)	Italie.
Foltizeni (N)	Moldo-Valachie.
Fondi (L)	Italie.
Fontaines (Neuchâtel) (L)	Suisse.
Fontaine-l'Evêque (Hainaut) FL)	Belgique,
Forchheim (F)	Bavière.
Ford	Grande-Bretagne.
Fordoun	Grande-Bretagne.
Forest Hill (N/2)	Grande-Bretagne.
Forfar	Grande-Bretagne.
Forli	Italie.
Forlimpopoli (L)	Italie.
Formby	Grande-Bretagne.

NOMS des BUREAUX.	NATIONALITÉ.	NOMS des BUREAUX.	NATIONALITÉ.
Formia (L.)	Italie.	Freudenthal L	Autriche (Silésie).
Forres	Grande-Bretagne.	Freystadt Silésie EW L	Prusse.
Forst (EW) L	Prusse.	Fribourg Fribourg	Suisse.
Forro Encs F	Autriche (Hongrie).	Frick Argovie F	Suisse.
Fossacesia (F)	Italie.	Friedland EW L	Prusse (Silésie).
Fossano (F)	Italie.	Friedau F	Autriche (Styrie).
Fossato (F)	Italie.	Friedberg OW F	Prusse.
Fosse (Namur) L	Belgique.	Friedeberg EW	Prusse.
Fossombrone L	Italie.	Friedeberg Neumarkt EW L	Prusse.
Fozcoa (voir Villanova de Fozcoa)	Portugal.	Friedeberg-s.-Queis EW L	Prusse.
Frameries Hainaut F	Belgique.	Friedeck L	Autriche Silésie.
Framlingham F	Grande-Bretagne.	Friedland L	Autriche (Bohême)
Francavilla F	Italie.	Friedland EW L	Mecklembourg.
Francfort-s.-Mein OW N F	Ville libre.	Friedrichsfeld	Bade.
Francfort-sur-Oder EW	Prusse.	Friedrichshafen	Wurtemberg.
Frankenmarkt F	Autriche.	Friedrich-hall ou Jagstfeld	Wurtemberg.
Francker L	Pays-Bas.	Friedrichsham L	Russie d'Europe.
Frankenhausen EW	Prusse.	Friedrichsort EW L	Prusse (Sleswig).
Frankenstein EW	Prusse.	Friedrichsruh EW F	Prusse.
Frankenthal L	Baviere.	Friedrichstadt EW L	Prusse (Sleswig).
Frant	Grande-Bretagne.	Friedrichsthal OW F	Prusse.
Franzburg EW L	Prusse	Friesach	Autriche (Carinthie)
Franzdorf F	Autriche Carniole.	Friesack EW L	Prusse.
Franzensbad L	Autriche (Bohême).	Frodsham	Grande-Bretagne.
Frascati	Etats de l'Eglise.	Froevi F	Suède.
Fraserburgh	Grande-Bretagne.	Froghall	Grande-Bretagne.
Frasne Hainaut FL	Belgique.	Frogner F	Norwège.
Frauenfeld	Suisse.	Frohbourg Soleure BL	Suisse.
Fraustadt EW L	Prusse.	Frohnleiten F	Autriche (Styrie).
Freden EW F	Prusse. Hanovre	Frome	Grande-Bretagne.
Fredensborg F	Danemark.	Fronhausen OW F	Hesse-Cassel.
Frédéricia Jutland N	Danemark.	Frose EW F	Prusse.
Frédéricksborg	Danemark.	Frosinone	Etats de l'Eglise.
Frédérikshald	Norwège.	Frosterley	Grande-Bretagne.
Frédérickshaw Jutland	Danemark.	Frottstedt EW F	Saxe-Cobourg-Gotha.
Frederickssund L	Danemark.	Fumarolo FL	Italie.
Frédérickstad	Norwège.	Fulda OW F	Hesse-Cassel.
Frédéricksvaern L	Norwège.	N	
Fregeneda	Espagne.	Fuligno ——	Italie.
Freiberg L	Autriche Moravie.	2	
Freiberg v. Freiburg	Bade.	Fundao L	Portugal.
Freiberg v. Fribourg	Suisse.	Furreedpore	Indes.
Freiberg (EW)	Saxe.	Fured BL	Autriche (Hongrie).
Freiburg	Bade.	Funfkirchen	Autriche (Hongrie).
Freiburg (Silésie EW) L	Prusse.	Furnes Flandre occident. F	Belgique.
Freiburg EW L	Prusse Hanovre.	Furness v. Barrow	Grande-Bretagne.
Freiheitau	Autriche Silésie.	Furness Abbey	Grande-Bretagne.
Freienwalde Pom. EW L	Prusse.	Furstenau OW L	Prusse Hanovre.
Freienwalde-s-l'Oder EW F	Prusse.	Furstenberg EW F	Prusse.
Freihols F	Baviere.	Fürstenwalde EW L	Prusse.
Freilassing F)	Baviere.	Furth F	Autriche.
Freising (L)	Baviere.	Furth	Baviere.
Freistadt L	Autriche (Autriche).	Furth-sur-Wald F	Baviere.
Freistadtl-sur-la-Waag F	Autriche (Hongrie).	Further-Kreuzung F	Baviere.
L		Furtwangen L	Bade.
Freiwaldau ——	Autriche (Silésie)	Furusund L	Suède.
B C		Füssen L	Baviere.
Freren (OW) L	Prusse (Hanovre).	Futtyghur	Indes.
Freudenstadt L	Wurtemberg.	Fyzabad	Indes.

NOMS des BUREAUX.	NATIONALITÉ.
Gabelsbagereuth (F)	Bavière.
Gablonz (L)	Autriche (Bohême).
Gaedheim (F)	Bavière.
Gaesti (N)	Moldo-Valachie.
Gaëte	Italie.
Gaggenau (L)	Bade.
Gaildorf (L)	Wurtemberg.
Gainford	Grande-Bretagne.
Gainsborough	Grande-Bretagne.
Gais (L)	Suisse.
Galantha (F)	Autriche (Hongrie).
Galashiels (F)	Grande-Bretagne.
Galatz (N)	Moldo-Valachie.
Gallarate (L) (F)	Italie.
Galle (Pointe de)	Indes (Ceylan).
Gallipoli (N)	Turquie d'Europe.
Gallipoli	Italie.
Galway (Irlande) (L)	Grande-Bretagne.
Gamleby (L)	Suède.
Gamlecarleby (N)	Russie d'Europe.
Gammertingen (L)	Hohenzollern.
Gand (N)	Belgique.
Gandersheim (EW)	Brunswick.
Gandino (L)	Italie.
Ganserndorf	Autriche.
Gardeleger (EW) (L)	Prusse.
Garding (EW) (L)	Prusse (Sleswig).
Garford	Grande-Bretagne.
Gargnano (L)	Italie.
Garnant (L)	Grande-Bretagne.
Garston (L)	Grande-Bretagne.
Gartsberry	Grande-Bretagne.
Gastein (LB) (9)	Autriche (Salzbourg).
Gastuche (FL)	Belgique.
Gatehouse	Grande-Bretagne.
Gatersleben (EW) (F)	Prusse.
Gateshead N/2	Grande-Bretagne.
Gathurst	Grande-Bretagne.
Gastchina	Russie d'Europe.
Gauting (F)	Bavière.
Gavere (Flandre Occident.) (L)	Belgique.
Gaza ou Ghaza (N)	Turquie d'Asie.
Gedinne (Namur) (L)	Belgique.
Geerardsbergen (v. Grammont)	Belgique.
Geestemunde (EW)	Prusse (Hanovre).
Geerstbergen (v. Grammont)	Belgique.
Gefle	Suède.
Gehren (EW) (L)	Schwarzb-Sondersh
Geilenkirchen (OW) (F)	Prusse.
Geiselhoring (F)	Bavière.
Geisenheim (OW) (F)	Prusse (Nassau).
Geislingen	Wurtemberg.
Gesweid (OW) (F)	Prusse.
Geldenaeken (v. Jodoigne)	Belgique.
Geldern (OW) (F)	Prusse.
Gellendorf (EW) (F)	Prusse.
Gelnhausen (OW) (F)	Prusse.
Gelsa (L)	Autriche (Dalmat.).
Gelso (F)	Autriche (Hongrie).
Gelsenkirchen (OW) (F)	Prusse.
Gembloux (Namur)	Belgique.
Gemona (L)	Italie.
Gemünden (F)	Bavière.
Genappe (FL)	Belgique.
Genebra (v. Genève)	Suisse.
Gênes (N)	Italie.
Geneva (v. Genève)	Suisse.
Genève (Genève) (N)	Suisse.
Geneveys-sur-Coffrane (Neuchâtel) (F)	Suisse.
Genf (v. Genève)	Suisse.
Gengenbach (L)	Bade.
Genoa (v. Gênes)	Italie.
Genova (v. Gênes)	Italie.
Gensungen (OW) (F)	Prusse.
Gente (v. Gand)	Belgique.
Genthin (EW) (L)	Prusse
Genua (v. Gênes)	Italie.
Georgenberg (L)	Autriche (Hongrie).
Georgensgemund (F)	Bavière.
Georgswalde (L)	Autriche (Bohême).
Géra (EW)	Reuss.
Gerabronn (L)	Wurtemberg.
Gérace (L)	Italie.
Gerdauen (EW) (L)	Prusse.
Gerlachsheim (L)	Bade.
Germersheim (L)	Bavière.
Gernsbach (L)	Bade.
Gerona (v. Girone)	Espagne.
Gerpinnes (Hainaut) (FL)	Belgique.
Gerresheim (OW) (F)	Prusse.
Gersau (L)	Suisse.
Gersdorf (EW) (F)	Prusse.
Gersthofen (F)	Bavière.
Gerstungen (OW) (F)	Saxe-Weimar.
Gesecke (OW) (L)	Prusse.
Gessertshausen (F)	Bavière.
Gevelsberg (OW) (F)	Prusse.
Ghazu (v. Gaza)	Turquie d'Asie.
Gheel (L)	Belgique.
Ghent (v. Gand)	Belgique.
Ghislinghien (Hainaut) (FL)	Belgique.
Giardini (FL)	Italie.
Giarre	Italie.
Gibraltar (16)	Espagne.
Giengen (L)	Wurtemberg.
Giessen (OW)	Hesse-Darmstadt.
Gifhorn (EW) (L)	Prusse (Hanovre).
Gijon (N)	Espagne.
Gildehaus (EW) (F)	Prusse (Hanovre).
Gilling	Grande-Bretagne.
Gillingham (F)	Grande-Bretagne.
Gilly (Hainaut) (L)	Belgique.
Gimel (Vaud) (L)	Suisse.
Ginevra (v. Genève)	Suisse.
Gioja del Colle (L)	Italie.
Gioja Tauro (L)	Italie.
Giovinazzo (F)	Italie.
Gipsy Hill	Grande-Bretagne.
Girgenti (Ile-de-Sicile) N/2	Italie.
Girone (Gerona)	Espagne.
Girvan	Grande-Bretagne.
Gislikon (FL)	Suisse.
Giulia-Nova (L)	Italie.
Giurgevo (N)	Moldo-Valachie.
Gjovik (L)	Norwége.
Gladbach (OW)	Prusse.
Glais (L)	Grande-Bretagne.
Glaisdale	Grande-Bretagne.
Glammis	Grande-Bretagne.
Glanmire (Irlande) N/2	Grande-Bretagne.
Glaris	Suisse.

NOMS des BUREAUX.	NATIONALITÉ.
Glarus (v. Glaris)	Suisse.
Glasgow (N)	Grande-Bretagne.
Glasonbury (F)	Grande-Bretagne.
Glasson	Grande-Bretagne.
Glatz (EW)	Prusse.
Glauchau (EW)	Saxe.
Gleichenberg	Autriche (Styrie).
Gleiwitz (EW)	Prusse.
Glenluce (L)	Grande-Bretagne.
Glogau (EW)	Prusse
Glognitz (F)	Autriche.
Glommen (EW) (L)	Prusse.
Glons (FL)	Belgique.
Glossop (F)	Grande-Bretagne.
Gloucester (N)	Grande-Bretagne.
Glowen (EW, F)	Prusse.
Gluckstadt (EW) (L)	Prusse (Holstein).
Gmund	Wurtemberg.
L	
Gmünden ——	Autriche (Autriche).
BC	
Gnadenfrei (EW) (L)	Prusse.
Gnesen (EW) (L)	Prusse.
Gnesta (F)	Suède.
Gniewkowo (EW) (L)	Prusse.
Goa	Indes.
Goalparah	Indes.
Gobowen	Grande-Bretagne.
Goch (OW) F	Prusse.
Godallo (L)	Autriche Dalmatie.
Godalming (F)	Grande Bretagne.
Godesberg (OW) (L)	Prusse
Goding	Autriche (Morave).
Godinne (Namur) (Fl)	Belgique.
Godstone	Grande-Bretagne.
Goës	Pays-Bas.
Gogolin (EW) (F)	Prusse.
Goïnes	Ile de Cuba.
Goito (L)	Italie.
Gole Jenikau (L)	Autriche (Bohème).
Goldap (EW) (L)	Prusse.
Goldingen (L)	Russie d'Europe.
Goldberg (EW) (L)	Prusse.
Goldshœfe	Wurtemberg.
Gollnow (EW) (L)	Prusse.
Gollub (EW) (L)	Prusse.
Golzow (EW, F)	Prusse.
Gomshall	Grande-Bretagne.
Gonzaga (L)	Italie.
Goole	Grande-Bretagne.
Goor (F)	Pays-Bas.
Goppingen	Wurtemberg.
Gorey (Irlande (L))	Grande-Bretagne.
Gorey (I. Jersey, Manche) (L)	Grande-Bretagne.
Gorica (F)	Autriche (Croatie).
Gorice (v. Goritz)	Autriche.
Gorinchen (Gorcum)	Pays-Bas.
Goring	Grande-Bretagne.
Goritz (Gorz)	Autriche (Littorale).
Gorkau (L)	Autriche (Bohème).
Gorlago (FL)	Italie.
Gorlitz (EW) (N)	Prusse.
Gorni-Milanowaz	Servie.
Gorragh Wood (L)	Grande-Bretagne.
Gorz (v Goritz)	Autriche.
Goslar (EW) (L)	Prusse (Hanovre).
Gospich (L)	Autriche (Croatie).
Gosport	Grande-Bretagne.
Gossau (L)	Suisse.

NOMS des BUREAUX.	NATIONALITÉ.
Gosselies (Hainaut)	Belgique.
Gossmansdorf (F)	Bavière.
Gossnitz (EW) (F)	Saxe-Altenbourg.
Gotha (EW)	Saxe-Cobourg Gotha.
Gothenbourg (N)	Suède.
Gottesberg (EW) (L)	Prusse.
Gottingue (EW)	Prusse (Hanovre).
Gottmadingen	Bade.
Gotzendorf (L)	Autriche.
Gouda	Pays-Bas.
Goulette (la)	Tunisie.
Gouvea (L)	Portugal.
Gouy les Piéton (Hainaut)	Belgique.
Goxan	Grande-Bretagne.
Gowhatty	Indes.
Gozzada (FL)	Italie.
Gozzano (FL)	Italie.
Grabow (EW) (F)	Mecklembourg.
Gradisca (L)	Turquie d'Europe.
Graetz (EW) (L)	Prusse.
Grafenhainchen (EW) (F)	Prusse.
Grafenstein (F)	Autriche Carinthie.
Grafrath (OW) (L)	Prusse.
Gramat Neusiedl (F)	Autriche (Unter-der-Enns).
Grambow (EW) (F)	Prusse.
Grammont	Belgique.
Grampound Road	Grande-Bretagne.
Gran	Autriche (Hongrie).
Grange	Grande-Bretagne.
Grangemouth	Grande-Bretagne.
Granges les (Soleure) (FL)	Suisse.
Granitza (N)	Russie d'Europe.
Grammichele (L)	Italie.
Gran Nana (F)	Autriche Hongrie.
Gransee (EW) (L)	Prusse.
Grantham (N)	Grande-Bretagne.
Granton	Grande-Bretagne.
Grantown-Bridge (L)	Grande-Bretagne.
Grants House (F)	Grande-Bretagne.
Grateley (F)	Grande-Bretagne.
Gratwein (F)	Autriche.
Gratz (N)	Autriche (Styrie).
Graudenz (EW)	Prusse.
Gravenhagen (v. La Haye)	Pays-Bas.
Gravenstein (EW) (L)	Prusse (Sleswig).
N	
Gravesend ——	Grande-Bretagne.
2	
Gravina (L)	Italie.
Great Bridge	Grande-Bretagne.
Great Grimsby	Grande-Bretagne.
Great Malvern	Grande-Bretagne.
Grebenstein (OW) (F)	Prusse (Hesse-Cassel).
Greencastle	Grande-Bretagne.
Greenhill (N)	Grande-Bretagne.
Greenhithe	Grande-Bretagne.
N	
Greenock ——	Grande-Bretagne.
Greenwich (L)	Grande-Bretagne.
Greifenberg (EW) (F)	Prusse.
Greifenberg (Pom.; EW) (L)	Prusse.
Greifendorf (F)	Autriche.
Greifenhagen (EW) (L)	Prusse.
Greifswalde (EW)	Prusse.
Greiffenberg (Silésie) (EW) (L)	Prusse.
Greiz (EW) (F)	Reuss.
Grenaa (L)	Danemark.
Grenade (N)	Espagne.

NOMS des BUREAUX.	NATIONALITÉ.	NOMS des BUREAUX.	NATIONALITÉ.
Grenchen (voir les Granges)..	Suisse.	Grunheide (EW) (F).........	Prusse.
Grenna (L).................	Suède.	Grunberg (EW)............	Prusse.
Grenzach.................	Bade.	Grundset (F)..............	Norwége.
Gresley...................	Grande-Bretagne.	Grünsfeld (L),............	Bade.
Greven (OW) (F)...........	Prusse.	Grupont (Luxembourg) (FL).	Belgique.
Grevenbroich (OW) (L).....	Prusse.	Guadalajara..............	Espagne.
Grevenbrück (OW) (F)......	Prusse.	Guadix (L)...............	Espagne.
Griesbach (BL) (13)........	Bade.	Guaimaro................	Ile de Cuba
Griessen.................	Bade.	Gualdo-Tadino (FL)........	Italie.
Griesskirchen.............	Autriche.	Guanabacoa..............	Ile de Cuba
Grignano (F)..............	Autriche (Kustenland).	Guanajay................	Ile de Cuba
Grimma (EW) (L)..........	Saxe.	Guaracabulla.............	Ile de Cuba.
Grimmen (EW) (L).........	Prusse.	Guarda..................	Portugal.
Grimmenthal (F)..........	Saxe-Meiningen.	Guastalla (L).............	Italie.
Grimstad.................	Norwége.	Gubbio (L)...............	Italie.
Grindelwald (Berne).......	Suisse.	Guben (EW)..............	Prusse.
Grisselhamn (L)..........	Suède.	Guernesey (île de la Manche).	Grande-Bretagne.
Grizehne (EW) (F.........	Prusse.	Guglingen (L)............	Wurtemberg.
Grodek (F)...............	Autriche.	Guhrau (EW) (L)..........	Prusse.
Grodno...................	Russie d'Europe.	*Guia (Sém.) (5)..........	Portugal.
Groenendaël (FL..........	Belgique.	Guide Bridge.............	Grande-Bretagne.
Graetzingen..............	Bade.	Guildford................	Grande-Bretagne.
Gronau (OW) (L..........	Prusse.	Guimaraes...............	Portugal.
Gronenbach (F)..........	Bavière.	Guisborough.............	Grande-Bretagne.
Groningue...............	Pays-Bas.	Güldenboden (EW (F)......	Prusse.
Grono (L)................	Suisse.	Gulik (v. Julich..........	Prusse.
Grorud (F)...............	Norwége.	Gumbinnen (EW).........	Prusse.
Gross Auheim (OW) (F)....	Hesse-Cassel.	Gumlingen (Berne) (F).....	Suisse.
Grossachsen (F)..........	Bade.	Gummersbach (OW) (L).....	Prusse.
Grossaitingen (F).........	Bavière.	Gumpoldskirchen (F).......	Autriche.
Grossau.................	Suisse.	Gundelsdorf (F...........	Bavière.
Gross-Beckserek..........	Autriche (Hongrie).	Gundelsheim (L)..........	Wurtemberg.
Gross-Beeren (EW) (F).....	Prusse.	Gunskirchen.............	Autriche.
Grossbottwar (L..........	Wurtemberg	Güns (L).................	Autriche (Hongrie).
Grosschernau (EW) (L......	Saxe.	Guntershausen.. (OW) (F)...	Prusse (Hesse-Cassel).
Grossenham (EW) (F)......	Saxe.	Günzach (F)..............	Bavière.
Gross Enyed (L)..........	Autriche (Transylv.)	Günzburg (L).............	Bavière.
Grosseto (HL)............	Italie.	Günzenhausen............	Bavière.
Grosshesselode (F)........	Bavière.	Gurnigel (Berne) (BL)......	Suisse.
Grosskanizsa (N).........	Autriche (Hongrie).	Gusow (EW) (F...........	Prusse.
Gross Karben (OW) (F).....	Prusse.	Gusten (EW) (F)..........	Prusse.
Gross Kikinda............	Autriche (Hongrie).	Gustrow (EW)............	Mecklembourg.
Gross Maros (F)..........	Autriche.	Gutenbach (L)............	Bade.
Gross Mesaritsch (L)......	Autriche (Moravie).	Gutersloh (OW) (L........	Prusse.
Gross Rambin (EW) (F).....	Prusse.	Guthrie.................	Grande-Bretagne.
Gross Rosen (EW) (F.......	Prusse.	Guttentag (EW) (L)........	Prusse.
Gross Strehlitz (EW) (L.....	Prusse.	Guttingen (L)............	Suisse.
Grosswardein (N).........	Autriche (Hongrie).	Gutzkow (EW) (L).........	Prusse.
Grottamare (F)...........	Italie.	Guxhagen (OW) (F........	Prusse (Hesse-Cassel).
Grottkau (EW) (L)........	Prusse.	Gwadel.................	Bélouchistan.
Grove Ferry..............	Grande-Bretagne.	Gwalior.................	Indes.
Grovinazzo (F)...........	Italie.	Gyertyamos (F)...........	Autriche.
Grumo (F)...............	Italie.	Gyoma (F)...............	Autriche.
Grunau (EW) (F).........	Prusse.	Gyongyos (L).............	Autriche (Hongrie).
Grunbach...............	Wurtemberg.		

NOMS des BUREAUX.	NATIONALITÉ.
Haag (F)	Autriche.
Haag (v. La Haye)	Pays-Bas.
Haan (OW) (F)	Prusse.
Haarlem	Pays-Bas.
Habay (Luxembourg) (FL)	Belgique.
Habay-la-Neuve (Luxemb. L)	Belgique.
Habelschwedt (EW) (L)	Prusse.
Hackney	Grande-Bretagne.
Hadersleben (EW) (L)	Prusse (Sleswig).
Haddington (L)	Grande-Bretagne.
Haddiscoe	Grande-Bretagne.
Hadfield	Grande-Bretagne.
Hadham (F)	Grande-Bretagne.
Hadlaz (F)	Autriche.
Hadleigh (F)	Grande-Bretagne.
Hadmersleben (EW) (F)	Prusse.
Haerlebeke (Flandre occ.) (F)	Belgique.
Haga (F)	Norwége.
Hagen (OW)	Prusse.
Hagenbuchach (F)	Baviere.
Hagenow (EW) (L)	Mecklembourg.
Haggi-Kara	Turquie d'Asie.
Hague (v. La Haye)	Pays-Bas.
Haida (L)	Autriche (Bohême).
Haidhof (F)	Baviere.
Hailsham	Grande-Bretagne.
Hailshaw-Moor (F)	Grande-Bretagne.
Hager (OW) (F)	Prusse.
Hainau (EW) (L)	Prusse.
Haine St-Pierre (Hainaut L)	Belgique.
Hal	Belgique.
Hallau (EW) (F)	Prusse.
Halberstadt (EW)	Prusse.
Halesworth (F)	Grande-Bretagne.
Halfweg (F)	Pays-Bas.
Halicz (F)	Autriche (Galicie).
Halifax	Grande-Bretagne.
Hall	Wurtemberg.
Hall (L)	Autriche (Autriche).
Hall-près-Insprück (F)	Autriche (Tyrol).
Halle (EW) (N)	Prusse.
Halle (OW) (L)	Prusse (Westphalie).
Hallein (L)	Autriche (Salzbourg).
Hallsberg (F)	Suede.
Hallmstad	Suede.
Hals (PL)	Danemark.
Halstead (F)	Grande-Bretagne.
Haltingen	Bade.
Haltwhistle (L)	Grande-Bretagne.
Halver (OW) (L)	Prusse.
Hamadan	Perse.
C	
Hamar ——	Norwége.
HL	
Hambourg (EW) (N)	Ville libre.
Hameau (Hainaut) (FL)	Belgique.
Hameln (EW) (F)	Prusse (Hanovre).
Hamilton (F)	Grande-Bretagne.
Hamm (OW)	Prusse.
Hamme (L)	Belgique.
Hammer (EW) (F)	Prusse.
Hammerau (F)	Baviere.
Hammerwich	Grande-Bretagne.
Hampstead	Grande-Bretagne.
Hampton Court (F)	Grande-Bretagne.
Hampton (F)	Grande-Bretagne.
Hamoir (L)	Belgique.
Ham Street	Grande-Bretagne.
Hanau (OW) (L)	Hesse-Cassel.

NOMS des BUREAUX.	NATIONALITÉ.
Handsworth	Grande-Bretagne.
Hanley (F)	Grande-Bretagne.
Hannut (L)	Belgique.
Hanovre (EW) (N)	Prusse (Hanovre).
Hansdorf (EW) (F)	Prusse.
Hanwell	Grande-Bretagne.
Haparanda (N)	Suede.
Happurg (F)	Baviere.
Hapsal (L)	Russie d'Europe.
Harbatzhofen (F)	Baviere.
Harbourg (EW)	Prusse (Hanovre).
Harburg (F)	Baviere.
Harbury	Grande-Bretagne.
Hartegaryp (F)	Pays-Bas.
Harderwyk (P)	Pays-Bas.
Hardheim (F)	Bade.
Harecastle (F)	Grande-Bretagne.
Harlingen	Pays-Bas.
Harling Road (F)	Grande-Bretagne.
Harlow	Grande-Bretagne.
Haro (L)	Espagne.
Harrington	Grande-Bretagne.
Harrogate	Grande-Bretagne.
N	
Harrow ——	Grande-Bretagne.
2	
Harsdorf (F)	Baviere.
Hartford	Grande-Bretagne.
Hartlepool	Grande-Bretagne.
Hartlepool West	Grande-Bretagne.
Hartmannshof (F)	Baviere.
Hartzbourg (EW)	Brunswick.
Harwich	Grande-Bretagne.
Hasenpoth (L)	Russie d'Europe.
Haslach (L)	Bade.
Haslingden	Grande-Bretagne.
Haspe (OW) (F)	Prusse.
Haspelmoor (F)	Baviere.
Hasselt	Belgique.
Hassfurt (F)	Baviere.
Hassock's Gate	Grande-Bretagne.
Hassop	Grande-Bretagne.
Baste (EW) (F)	Hesse-Cassel.
Hastiere (Namur FL)	Belgique.
N	
Hastings	Grande-Bretagne.
2	
Hatfield	Grande-Bretagne.
Halo-Potrero	Ile de Cuba.
Hattem (F)	Pays-Bas.
Hattenheim (OW)	Prusse (Nassau).
Hatton	Grande-Bretagne.
Hatvan (L)	Autriche (Hongrie).
Hatzfeld (L)	Autriche (Hongrie).
Hatzingen (L)	Suisse.
Haug (F)	Norwége.
Haugesund	Norwége.
Haughley (F)	Grande-Bretagne.
Hauptweil	Suisse.
Hausach (L)	Bade.
Hausen-sur-Albis (L)	Suisse.
Haut Pré (F)	Belgique.
Hauts Geneveys (Neufch.) (F)	Suisse.
Havane (La) (Habana)	Ile de Cuba.
Havant	Grande-Bretagne.
Havelange (Namur) (L)	Belgique.
Havelberg (EW) (L)	Prusse.
Haverhill (F)	Grande-Bretagne.
Haverfordwest	Grande-Bretagne.

NOMS des BUREAUX.	NATIONALITÉ.	NOMS des BUREAUX.	NATIONALITÉ.
Haversin (Namur) (FL)	Belgique.	Heringen (EW) (F)	Prusse.
Havré (Hainaut)	Belgique.	Hérisau (L)	Suisse.
Hawick (F)	Grande-Bretagne.	Herleshausen (OW) (F)	Hesse-Cassel.
Haya (v. La Haye)	Pays-Bas.	Hermannstadt (N)	Autriche (Transylv.)
Haydon Bridge (L)	Grande-Bretagne.	Hersmannshutte (L)	Autriche (Bohême).
Haye (La) (Gravenhage) (N)	Pays-Bas.	Hermsdorf (EW) (L)	Prusse.
Hayle (F)	Grande-Bretagne.	Herne Bay	Grande-Bretagne.
Hayward's Heath	Grande-Bretagne.	Herne (OW) (F)	Prusse.
Hazlemere	Grande-Bretagne.	Hernœsand	Suède.
Headcorn	Grande-Bretagne.	Herrenalb (L)	Wurtemberg.
Headley	Grande-Bretagne.	Herrenberg (L)	Wurtemberg.
Hebden Bridge	Grande-Bretagne.	Herrenhausen (EW) (L)	Prusse (Hanovre).
Héchingen (L)	Hohenzollern.	Herrnbergtheim (F)	Bavière.
Heckmondwike	Grande-Bretagne.	Herrnhut (EW) (F)	Saxe.
Hedingham	Grande-Bretagne.	Hersbruck (L)	Bavière.
Hedon (F)	Grande-Bretagne.	Hersfeld (OW) (L)	Hesse-Cassel.
Heer-Agimont (Namur) (FL)	Belgique.	Herstal (L)	Belgique.
Heerenveen (L)	Pays-Bas.	Hertford (F)	Grande-Bretagne.
Heide (EW) (L)	Prusse (Holstein).	Hertogenbusch ou Bois-le-Duc.	Pays-Bas.
Heidelberg	Bade.	Herve (L)	Belgique.
Heidelberg-Carlsthor (i.)	Bade.	Herzberg-s.-Harz (EW) (L)	Prusse (Hanovre).
Heidelsheim (L)	Bade.	Herzberg (Merseburg) (EW) (L)	Prusse.
Heiden (L)	Suisse.	Herzogenbusch (v. Bois-le-Duc)	Belgique.
Heidenheim	Wurtemberg.	Herzogenbuchsée (Berne) (L)	Suisse.
Heidersdorf (EW) (L)	Prusse.	Herzogenrath (OW) (F)	Prusse.
Heidingsfeld (F)	Bavière.	Hessle	Grande-Bretagne.
Heigenbrucken (F)	Bavière.	Hessleholm (F)	Suède.
Heilbronn	Wurtemberg.	Het-Loo (EL) (3e)	Pays-Bas.
Heiligenbeil (EW) (L)	Prusse.	Hettstædt (EW) (L)	Prusse.
Heiligenberg (L)	Bade.	Hetzendorf (F)	Autriche.
Heiligendamm (EW) (B)	Mecklembourg.	Heufeld (F)	Bavière.
Heiligenhafen (EW) (L)	Prusse (Holstein).	Heustrich (Berne) (BL)	Suisse.
Heiligenstadt (EW) (L)	Prusse.	Hexham (L)	Grande-Bretagne.
Heimbach (OW) (F)	Prusse.	Heydekrug (EW) (L)	Prusse.
Henndal (F)	Norwége.	Heyford	Grande-Bretagne.
Heissen (OW) (F)	Prusse.	Heyst-op-den-Berg (FL)	Belgique.
Heitersheim	Bade.	Heywood	Grande-Bretagne.
Helder (le) (F)	Pays-Bas.	Hidas Nemethi (F)	Autriche.
Hele (F)	Grande-Bretagne.	Higham	Grande-Bretagne.
Helensburgh (L)	Grande-Bretagne.	Higham Ferrers	Grande-Bretagne.
Heligoland (Ile d')	Grande-Bretagne.	Highbridge (F)	Grande-Bretagne.
Hellevoetsluis (P)	Pays-Bas.	Highgate	Grande-Bretagne.
Helmeshohe	Grande-Bretagne.	Hijar (L)	Espagne.
Helmond (L)	Pays-Bas.	Hildburghausen (EW) (F)	Saxe-Meiningen.
Helmstadt	Bade.	Hildesheim (EW)	Prusse (Hanovre).
Helmstedt (EW) (F)	Brunswick.	Hilversum (L)	Pays-Bas.
Helpstone	Grande-Bretagne.	Hilzingen (B)	Bade.
Helsingborg (N)	Suède.	Hinberg	Autriche.
Helsingfors (N)	Russie d'Europe.	Hindley	Grande-Bretagne.
Helsingoer (voir Elseneur)	Danemark.	Hipperholme	Grande-Bretagne.
Hemmingen (L)	Wurtemberg.	Hirschaid (F)	Bavière
Hemsbach (F)	Bade.	Hirschberg (Silésie) (EW)	Prusse.
Henfield	Grande-Bretagne.	Hirwain	Grande-Bretagne.
Hengelo (L)	Pays-Bas.	Histon	Grande-Bretagne.
Hennef (GW) (F)	Prusse.	Hitchin (N)	Grande-Bretagne.
Henningswær (HL) (18)	Norwége.	Hitzacker (EW) (L)	Prusse (Hanovre).
Henzada	Indes.	Hjellum (F)	Norwége.
Heppenheim (F) (1) (OW)	Hesse-Darmstadt.	Hjo (L)	Suède.
Heppens (EW) (L)	Oldenbourg.	Hjorring (Jutland)	Danemark.
Herbesthal (F)	Belgique.	Hoboken (L)	Belgique.
Herbesthal (OW) (F)	Prusse.	Hobro (Jutland)	Danemark.
Herborn (OW) (F)	Prusse.	Hochdahl (OW) (F)	Prusse.
Herdecke (OW) (F)	Prusse.	Hochhausen (L)	Bade.
Herdorf (OW) (F)	Prusse.	Hochstadt (F)	Bavière.
Hereford	Grande-Bretagne.	Hockley	Grande-Bretagne.
Herenthals	Belgique.	Hoechst (OW) (L)	Prusse.
Herford (OW) (L)	Prusse.	Hœganaes (L)	Suède.
Hergatz (F)	Bavière.	Hœlen ou Soon (L)	Norwége.
Heringsdorf (EW) (BL)	Prusse.	Hœnebach (OW) (F)	Prusse.

NOMS des BUREAUX.	NATIONALITÉ.
Hœnfeld (OW) (F)............	Prusse Hesse-Cass.
Hettenheim (L)...............	Bâle.
Hoexter (OW) (F)............	Prusse.
Hof (N)	Bavière.
Hofgastein (L)...............	Autriche (Salzbourg)
Hofgeismar (OW) (F).........	Prusse (Hesse Cass)
Hohenau.....................	Autriche.
Hohenelbe (L)................	Autriche (Bohême).
Hohenems (L)................	Autriche (Vorarlb.)
Hohenheim (L)...............	Wurtemberg.
Hohenmauth.................	Autriche.
Hohenschwangau (L).........	Bavière.
Hohenstadt (F)..............	Autriche.
Hohenstein, p.te Dantzig (EW) (F)	Prusse.
Hohenstein pres Kœnigs (EW) (L)	Prusse.
Hohenstein (EW) (F)........	Saxe.
Hohnstorf (EW) (F)..........	Prusse (Hanovre).
Holaubkau..................	Autriche.
Holbeck (Junction)..........	Grande-Bretagne.
Holbeck (PL)................	Danemark.
Holland (Preussisch) (EW) (L)	Prusse.
Hollywood...................	Grande-Bretagne.
Holme......................	Grande-Bretagne.
Holme (Huntingdonshire).....	Grande-Bretagne.
Holmestrand —— L III.	Norwège.
Holmfirth...................	Grande-Bretagne.
Holmsund (L)...............	Suede.
Holstebro (Jutland) (L)......	Danemark.
Holyhead....................	Grande-Bretagne.
Holywell....................	Grande-Bretagne.
Holzdorf (EW) (F)...........	Prusse.
Holzenplotz (L)..............	Autriche (Silésie).
Holzkirchen (L).............	Bavière.
Holzminden (EW)............	Brunswick.
Holzwickede (OW) (F).......	Prusse.
Homberg pres Ruhrort (OW) (F)	Prusse.
Hombourg (OW) —— L BC ...	Hesse Hombourg.
Hombourg (L)...............	Bavière.
Homel (N)..................	Russie d'Europe.
Honawur....................	Indes.
Hönebach (OW)..............	Hesse-Cassel.
Hönefos (F).................	Norwège.
Honiton (F).................	Grande-Bretagne.
Honnef (OW) (L)............	Prusse.
Hoogezand (L)..............	Pays-Bas.
Hoogstraeten (L)............	Belgique.
Hoorn......................	Pays-Bas.
Hooton.....................	Grande-Bretagne.
Horb.......................	Wurtemberg.
Horbury....................	Grande-Bretagne.
Horbury Junction............	Grande-Bretagne.
Horchheim (OW) (F).........	Prusse.
Hörde (OW) (L).............	Prusse.
Hofgen (L)..................	Suisse.
Horitz (L)..................	Autriche (Bohême).
Horley......................	Grande-Bretagne.
Hornberg (L)................	Bade.
Hornby......................	Grande-Bretagne.
Hornsea (F).................	Grande-Bretagne.
Horowitz....................	Autriche.
Horrem (OW) (F)............	Prusse.
Horrem Dormagen (OW) (F)..	Prusse.
Horsching..................	Autriche.
Horsebridge (F).............	Grande-Bretagne.
Horsens (Jutland)..........	Danemark.
Horsham....................	Grande-Bretagne.
Horst Sevenum (F)..........	Pays-Bas.
Horstel (OW) (F)...........	Prusse (Hanovre).
Horten.....................	Norwège.
Horwick....................	Grande-Bretagne.
Hospenthal (BL)............	Suisse.
Hou-leng (Hainaut) (L)......	Belgique.
Houffalize (Luxembourg) (L).	Belgique.
Hougaerde (L) (L)..........	Belgique (Brabant).
Hougsund (F)...............	Norwège.
Hounslow (F)...............	Grande-Bretagne.
Howden....................	Grande-Bretagne.
Howth.....................	Grande-Bretagne.
Hoyer (EW) (L).............	Prusse (Sleswig).
Hoyerswerda (OW) (L).......	Prusse.
Hrastnig (F)...............	Autriche.
Huckeswagen (OW) (L)......	Prusse.
Hucknall...................	Grande-Bretagne.
Huddersfield...............	Grande-Bretagne.
Hudikswall.................	Suede.
Huelva.....................	Espagne.
Hucanne (OW) (F)..........	Prusse (Hesse-Cass.)
Huesca (N).................	Espagne.
Hull —— N 2	Grande-Bretagne.
Hallein....................	Autriche.
Hulpe (la) (FL).............	Belgique.
Hulst (L)..................	Pays-bas.
Hummelshayn (EW).........	Prusse (Saxe-Alt.)
Humpoletz (L)..............	Autriche (Bohême).
Hungerford.................	Grande-Bretagne.
Hunstet....................	Grande-Bretagne.
Hunstanton (F).............	Grande-Bretagne.
Huntingdon................	Grande-Bretagne.
Huntley....................	Grande-Bretagne.
Hurdwar...................	Indes.
Hurfva (F).................	Suede.
Hurlford...................	Grande-Bretagne.
Hurst Castle...............	Grande-Bretagne.
Husch (N).................	Moldo-Valachie.
Hussiatyn (L)..............	Autriche (Gallicie).
Husum (EW) (L)............	Prusse (Sleswig).
Huszth (L).................	Autriche (Hongrie).
Hutteldorf.................	Autriche.
Huttwyl (Berne) (L)........	Suisse.
Huy.......................	Belgique.
Hyde......................	Grande-Bretagne.
Hydrabad (Scinde)..........	Indes.
Hydrabad (Scinde)..........	Indes.
Hythe (*Essex*) (FL).......	Grande-Bretagne.
Hythe (*Kent*).............	Grande-Bretagne.

NOMS des BUREAUX.	NATIONALITÉ.	NOMS des BUREAUX.	NATIONALITÉ.
Ibbenbüren (OW) (F)........	Prusse (Hanovre).	Interlaken $\frac{L}{B\ C}$	Suisse.
Ichenhausen (L).............	Bavière.	Instow.................	Grande-Bretagne.
Iéna (EW).................	Saxe-Weimar.	Intra (L)................	Italie.
Iesi (FL).................	Italie.	Inverary	Grande-Bretagne.
Iestetten (L)................	Bade.	Inveresk (F).............	Grande-Bretagne.
Iglau...................	Autriche (Moravie).	Inverness $\frac{N}{2}$	Grande-Bretagne.
Iglesias (île de Sard.) (L)....	Italie.	Iphofen (F).............	Bavière.
Iglo (L)...................	Autriche (Hongrie).	Ipswich.................	Grande-Bretagne.
Ilanz (L).................	Suisse.	Irbit (Sibérie, a)...........	Russie.
Illava (L)................	Autriche (Hongrie).	Irkoutsk (Sibérie, b) (N).....	Russie.
Ilford...................	Grande-Bretagne.	Iron Bridge (for Coalbrookdale)	Grande-Bretagne.
Ilfracombe....	Grande-Bretagne.	Irrenlohe (F).	Bavière.
Illertissen (F).............	Bavière.	Irun...................	Espagne.
Illok (L).................	Autriche (Esclavonie).	Irvine...................	Grande-Bretagne.
Ilkstone Junction............	Grande-Bretagne.	Isaszegh (F).............	Autriche (Hongrie).
Ilmenau (L) (EW).	Saxe-Weimar	Ischl $\frac{L}{B\ C}$	Autriche (Autriche).
Ilminster................	Grande-Bretagne.	Ischia (L).............	Italie.
Ilsenburg (EW) (L).........	Prusse.	Iseghem (Flandre-Occid.) (F).	Belgique.
Immelborn (F) (EW)..........	Saxe-Meiningen.	Iseo (L)................	Italie.
Immenstadt...............	Bavière.	Iserlohn (OW)............	Prusse.
Imola...................	Italie.	Isernia	Italie.
Imst (L)..................	Autriche (Tyrol).	Islandbridge.............	Grande-Bretagne.
*Inca (Majorque) (24)...........	Espagne.	Islip...................	Grande-Bretagne.
Inchiore (Irlande) (L)........	Grande-Bretagne.	Ismaïl (N)...............	Moldo-Valachie.
Indore...................	Indes.	Ismit...................	Turquie d'Asie.
Ingatestone (F).............	Grande-Bretagne.	Isny (L)................	Wurtemberg.
Ingelmunster (Flandre-Oc.)(F)	Belgique.	Isoletta (L).............	Italie.
Ingleby (L)...............	Grande-Bretagne.	Ispahan................	Perse.
Ingleby Junction (22...........	Grande-Bretagne.	Itzehoe (EW).............	Prusse (Holstein).
Ingleton.................	Grande-Bretagne.	Ivica (île d'Iviça) (24...........	Espagne.
Ingolstadt................	Bavière.	Ivrée (F)................	Italie.
Ingramsdorf (EW) (F.........	Prusse.	Ivy-Bridge (N).............	Grande-Bretagne.
Inneskeen................	Grande-Bretagne.	Iwangorod	Russie d'Europe.
Innichen (L)..............	Autriche (Tyrol).	Iwonicz (BL) (11).............	Autriche (Galicie).
Iningen (F)..............	Bavière.		
Inowraclaw (EW) (L).........	Prusse.		
Insprück (N)...............	Autriche (Tyrol).		
Insterburg (EW)....	Prusse.		

NOMS des BUREAUX.	NATIONALITÉ.	NOMS des BUREAUX.	NATIONALITÉ.
Jabbeke (Flandre occidentale)	Belgique.	Jeres de la Frontera (voir Xérés)	Espagne.
Jaca	Espagne.	Jerle (F)	Suède.
Jacobabad	Indes.	Jersey (île de la Manche)	Grande-Bretagne.
Jacobstadt (L)	Russie d'Europe.	Jérusalem (L)	Turquie d'Asie.
Jaedran	Suède.	Jerxheim (EW)	Brunswick.
Jaegerndorf (L)	Autriche (Silésie).	Jessnitz près Guben (EW) (F)	Prusse.
Jaegerspriis (N)	Danemark.	Jessnitz près Dessau (EW) (F)	Anhalt-Dessau.
Jaen	Espagne.	Jessore	Indes.
Jaffa (L)	Turquie d'Asie.	Jettingen (F)	Bavière.
Jagodina (N)	Servie.	Jever (EW) (L)	Oldenbourg.
Jagstfeld (voir Friedrichshall)	Wurtemberg.	Jezupol (L)	Autriche (Galicie).
Jam	Grande-Bretagne.	Jicin (L)	Autriche (Bohême).
Jam	Autriche.	Jiguani	Ile de Cuba.
Jambes (Namur) (FL)	Belgique.	Jitomir (N)	Russie d'Europe.
Janina (L)	Turquie d'Europe.	Jivetshall	Grande-Bretagne.
Jannowitz (EW) (F)	Prusse.	Jodoigne (L)	Belgique.
Jarmen (EW) (L)	Prusse.	Johannisburg (EW) (L)	Prusse.
Jarocin (EW) (L)	Prusse.	Johnstone	Grande-Bretagne.
Jaroco	Ile de Cuba.	Jonkœping (N)	Suède.
Jaroslau	Autriche (Galicie).	Josefstadt (N)	Autriche (Bohême).
Jaroslaw	Russie d'Europe.	Josefsthal (F)	Autriche.
Jaska (F)	Autriche.	Josgat (N)	Turquie d'Asie.
Jaslo (L)	Autriche (Galicie).	Joure (L)	Pays-Bas.
Jassenova (F)	Autriche (Croatie).	Jubbulpore	Indes.
Jassenovac (L)	Autriche.	Jurchen (OW) (L)	Prusse.
Jassy (N)	Moldo-Valachie.	Judenbourg (L)	Autriche (Styrie).
Jastrow (EW) (L)	Prusse.	Judendorf (F)	Autriche (Styrie).
Jatznik (EW) (F)	Prusse.	Judschen (EW) (F)	Prusse.
Jauche (L)	Belgique.	Julich (OW) (L)	Prusse.
Jauer (EW) (L)	Prusse.	Juliers (v. Julich)	Prusse.
Javea	Espagne.	Jullundur	Indes.
Jaworow (L)	Autriche (Galicie).	Jumet (Hainaut) (L)	Belgique.
Jedburg (F)	Grande-Bretagne.	Jungbunzlau (L)	Autriche (Bohême).
Jemelle (Namur)	Belgique.	Jupille (FL)	Belgique.
Jemeppe (FL)	Belgique.	Jurbise (Hainaut) (F)	Belgique.
Jemmapes (Hainaut) (F)	Belgique.	Jüterbogk (EW) (L)	Prusse.
Jenbach (F)	Autriche.	Jyepore	Indes.
Jenschowitz (F)	Autriche.		

NOMS des BUREAUX.	NATIONALITÉ.	NOMS des BUREAUX.	NATIONALITÉ.
Kaaden (L)	Autriche (Bohême).	Ketegyhaza (F)	Autriche.
Kaha (F)	Autriche.	Kettering	Grande-Bretagne.
Kachan	Perse.	Kettwig (OW) (L)	Prusse.
Kadjory (B)	Russie du Caucase.	Kevelaer (OW) (F)	Prusse.
Kaesmark	Autriche (Hongrie).	Kew (F)	Grande-Bretagne.
Kaiserbad (L)	Autriche (Hongrie).	Keynsham	Grande-Bretagne.
Kaiserslautern (L)	Bavière.	Kharkow (N)	Russie d'Europe.
Kaiserswaldau (EW) (F)	Prusse.	Kherson	Russie d'Europe.
Kaldenkirchen (OW) (F)	Prusse.	Khull	Indes.
Kalevaag (HL)	Norwége.	Kiachta (Sibérie, b) (N) (17)	Russie.
Kalgane (par Kiachta)	Chine.	Kibworth	Grande-Bretagne.
Kalisch (N)	Russie d'Europe.	Kidderminster	Grande-Bretagne.
Kalix ou Nederkalix	Suède.	Kieferfelsden (F)	Bavière.
Kallundborg (PL)	Danemark.	Kiel (EW) (N)	Prusse (Holstein).
Kalmar	Suède.	Kieritzsch (EW) (F)	Saxe.
Kalscheuren (OW) (F)	Prusse.	Kiesen (Berne) (FL)	Suisse.
Kalsdorf (F)	Autriche.	Kiew (N)	Russie d'Europe.
Kamenetz-Podolsk	Russie d'Europe.	Kilbirnie	Grande-Bretagne
Kamischlow (Sibérie, *a*)	Russie.	Kilburn	Grande-Bretagne.
Kampen	Pays-Bas.	Kildale	Grande-Bretagne.
Kandern (L)	Bade.	Kildare (Irlande) (L)	Grande-Bretagne.
Kandy	Indes (Ceylan).	Kildwick	Grande-Bretagne.
Kapfenberg (F)	Autriche.	Kilid Bahar (23)	Turquie d'Europe.
Kaposvar (L)	Autriche (Hongrie).	Kilkenny (Irlande) (L)	Grande-Bretagne.
Karansebes (L)	Autriche (Hongrie).	Kilkerran	Grande-Bretagne.
Karbitz (F)	Autriche.	Killarney (Irlande) (L)	Grande-Bretagne.
Karczag (F)	Autriche.	Killeagh	Grande-Bretagne.
Karikal	Indes.	Kilmarnock	Grande-Bretagne.
Karlsborg (L)	Suède.	Kilwinning	Grande-Bretagne.
Karstaedt (EW) (F)	Prusse.	Kimpolung (L)	Autriche (Bukowine).
Karvassara (Valtos) (L)	Grèce.	Kincardine	Grande-Bretagne.
Kaschau (N)	Autriche (Hongrie).	Kindberg (F)	Autriche.
Katrineholm (F)	Suède.	Kingsbridge (L)	Grande-Bretagne.
Kattowitz (EW)	Prusse.	Kingsbridge-Road (N)	Grande-Bretagne.
Kaufbeuren	Bavière.	Kingslynn ou Lynn Regis	Grande-Bretagne.
Kazan (N)	Russie d'Europe.	Kingston on Sea	Grande-Bretagne.
Koadby (L)	Grande-Bretagne.	Kingston (*Surrey*)	Grande-Bretagne.
Keamaree	Indes.	Kingstown (Irlande) $\frac{N}{2}$	Grande-Bretagne.
Kecskemet (L)	Autriche (Hongrie).		
Kedgerree	Indes.	Kinn (H)	Norwége.
Kef (le) (L)	Tunisie.	Kintbury	Grande-Bretagne.
Kegworth	Grande-Bretagne.	Kintore	Grande-Bretagne.
Kehl	Bade.	Kiralytelek (F)	Autriche.
Keighley	Grande-Bretagne.	Kirby	Grande-Bretagne.
Keith	Grande-Bretagne.	Kirchberg (EF)	Bade.
Keitum (I. de Sylt) (EW) (L)	Prusse (Sleswig).	Kirchberg (Jagst) (L)	Wurtemberg.
Kelheim (L)	Bavière.	Kirchen (OW) (F)	Prusse.
Kellinghusen (EW) (L)	Prusse (Holstein).	Kirchenlaibach (F)	Bavière.
Kellmünz (F)	Bavière.	Kirchhain (F) (OW)	Prusse.
Kells (Irlande)	Grande-Bretagne.	Kirchheim-s-Teck	Wurtemberg.
Kelso (F)	Grande-Bretagne.	Kirchhorstein (EW) (F)	Lippe Schaumbourg
Keltze	Russie d'Europe.	Kirchstetten	Autriche.
Kelvedon	Grande-Bretagne.	Kirkby	Grande-Bretagne.
Kemble	Grande-Bretagne,	Kirkby-Lonsdale	Grande-Bretagne.
Kemmelbach	Autriche.	Kirkby-Stephen	Grande Bretagne.
Kemnath-Neustadt (F)	Bavière.	Kirkcaldy	Grande-Bretagne.
Kempen (près Ostrowo) (EW) L.	Prusse.	Kirkcudbright (L)	Grande-Bretagne.
Kempen (près Crefeld) (OW) (F)	Prusse.	Kirkham	Grande-Bretagne.
Kempten	Bavière.	Kirklosshall	Grande-Bretagne.
Kendal	Grande-Bretagne.	Kirkstall	Grande-Bretagne.
Kenley	Grande-Bretagne.	Kirksteal Forge	Grande-Bretagne.
Kenzingen	Bade.	Kirkstead	Grande-Bretagne.
Kerkuk (L) (31)	Turquie d'Asie.	Kirk-Whelpington (L)	Grande-Bretagne.
Kermanchah	Perse.	Kirn (OW) (F)	Prusse
Kermpt (L)	Belgique.	Kirriemuir	Grande-Bretagne.
Kertsch	Russie d'Europe.	Kirton-Lin lsey	Grande-Bretagne.
Kestert (OW) (F)	Prusse (Nassau).	Kis Ber (F)	Autriche.
Keswick	Grande-Bretagne.	Kischinew	Russie d'Europe.
Keszthely (L)	Autriche (Hongrie).		

NOMS des BUREAUX.	NATIONALITÉ.
L	
Kissingen ——	Bavière.
B C	
Kisslegg (L)	Wurtemberg.
Kis-Terenne (F)	Autriche (Hongrie).
Kisuyszallas (F)	Autriche.
Kisztelek (F)	Autriche.
Kitzingen (L)	Bavière.
Kiveton Park	Grande-Bretagne.
Kjoege	Danemark.
Kladno	Autriche.
Kladova (L)	Servie.
Kladrup (F)	Autriche.
Klagenfurth (N)	Autriche (Carinthie)
Klamm (F)	Autriche.
Klardorf (F)	Bavière.
Klattau (L)	Autriche (Bohême).
Klausenbourg (N)	Autriche (Transylvanie).
Kleef (v. Clèves)	Prusse.
Kleinenbroich (OW) (F)	Prusse.
Klienheubach (L)	Bavière.
Kleinmünchen	Autriche.
Klein-Stanisch (EW) (F)	Prusse.
Klingenberg (EW) (F)	Saxe.
Kloesterle (L)	Autriche (Bohême).
Kloften (F)	Norwége.
Klomin (F)	Autriche.
Klopschen (EW) (F)	Prusse.
*Klosterbro	Danemark.
Klosters (L)	Suisse.
Knaresbro	Grande-Bretagne.
Kniagevaz	Servie.
Knotmill	Grande-Bretagne.
Knottingley	Grande-Bretagne.
Knowle	Grande-Bretagne.
Knutsford (F)	Grande-Bretagne.
Kobbelbude (EW) (F)	Prusse.
Kobelkut	Autriche.
Kœnigheim (EW) (L)	Bade.
Kœnigsbach	Bade.
Kœnigsberg (EW) (N)	Prusse.
Kœnigsberg-s-Neumark (EW) (L)	Prusse.
Kœnigsbronn	Wurtemberg.
Kœnigsee (EW) (L)	Schwartz-Rudolstadt.
Kœnigstein (EW) (F)	Saxe.
Kollach	Autriche.
Kohlfurt (EW) (F)	Prusse.
Kohlscheidt (OW) (F)	Prusse.
Kolapore	Indes.
Kolbelmoor (F)	Bavière.
Kolding (Jutland)	Danemark.
Kolin	Autriche (Bohême).
Koloméa	Autriche (Galicie).
Komarvaros (F)	Autriche.
Komorn (N)	Autriche (Hongrie).
Komotau (L)	Autriche (Bohême).
Kongsberg (L)	Norwége.
Kongsvinger (F)	Norwége.
Koniggratz (F)	Autriche.
Koniginhof (L)	Autriche (Bohême).
Konigsdorf (OW) (F)	Prusse.
Konigshofen (L)	Bade.
Konigshütte (EW) (L)	Prusse.
Konigswinter (OW) (F)	Prusse.
Konigszelt (EW) (F)	Prusse.
L	
Koperwick ——	Norwége.
H C	
Kopreinitz (L)	Autriche (Croatie).
Kopyczynce (L)	Autriche (Galicie).
Kork	Bade.
Korneuburg	Autriche.
Korsnaes (F)	Suède.
Korsoër	Danemark.
Korszow (F)	Autriche.
L	
Kosen (EW) ——	Prusse.
B C	
Koslow (N)	Russie d'Europe.
Kosmanos (F)	Autriche.
Kostainitza (L)	Autriche (Croatie).
Kosteletz (F)	Autriche.
Kosten (EW) (L)	Prusse.
Kostendorf	Autriche.
Kostnitz (v. Consanz)	Bade.
Kostritz (EW) (F)	Reuss.
Kostroma (L)	Russie d'Europe.
Kothmaissling (F)	Bavière.
Kolomiers (EW) (F)	Prusse.
Kotree	Indes.
Kotschau (EW) (F)	Prusse.
Kottori (F)	Autriche.
Koum	Perse.
Koursk	Russie d'Europe.
Koutaïss (N)	Russie du Caucase.
Koutno par Varsovie (F)	Russie d'Europe.
Kowel (N)	Russie d'Europe.
Kowno (N)	Russie d'Europe.
Kozmin (EW) (L)	Prusse.
Krageroe	Norwége.
Kragoniévaz (N)	Servie.
Krainburg (L)	Autriche (Carniole).
Krakau (v. Cracovie)	Autriche.
Kraljevec (F)	Autriche.
Kralup (F)	Autriche.
Kranich-feld (F)	Autriche.
Krapina (Teplitz) (Bl)	Autriche (Croatie).
Krasnoje-Selo (F)	Russie d'Europe.
Krasnojarsk (Sibérie) (N)	Russie.
Krautheim (L)	Bade.
Kreiensen (EW) (F)	Brunswick.
Krementschug (N)	Russie d'Europe.
Krems (L)	Autriche (Autriche).
Kressnitz (F)	Autriche.
Kreuz (L)	Autriche (Croatie).
Kreuz (EW) (L)	Prusse.
Kreuzlingen (L)	Suisse.
Kreuznach (OW)	Prusse.
Krieglach (F)	Autriche.
Kriens (L)	Suisse.
Krippen (EW)	Saxe.
Kristineberg (F)	Suède.
Kristinestadt (L)	Russie d'Europe.
Krommenie (par Wormerveer)	Pays-Bas.
Kronach (F)	Bavière.
Kronheim (F)	Bavière.
Kronstadt (N)	Autriche (Transylvanie).
Kronstadt (N)	Russie d'Europe.
Kronweiler (OW) (F)	Prusse.
Krotoschin (EW) (L)	Prusse.
Krotzingen	Bade.
Krumau (L)	Autriche (Bohême).
Krumbach (L)	Bavière.
Krumnussbaum (FL)	Autriche.
Krumpendorf (F)	Autriche (Carinthie)
Kruschevatz	Servie.
Kreuz (L)	Autriche.
Krzeszowice	Autriche.

NOMS des BUREAUX.	NATIONALITÉ.	NOMS des BUREAUX.	NATIONALITÉ.
Krzizanowitz (EW) (F)......	Prusse.	Kupferdreh (OW) (F)........	Prusse.
Kubin (L)....................	Autriche (Hongrie).	Kuppersteg (OW) (F)........	Prusse.
Kublis (L)...................	Suisse.	Kurnool...................	Indes.
Kueps (F)....................	Bavière.	Kurrachée.................	Indoustan.
Kufstein (L) (2).............	Autriche (Tyrol).	Kurties (F)...............	Autriche.
Kula (L).....................	Autriche (Hongrie).	Kusmore	Indes.
Kulleseid (HL)..............	Norwége.	Kusnacht (L)..............	Suisse.
Kulm (Unterkulm) (Argovie).	Suisse.	Küssnacht.................	Suisse.
Kungsgaarden (F)...........	Suède.	Kustendjé (L).............	Turquie d'Europe.
Kungur......................	Russie d'Europe.	Kuttenberg (L)............	Autriche (Bohême).
Kunsdorf (F)................	Autriche.	Kuttenthal (FL)...........	Autriche.
Kunzelsau (L)..............	Wurtemberg.	Kyritz (EW) (L)...........	Russie d'Europe.
Kuopio......................	Russie d'Europe.		

NOMS des BUREAUX.	NATIONALITÉ.	NOMS des BUREAUX.	NATIONALITÉ.
Laase (N)	Autriche.	Langesund (L)	Norwége.
Laberweinting (F)	Bavière.	Lang-Gons (OW) (F)	Prusse.
Labes (EW) (F)	Prusse.	Langho	Grande-Bretagne.
Labischin (EW) (L)	Prusse.	Langlau (F)	Bavière.
Lachen (L)	Suisse.	Langley-Mill	Grande-Bretagne.
La Coloma	Ile de Cuba.	Langnau (Berne) (FL)	Suisse.
Ladenburg (F)	Bade.	Langport (F)	Grande-Bretagne.
Ladybank	Grande-Bretagne.	Lanklaer (L)	Belgique.
Lady Well	Grande-Bretagne.	Lanschutz (F)	Autriche.
Laeken (L)	Belgique.	Lanusei (île de Sard.) (L)	Italie.
Lagoa (L)	Portugal.	Lauzendorf	Autriche.
Lagonegro (L)	Italie.	Larbert	Grande-Bretagne.
Lagos (L)	Portugal.	Larino (L)	Italie.
Lahore	Indes.	Larissa (L)	Turquie d'Europe.
Lahr	Bade.	Larne (L)	Grande-Bretagne.
Lahr Bahnhof (L)	Bade.	Larsnaes (H)	Norwége.
Laichingen (L)	Wurtemberg.	Las-Cruces	Ile de Cuba.
La Isabel	Ile de Cuba.	Laskowice (EW) (F)	Prusse.
Laister Dyke	Grande-Bretagne.	Las Tuaas	Ile de Cuba.
Lakenheath	Grande-Bretagne.	Las-Tunas	Ile de Cuba.
Lalendorf (EW) (F)	Mecklembourg.	Lathen (OW) (F)	Prusse (Hanovre).
Lambach (F)	Autriche.	Latisana (L)	Italie.
Lamego (L)	Portugal.	Latronico (FL)	Italie.
Lamia (N)	Grèce.	Lauban (EW) (L)	Prusse.
Lampeter-Road (L)	Grande-Bretagne.	Lauchheim	Wurtemberg.
Lana	Autriche (Bohême).	Lauda (L)	Bade.
Lanaeken (L)	Belgique.	Lauenburg Lauenburg (EW) (L)	Prusse.
Lanark (F)	Grande-Bretagne.	Lauenburg Poméranie (EW) (L)	Prusse.
Lancaster (N)	Grande-Bretagne.	Lauenburg, p. Hambourg (EW) (F)	Prusse.
Lanciano (L)	Italie.	Lauf (F)	Bavière.
Lancken (EW) (L)	Prusse.	Laufach (F)	Bavière.
Lancut (F)	Autriche.	Laufen (L)	Bavière.
Landau	Bavière.	Laufen (Berne) (L)	Suisse.
Landeck (L)	Autriche (Tyrol).	Laufenbourg (Argovie)	Suisse.
Landeck (EW) (BL)	Prusse.	Laufenburg, Klein	Bade.
Landeghem (F)	Belgique.	Lauffen-sur-Neckar	Wurtemberg.
Landen	Belgique.	Launceston	Grande-Bretagne.
Landeshut (EW) (L)	Prusse.	Laupheim	Wurtemberg.
Landquart (L)	Suisse.	Laurenburg (OW) (F)	Prusse (Nassau).
Landsberg, près Halle (EW) (F)	Prusse.	Laurencekirk	Grande-Bretagne.
Landsberg-sur-Warthe (EW)	Prusse.	Lauriston	Grande-Bretagne.
Landshut (L)	Bavière.	Laurvik	Norwége.
Landskron (F)	Autriche.	Lausanne (Vaud)	Suisse.
Landskrona	Suède.	Lautenburg (EW) (L)	Prusse.
Langen (OW) (F) (I)	Hesse-Darmstadt.	Lauterberg (EW) (L)	Prusse (Hanovre).
Langenargen (L)	Wurtemberg.	Lautern (F)	Bavière.
Langenau (L)	Wurtemberg.	Lavenham (F)	Grande-Bretagne.
Langenbach (F)	Bavière.	Lavin (L)	Suisse.
Langenberg (OW) (F)	Prusse.	Lavino (FL)	Italie.
Langenbielau (EW) (L)	Prusse.	Laxa (F)	Suède.
Langenbruck (F)	Autriche.	Laxenburg (F)	Autriche (Autriche)
Langenbrück (Bâle) (L)	Suisse.	Laybach (N)	Autriche (Carniole).
Langenbrücken	Bade.	Lazaret de Saint-Simon (29)	Espagne.
Langenburg (L)	Wurtemberg.	Lazaro (FL)	Italie.
Langendreer (OW) (F)	Prusse.	Leamington	Grande-Bretagne.
Langenfeld (F)	Bavière.	Leamside	Grande-Bretagne.
Langenfeld (OW) (F)	Prusse.	Leatherhead	Grande-Bretagne.
Langenisarhofen (F)	Bavière.	*Lebba (F)	Italie.
Langenlonsheim (OW) (F)	Prusse.	Lehring (F)	Autriche.
Langenoels (EW) (F)	Prusse.	Lebus (EW) (F)	Prusse.
Langensalza (EW) (L)	Prusse.	Lecce	Italie.
Langenschwalbach (OW) L/BC	Prusse (Nassau).	Lecco	Italie.
Langenselbold (OW) (F)	Prusse.	Leck (EW) (L)	Prusse (Sleswig).
Langenthal (Berne) (L)	Suisse.	Ledbury	Grande-Bretagne.
Langenwang (F)	Autriche.	Lede (FL)	Belgique.
Langenweddingen (EW) (F)	Prusse.	Leeds N/2	Grande-Bretagne.
Langenwehe (OW) (F)	Prusse.	Leek (F)	Grande-Bretagne.

NOMS des BUREAUX.	NATIONALITÉ.	NOMS des BUREAUX.	NATIONALITÉ.
Leer (OW)	Prusse (Hanovre).	Libau (N)	Russie d'Europe.
Leeuwarden	Pays-Bas.	Liblic (F)	Autriche.
Leghorn (v. Livourne)	Italie.	Libramont (Luxembourg, (FL)	Belgique.
Legnago (L)	Italie.	Libschitz	Autriche.
Legnano (FL)	Italie.	Licata (I. de Sicile)	Italie.
Lehrberg (F)	Bavière.	Lichfield	Grande-Bretagne.
Lehrte (EW) (F)	Prusse (Hanovre).	Lichtenau (L)	Bade.
Leibnitz (F)	Autriche.	Lichtenau (EW) (F)	Prusse.
Leicester —N/2—	Grande-Bretagne.	Lichtenfels (L)	Bavière.
Leichlingen (OW) (F)	Prusse.	Lichtensteig (L)	Suisse.
Leigh	Grande-Bretagne.	*Lichtenstein (EW) (N)	Saxe.
Leighton —N/2—	Grande-Bretagne.	Lichterwelde (Flandre occid.)	Belgique.
Leipheim (F)	Bavière.	Lichtenwald (F)	Autriche.
Leipnik	Autriche.	Lidköping	Suède.
Leipzig (EW) (N)	Saxe.	*Lidorikion	Grèce.
Leirdalsoren	Norwége.	Liebau (Silésie, (EW) L)	Prusse.
Leiria	Portugal.	Liebenau (F)	Autriche (Bohême).
Leisnich (EW) (L)	Saxe.	Liebenau (OW) F)	Prusse (Hesse-Cassel).
Leiston (F)	Grande-Bretagne.	Liebenstein (EW BL)	Saxe-Meiningen.
Leith	Grande-Bretagne.	Liebenwerda (EW) L)	Prusse.
Leitmeritz (L)	Autriche (Bohême).	*Liebescele (EW) (L)	Prusse.
Lekenik (F)	Autriche.	Liebmuhl (EW) (L)	Prusse.
Lemberg (N)	Autriche (Galicie).	Liebech	Autriche.
Lemgo (OW) (L)	Lippe-Detmold.	Liebstadt (F)	Autriche.
Lemmer (L)	Pays-Bas.	Liége (N)	Belgique.
Lemvig (Jutland)	Danemark.	Liegnitz (EW)	Prusse.
Lendinara (L)	Italie.	Lienz (L)	Autriche (Tyrol).
Lengenfeld (EW) (F)	Saxe.	Lierde-Sainte-Marie (F)	Belgique.
Lennep (OW) (L)	Prusse.	Lierre	Belgique.
Lentini (L)	Italie.	Liers (FL)	Belgique.
Lenton	Grande-Bretagne.	Liesing (F)	Autriche.
Lentschitza	Russie d'Europe.	Liestal (Bâle) (L)	Suisse.
Lenzbourg (Argovie) (L)	Suisse.	Lightcliffe	Grande-Bretagne.
Lenzkirch (L)	Bade.	Lillehammer	Norwége.
Leoben (L)	Autriche (Styrie).	Lillesand (L)	Norwége.
Leobersdorf (F)	Autriche.	Lillestrommen (F)	Norwége.
Leobschütz (EW) (L)	Prusse.	Lillo (L)	Belgique.
Leominster	Grande-Bretagne.	*Limbach (EW) (L)	Saxe.
Léon (N)	Espagne.	Limburg-sur-Lahn (F)	Prusse (Nassau).
Leonberg (L)	Wurtemberg.	Limburg près Hagen (OW) F	Prusse.
Léonforte (L)	Italie.	Limerick (Irlande)	Grande-Bretagne.
Leopolstadt (fg de Vienne) (N)	Autriche.	Limerick Junction (Irlande) (L)	Grande-Bretagne.
Leova (N)	Moldo-Valachie.	Limito (FL)	Italie.
Lepsény (F)	Autriche.	Limones	Ile de Cuba.
Lerici (L)	Italie.	Lincoln	Grande-Bretagne.
Lérida (N)	Espagne.	Linda (EW) (F)	Prusse.
Lervik (L)	Norwége.	Lindal	Grande-Bretagne.
Lervin (EW) (L)	Prusse.	Lindau (N)	Bavière.
Lesbury	Grande-Bretagne.	Lindenau (EW) (F)	Prusse.
Lésina	Autriche (Dalmatie).	Lindern (OW) (F)	Prusse.
Lessines (Hainaut) (F)	Belgique.	Lindköping	Suède.
Letmathe (OW) (F)	Prusse.	Lingen (OW) (N)	Prusse (Hanovre).
Letojanni (FL)	Italie.	Linlithgow (L)	Grande-Bretagne.
Lettowitz (F)	Autriche.	Lintgen (FL)	Luxembourg.
Leuchtthurm (auf dem) (EW)	Oldenbourg.	Linthal (L)	Suisse.
Leutkirch (L)	Wurtemberg.	Linton (Cambr.) (F)	Grande-Bretagne.
Leutschau	Autriche (Hongrie).	Lintz-sur-Danube (N)	Autriche (Autriche).
Leuze (Hainaut)	Belgique.	Linz-sur-Rhin (OW) (L)	Prusse.
Levadie	Grèce.	Lion Mills	Grande-Bretagne.
Levanger (L)	Norwége.	Liorna (v. Livourne)	Italie.
Levenck (L)	Autriche (Hongrie).	Lipetzk	Russie d'Europe.
Lewes	Grande-Bretagne.	Liphook	Grande-Bretagne.
Lewisham	Grande-Bretagne.	Lippehne (EW) (L)	Prusse.
Leyburn	Grande-Bretagne.	Lippstadt (OW) (L)	Prusse.
Leyde	Pays-Bas.	Lipto-Szt-Miklos (L)	Autriche (Hongrie).
		Lisboa (v. Lisbonne)	Portugal.
		Lisbonne (N)	Portugal.
		Lisburn (L)	Grande-Bretagne.
		Liskeard	Grande-Bretagne.

NOMS des BUREAUX.	NATIONALITÉ.
Lisnakea	Grande-Bretagne.
Liss (F)	Grande-Bretagne.
Lissa (Ile) —N/2	Autriche (Dalmatie)
Lissa (Posen) (EW)	Prusse.
Lissa (près Breslau) (EW)	Prusse.
Littai (F)	Autriche.
Littau (F)	Autriche.
Littleborough	Grande-Bretagne.
Little Bytham	Grande-Bretagne.
Little Dunham (F)	Grande-Bretagne.
Little Mill	Grande-Bretagne.
Littlehampton	Grande-Bretagne.
Littleport (F)	Grande-Bretagne.
Livadia (Yalta)	Russie d'Europe.
Liverpool (N)	Grande-Bretagne.
Livorna (v. Livourne)	Italie.
Livorno Piemonte (FI)	Italie.
Livourne (N)	Italie.
Ljusne (L)	Suède.
Llandebie	Grande-Bretagne.
Llandilo (L)	Grande-Bretagne.
Llandovery (L)	Grande-Bretagne.
Llandunno	Grande-Bretagne.
Llanelly	Grande-Bretagne.
Llanes	Espagne.
Llangadock (L)	Grande-Bretagne.
Llangollen (L)	Grande-Bretagne.
Llanidloes	Grande-Bretagne.
Llanymynech	Grande-Bretagne.
Loano (L)	Italie.
Loberod (F)	Suède.
Lobositz (F)	Autriche.
Locarno (L)	Suisse.
Locate de Trivulzi (FI)	Italie.
Lochanhead (L)	Grande-Bretagne.
Lochhausen (F)	Bavière.
Lochgelly	Grande-Bretagne.
Lochgpilhead	Grande-Bretagne.
Lochmaben (FL)	Grande-Bretagne.
Lockerbie	Grande-Bretagne.
Lockwinnock	Grande-Bretagne.
Locle (Neuchâtel) (I	Suisse.
Lodelinsart (Hainaut)	Belgique.
Lodi (L)	Italie.
Lodze	Russie d'Europe.
Lœbau (EW)	Saxe.
Lœcknitz (EW) (F)	Prusse.
Lœffingen (L)	Bade.
Lœgstœr (PL)	Danemark.
Lœtzen (EW) (L)	Prusse.
Lœwenberg (EW) (L)	Prusse.
Lœwen (EW) (L)	Prusse.
Lofvestad (F)	Suède.
Logrono	Espagne.
Lohhof (F)	Bavière.
Lohne (EW) (F)	Prusse (Hanovre).
Lohne (EW) (F)	Prusse.
Lohr (F)	Bavière.
Loios (Coimbre) (L)	Portugal.
Loitsch (F)	Autriche.
Loitz (EW) (L)	Prusse.
Loja	Espagne.
Lokeren	Belgique.
Lollar (OW) (F)	Prusse.
Lomscha	Russie d'Europe.
Lonato (FI)	Italie.
Londerzeel (FL)	Belgique.
London (N)	Grande-Bretagne.
Londonderry (Irlande) —N/2	Grande-Bretagne.
Londwater	Grande-Bretagne.
Longdoz	Belgique.
Long Eaton	Grande-Bretagne.
Longerich (OW) (F)	Prusse.
Longford (Irlande) (I)	Grande-Bretagne.
Longlier (Luxembourg)	Belgique.
Longniddry (I)	Grande-Bretagne.
Longone (L)	Italie.
Longport on Bar-Jean (F)	Grande-Bretagne.
Long Stanton (F)	Grande-Bretagne.
Long Stratton	Grande-Bretagne.
Longton (F)	Grande-Bretagne.
Loango (F)	Italie.
Lonsée	Wurtemberg.
Loosdorf	Autriche.
Looz (L)	Belgique.
Lorca	Espagne.
Lorch (OW) (F)	Prusse (Nassau).
Lorch	Wurtemberg.
Lorrach	Bade.
Losonez (I)	Autriche (Hongrie).
Lossiemouth (L)	Grande-Bretagne.
Lostock Junction	Grande-Bretagne.
Lostwithiel	Grande-Bretagne.
Loth (FI)	Belgique.
Loueche-la-Ville (Valais)	Suisse.
Loueche-les-Bains (Valais) (BL)	Suisse.
Loughborough	Grande-Bretagne.
Loughton (F)	Grande-Bretagne.
Louisenthal (OW) (F)	Prusse.
Louié (L)	Portugal.
Louth	Grande-Bretagne.
Louvain (N)	Belgique.
Louvière (La) (Hainaut)	Belgique.
Lovania (v. Louvain)	Belgique.
Lovao (v. Louvain)	Belgique.
Lowen (v. Louvain)	Belgique.
Lowenhagen (EW) (F)	Prusse.
Lower-Norwood	Grande-Bretagne.
Lower Sydenham	Grande-Bretagne.
Lowestoff	Grande-Bretagne.
Lowgill	Grande-Bretagne.
Lowisa (L)	Russie d'Europe.
Lowitsch (par Varsovie) (F)	Russie d'Europe.
Lowmoor	Grande-Bretagne.
Loznitza	Servie.
Luarca (L)	Espagne.
Lubeck (EW)	Ville libre.
Luben (EW) (L)	Prusse.
Lubbenau (EW) (L)	Prusse.
Lubitsch (N)	Russie d'Europe.
Lublin	Russie d'Europe.
Lublinitz (EW) (F)	Prusse.
Lucera (L)	Italie.
Lucerne	Suisse.
Luchow (EW) (L)	Prusse (Hanovre).
Luckau (EW) (L)	Prusse.
Luckenwalde (EW) (F)	Prusse.
Lucknow	Indes.
Lucques	Italie.
Lucques (les Bains) (BL)	Italie.
Luddenden Foot	Grande-Bretagne.
Ludenscheidt (OW) (L)	Prusse.
Ludlow	Grande-Bretagne.
Ludwigsbourg	Wurtemberg.

NOMS des BUREAUX.	NATIONALITÉ.	NOMS des BUREAUX.	NATIONALITÉ.
Ludwigsfelde (EW) (F)	Prusse.	Luppa Dahlen (EW)	Saxe.
Ludwigshafen (L)	Bade.	Lurgan (L)	Grande-Bretagne.
Ludwigshafen (N)	Bavière.	Lussin Piccolo	Autriche (Istrie).
Ludwigslust (EW)	Mecklembourg.	Lustin (Namur) (FL)	Belgique.
Ludwigsort (EW) (F)	Prusse.	Lutjenburg (EW) (L)	Prusse (Holstein).
Lueben (EW) (L)	Prusse.	Luton (F)	Grande-Bretagne.
Luffenham	Grande-Bretagne.	Lutry (Vaud) (L)	Suisse.
Lugano	Suisse.	Lutter-sur-Baremberg (EW)	Brunswick.
Lugar (F)	Grande-Bretagne	Lütich (v. Liége)	Belgique.
Lugau (EW) (F)	Saxe.	Lutre (Hainaut) (F)	Belgique.
Lugo	Espagne.	Lutzk	Russie d'Europe.
Lugo	Italie.	Luxembourg	Luxembourg.
Lugos	Autriche (Hongrie).	Luzan (F)	Autriche (Bukowine).
Luhe (F)	Bavière.	Luz-na-Foz-de-Douro (Sém.) (5)	Portugal.
Luik (v. Liége)	Belgique.	Lyck (EW) (L)	Prusse.
Luléa	Suède.	Lymington (F)	Grande-Bretagne.
Lund	Suède.	Lyme-Regis	Grande-Bretagne.
Lundemo (F)	Norwége.	Lynelys	Grande-Bretagne.
Lunden (EW) (L)	Prusse (Holstein).	Lyngoer (L)	Norwége.
Lundenburg	Autriche (Moravie).	Lynn-Regis	Grande-Bretagne.
Lunderby (F)	Norwége.	Lysekil (L)	Suède.
Lunebourg (EW)	Prusse (Hanovre).	Lyss (Berne) (FL)	Suisse.
Lungern	Suisse.	Lytham	Grande-Bretagne.

NOMS des BUREAUX.	NATIONALITÉ.	NOMS des BUREAUX.	NATIONALITÉ.
Maassluis (F)	Pays-Bas.	Manea	Grande-Bretagne.
Macagua	Ile de Cuba.	Manfredonia (L)	Italie.
Macarsca (L)	Autriche (Dalmatie)	Mangalore	Indes.
Macclesfield	Grande-Bretagne.	Mangualde (L)	Portugal.
Macerata	Italie.	Mangolding (F)	Bavière.
Macomer (I. de Sard.) (L)	Italie.	Mannedorf (L)	Suisse.
Maddalena (I. de Sard.) (L)	Italie.	Mannheim (N)	Bade.
Maddaloni (L)	Italie.	Manningtree (F)	Grande-Bretagne.
Madderby	Grande-Bretagne.	Manresa (L)	Espagne.
Madras	Indes.	Mansfield	Grande-Bretagne.
Madrid (N)	Espagne.	Manton	Grande-Bretagne.
Maerzdorf (EW) (F)	Prusse.	Mantoue	Italie.
Maeseyck (L)	Belgique.	Manzanares (N)	Espagne.
Maëstricht	Pays-Bas.	Mapello Ambivero (FL)	Italie.
Mafra $\frac{C}{II\ L}$	Portugal.	Marano (F)	Italie.
Magadino (L)	Suisse.	Marano (Vénétie) (FL)	Italie.
Magdebourg (EW) $\frac{N}{2}$	Prusse.	Marbach (L)	Wurtemberg.
Mageely	Grande-Bretagne.	Marbais (FL)	Belgique.
Magenta (FN)	Italie.	Marbehan (Luxembourg) (FL)	Belgique.
Mahableshwur	Indes.	Marbourg (OW) (F)	Prusse (Hesse-Cassel).
Magherafelt	Grande-Bretagne.	Marbourg	Autriche (Styrie).
Mahlwinkel (EW) (F)	Prusse.	March	Grande-Bretagne.
Mahon (Minorque) (24)	Espagne.	Marche (Luxembourg) (L)	Belgique.
Mahrisch Ostrau (F)	Autriche.	Marche-les-Dames (Namur) (FL)	Belgique.
Maida (L)	Italie.	Marchegg (L)	Autriche (Autriche).
Maidenhead	Grande-Bretagne.	Marchiennes (Hainaut)	Belgique.
Maiden-Newton	Grande-Bretagne.	Marchtrenk	Autriche.
Maidstone $\frac{N}{2}$	Grande-Bretagne.	Marden	Grande-Bretagne.
Mailand (v. Milan)	Italie.	Marein (F)	Autriche.
Mainau (EL)	Bade.	Margao	Indes.
Mainbernheim (F)	Bavière.	Margate $\frac{N}{2}$	Grande-Bretagne.
Mainkur (OW) (F)	Hesse-Cassel.	Margate Town	Grande-Bretagne.
Mainleus (F)	Bavière.	Margrabowa (EW) (L)	Prusse.
Mainz (v. Mayence) (OW)	Hesse-Darmstadt.	Maria-Einsiedeln (v. Einsiedeln)	Suisse.
Maisach (F)	Bavière.	Marianao	Ile de Cuba.
Malaga (N)	Espagne.	Maria Rast (F)	Autriche.
Malahide (Irlande) (L)	Grande-Bretagne.	Mariaschein (F)	Autriche.
Malchin (EW)	Mecklembourg.	Maria Worth (F)	Autriche.
Maldeghem (FL)	Belgique.	Mariazell (L)	Autriche (Styrie).
Malden	Grande-Bretagne.	Maribo	Danemark.
Maldeuten (EW) (L)	Prusse.	Mariefred (L)	Suède.
Maldon (F)	Grande-Bretagne.	Mariel	Ile de Cuba.
Maligaum	Indes.	Mariémont (Hainaut) (F)	Belgique.
Malines (N)	Belgique.	Marienbad (L)	Autriche (Bohême).
Mallow (Irlande) (L)	Grande-Bretagne.	Marienbourg (EW)	Prusse.
Malmédy (OW) (L)	Prusse.	Marienbourg (Namur) (L)	Belgique.
Malmoë (N)	Suède.	Marienwerder (EW) (L)	Prusse.
Malmisch (N)	Russie d'Europe.	Mariestad	Suède.
Mals (L)	Autriche.	Marinha-Grande (L)	Portugal.
Malsch	Bade.	Marioupol (N)	Russie d'Europe.
Malte (v. la Valette)	Ile de Malte.	Markdorf (L)	Bade.
Malton	Grande-Bretagne.	Market-Drayton (L)	Grande-Bretagne.
Maltsch (EW) (F)	Prusse.	Market-Hill (L)	Grande-Bretagne.
Malvern (Great)	Grande-Bretagne.	Market-Harborough	Grande-Bretagne.
Mameche (L)	Belgique.	Market Rasen (F)	Grande-Bretagne.
Mamer (FL)	Luxembourg.	Market Weighton (L)	Grande-Bretagne.
Manaar	Indes (Ceylan).	Markgrœningen (L)	Wurtemberg.
Manage (Hainaut)	Belgique.	Marklissa (EW) (L)	Prusse.
Managuaco	Ile de Cuba.	Markranstedt (EW) (F)	Saxe.
Manchester (N)	Grande-Bretagne.	Mark's Tey	Grande-Bretagne.
Manciano (L)	Italie.	Marksuhl (EW) (F)	Saxe-Weimar.
Mandal	Norwége.	Marktschorgast (F)	Bavière.
Manduria (L)	Italie.	Marktbibart (F)	Bavière.
		Marktbreit (L)	Bavière.
		Markteinersheim (F)	Bavière.
		Markt Tuffer (F)	Autriche.
		Marlborough	Grande-Bretagne.

NOMS des BUREAUX.	NATIONALITÉ.	NOMS des BUREAUX.	NATIONALITÉ.
Marloie (Luxembourg) (FL)...	Belgique.	Meitingen (F)...	Bavière.
Marmaros Szigeth (L)........	Autriche (Hongrie).	Meldorf (EW) (L)...	Prusse (Holstein).
Marne (EW) (L).............	Prusse (Sleswig).	Melegnano (FL)...	Italie.
Maros Vasarhely............	Autriche (Transylv.)	Melfi...	Italie.
Marsala (L)................	Italie.	Melford (F)...	Grande-Bretagne.
Marsh Lane................	Grande-Bretagne.	Melitopol...	Russie d'Europe.
Marsiconuovo (L)..........	Italie.	Melhus (F)...	Norwége.
Marske (L)................	Grande-Bretagne.	Melksham...	Grande-Bretagne.
Marstal (FL)..............	Danemark.	Melle (OW) (F)...	Prusse (Hanovre).
Marten (OW) (F)..........	Prusse.	Melle (F)...	Belgique.
Martigny (Valais) (L)......	Suisse.	Mellingen (L)...	Suisse (Argovie).
Martock (F)...............	Grande-Bretagne.	Melmerby...	Grande-Bretagne.
Martonvasar (F)...........	Autriche.	Melreux (Luxembourg) (FL).	Belgique.
Maryborough (Irlande) (L...	Grande-Bretagne.	Melrose...	Grande-Bretagne.
Maryport..................	Grande-Bretagne.	Mels (L)...	Suisse.
Marzabotto (FL)..........	Italie.	Melsungen (OW) (F)...	Prusse (Hesse-Cassel).
Masborough...............	Grande-Bretagne.	Melton Mowbray...	Grande-Bretagne.
Massa-Carrara.............	Italie.	Melzo (FL)...	Italie.
Massa-Lubrense (sém.) (L)...	Italie.	Memel (EW) (N)...	Prusse.
Massa (Vénétie) (L)........	Italie.	Memmingen (L)...	Bavière.
Massa-Maritima (L)........	Italie.	Menden (OW) (L)...	Prusse.
Masulipatam..............	Indes.	Mendrisio (L)...	Suisse.
Mastig (F)................	Autriche.	Mengede (EW) (F)...	Prusse.
Matanzas.................	Ile de Cuba.	Mengen (L)...	Wurtemberg.
Matera...................	Italie.	Menin (Flandre occident.) (F).	Belgique.
Matheran.................	Indes.	Mensguth (EW) (L)...	Prusse.
Matlock Bath.............	Grande-Bretagne.	Mentz (v. Mayence)...	Hesse-Darmstadt.
Matrei (L)................	Autriche (Tyrol).	Meopham...	Grande-Bretagne.
Matarello (F).............	Autriche.	Meppel...	Pays-Bas.
Mattersdorf (F)...........	Autriche.	Meppen (OW) (F)...	Prusse (Hanovre).
Matzleinsdorf (F).........	Autriche.	Meran (L)...	Autriche (Tyrol).
Mauchline................	Grande-Bretagne.	Merbes-le-Château (Hainaut) (L).	Belgique.
Mauer....................	Bade.	Mercara...	Indes.
Maulbronn................	Wurtemberg.	Mergentheim (L)...	Wurtemberg.
Maxau...................	Bade.	Mérida (L)...	Espagne.
Mayboyle.................	Grande-Bretagne.	Mering (F)...	Bavière.
Mayen (OW) (L)..........	Prusse.	Merlemont (Namur) (FL)...	Belgique.
Mayence ou Mainz (OW)....	Hesse-Darmstadt.	Mersch (FL)...	Luxembourg.
Maynooth (L).............	Grande-Bretagne.	Mersebourg (EW)...	Prusse.
Mayorga (L)..............	Espagne.	Merstham...	Grande-Bretagne.
Mazzara del vallo (Sicile) (L).	Italie.	Merthyr Tydvil...	Grande-Bretagne.
Mealhada (L).............	Portugal.	Mertola (L)...	Portugal.
Mecheln (v. Malines),......	Belgique.	Merzig (OW) (L)...	Prusse.
Mechernich (OW) (F)......	Prusse.	Meschede (OW) (L)...	Prusse.
Mechlin (v. Malines).......	Belgique.	Meseritz (EW) (L)...	Prusse.
Meckesheim..............	Bade.	Mesocco (Misox) (L)...	Suisse.
Mede (FL)................	Italie.	Messancy (Luxembourg) (FL).	Belgique.
Mediasch (L).............	Autriche (Transylvanie)	Messine (I. de Sicile) (N)...	Italie.
Medina del Campo (L).....	Espagne.	Mestre (FN)...	Italie.
Medinasidonia (L).........	Espagne.	Meta (L)...	Italie.
Medyka (F)...............	Autriche.	Metelin...	Turquie d'Asie.
Meenen (v. Menin).........	Belgique.	Metgetten (EW) (F)...	Prusse.
Meerane (EW)............	Saxe.	Methven...	Grande-Bretagne.
Meerseburg (L)...........	Bade.	Mettkau (EW) (F)...	Prusse.
Meerssen (P).............	Pays-Bas.	Metkowich (N)...	Autriche (Dalmatie)
Meerut...................	Indes.	Mettlach (OW) (F)...	Prusse.
Megalopolis (L)...........	Grèce.	Mettmann (OW) (L)...	Prusse.
Meggen..................	Suisse.	Metzig (v. Messancy)...	Luxembourg.
Mehadia-Bad (BL) (12...	Autriche (Hongrie).	Metzingen...	Wurtemberg.
Meerholz (OW) (F)........	Prusse.	Meulebeke (Flandre occ.) (L).	Belgique.
Mehlem (OW) (F).........	Prusse.	Mexboro (L)...	Grande-Bretagne.
Mehltheuer (EW) (F)......	Saxe.	Mezo Bereny (F)...	Autriche.
Mehrhoog (OW) (F).......	Prusse.	Mezo Keresztes (F)...	Autriche.
Meidling (F).............	Autriche.	Mezo Tur (F)...	Autriche.
Meigle...................	Grande-Bretagne.	Mhow...	Indes.
Meilen (L)...............	Suisse.	Mianeh...	Perse.
Meiningen (EW)..........	Saxe-Meningen.	Miasteczko (EW) (F)...	Prusse.
Meiringen (Berne) (L).....	Suisse.	Michaelstone (L)...	Grande-Bretagne.
Meissen (EW) (L),........	Saxe.	Micheldever (F)...	Grande-Bretagne.

NOMS des BUREAUX.	NATIONALITÉ.	NOMS des BUREAUX.	NATIONALITÉ.
Mickley	Grande-Bretagne.	Modugno (F)	Italie.
Middelbourg	Pays-Bas.	Mœdling (F)	Autriche.
Middelfart (PL)	Danemark.	Mœrdshofen F	Bavière.
Middlesborough	Grande-Bretagne.	Mœrgeldorf F	Bavière.
Middleton	Grande-Bretagne.	Mœnchehof (OW) (F)	Prusse (Hesse-Cassel).
Middleton on Row	Grande-Bretagne.	Mœrbeke (L)	Belgique (Flandre orient.)
Middleton-Cork	Grande-Bretagne.	Mœrs (OW) (L)	Prusse.
Middleton Junction	Grande-Bretagne.	Mœttingen (F)	Bavière.
Midnapore	Indes.	Mogeel	Grande-Bretagne.
Miesbach (F)	Bavière.	Mogglingen	Wurtemberg.
Mignano (FL)	Italie.	Mogilno (EW) (L)	Prusse.
Mihaleni (N)	Moldo-Valachie.	*Mogliano (F)	Italie.
Milan (N)	Italie.	Mommern (v. Mayence)	Hesse-Darmstadt.
Milazzo (Île de Sicile)	Italie.	Moha (F)	Autriche Hongrie.
Mildenhall Road	Grande-Bretagne.	Mohacs (L)	Autriche.
Milden (v. Moudon)	Suisse.	Mohilew sur le Dnieper	Russie d'Europe.
Miles Platting	Grande-Bretagne.	Mohilew Podolsk	Russie d'Europe.
Mileto (L)	Italie.	Mohrungen (EW) (L)	Prusse.
Milford (N)	Grande-Bretagne.	Mokrin (F)	Autriche.
Milford (Pembrokshire)	Grande-Bretagne.	Mola-di-Bari (L)	Italie.
Milford Junction (N)	Grande-Bretagne.	Molde	Norwége.
Militello Rosmarino (L)	Italie.	Molden (v. Moudon)	Suisse.
Militsch (EW) (L)	Prusse.	**L**	
Miller's-Dale	Grande-Bretagne.	Moldœa ——	Norwége.
Millikin-Park (L)	Grande-Bretagne.	**HG**	
Milnthorpe	Grande-Bretagne.	Molk	Autriche.
Milna (L)	Autriche (Dalmatie).	Molfetta (L)	Italie.
Miloslaw (EW) (L)	Prusse.	Moll (L)	Belgique.
Milspe (OW) (F)	Prusse.	Molln (Lauenbourg) (EW) (L)	Prusse.
Miltenberg (L)	Bavière.	Molln s/a (EW)	Mecklembourg.
Milton	Grande-Bretagne.	Molnari (F)	Autriche.
Miltzow (EW) (F)	Prusse.	Momignies (Hainaut) (Fl)	Belgique.
Minden (OW)	Prusse.	Monaco (v. Munich)	Bavière.
Mineo (L)	Italie.	Monaco (v. page 45)	Principauté de Monaco.
Minervino Murge (L)	Italie.	Monaghan (Irlande) (L)	Grande-Bretagne.
Minety	Grande-Bretagne.	Monasterevan (L)	Grande-Bretagne.
Minsk	Russie d'Europe.	Monasterzyska (L)	Autriche.
Minster	Grande-Bretagne.	Monastir	Turquie d'Europe.
Mirandella (L)	Portugal.	Moncalieri (F)	Italie.
Mirandola (L)	Italie.	Moncorvo (L)	Portugal.
Mirandola (Fl)	Italie (Romagne).	Mondonedo (LM)	Espagne.
Mirfield	Grande-Bretagne.	Mondovi (L)	Italie.
Mirshofen (F)	Bavière.	Monfalcone (F)	Autriche.
Mirzapore	Indes.	Monijieth	Grande-Bretagne.
Misdroy (EW) (L)	Prusse.	Monopoli (L)	Italie.
Miscolcz	Autriche (Hongrie).	Monor	Autriche.
Misox (v. Mesocco)	Suisse.	Monréal del Campo (L)	Espagne.
Missolonghi	Grèce.	Mons (Hainaut) (N)	Belgique.
Mistek (L)	Autriche (Moravie).	Monsélice (L)	Italie.
Mistley (F)	Grande-Bretagne.	Monsteras (L)	Suède.
Mistretta (L)	Italie.	Montagnana (L)	Italie.
Mitcham	Grande-Bretagne.	Montalbano (L)	Italie.
Mitrowitz	Autriche (Hongrie).	*Montebello (F)	Italie.
Mittau	Russie d'Europe.	Montecatini (L)	Italie.
Mittelwalde (EW) (L)	Prusse.	Montefiascone (L)	Etats de l'Eglise.
Mitterndorf (F)	Autriche.	Monte Generosa (BL)	Suisse.
Mittersendling (F)	Bavière.	Montaleone	Italie.
Mitterteich (F)	Bavière.	Montemor-Novo	Portugal.
Mitweïda (EW) (F)	Saxe.	Montepulciano (L)	Italie.
Mixnitz (F)	Autriche.	Monte-s-Angelo (L)	Italie.
Mjöndalen (F)	Norwége.	Montescaglioso (L)	Italie.
Moate (Irlande) (L)	Grande-Bretagne.	Montevarchi (F)	Italie.
Moate-Lane	Grande-Bretagne.	Monte-Vico-a-Laco-Ameno (Sém) (L)	Italie.
Mochenwangen	Wurtemberg.	Montgomery	Grande-Bretagne.
Mockmühl (L)	Wurtemberg.	Monthey (Valais) (L)	Suisse.
N		Montigny (Hainaut) (FL)	Belgique.
Modène ——	Italie.	Montjoie (OW) (L)	Prusse.
Modica (île de Sicile) (N)	Italie.	Montmouth (L)	Grande-Bretagne.

NOMS des BUREAUX.	NATIONALITÉ.	NOMS des BUREAUX.	NATIONALITÉ.
Montreux (Vernex) (Vaud) (L).	Suisse.	Mudau (L)	Bade.
Montrose	Grande-Bretagne.	Muggensturm	Bade.
Montschau (v. Montjoie)	Prusse.	Muglitz (F)	Autriche.
Mont St-Guibert (Fl)	Belgique.	Muhlacker	Wurtemberg.
Montzen (L)	Italie.	Muhlburg	Bade.
Monza	Italie.	Muhldorf (L)	Bavière.
Monzingen (OW) (F)	Prusse.	Muhlen (L)	Suisse.
Mooltan	Indes.	Muhlenbach (L)	Autriche (Transylvanie).
Moor (F)	Autriche.	Muhlhausen (L)	Bade.
Moosburg (F)	Bavière.	Muhlhausen (Thuringe) (EW)	Prusse.
Moosham (F)	Bavière.	Muhlhausen (Preussich) (EW) (F)	Prusse.
Moradabad	Indes.	Muhlhausen-Elster	Saxe.
Morat (Murten) (Fribourg) (L)	Suisse.	Muhlheim-sur-Danube (L)	Wurtemberg.
Morawan	Autriche.	Muhlthal (F)	Bavière.
Morawitza (F)	Autriche.	Muirkirk	Grande-Bretagne.
Morhegno (L)	Italie.	Mulberg (L)	Suisse.
Morecambe (F)	Grande-Bretagne.	Mosezin (EW) (F)	Prusse.
Morella (L)	Espagne.	Mulheim-sur-Rhin (OW) (L)	Prusse.
Moreton-in-Marsh	Grande-Bretagne.	Mulheim-sur-Rhur (OW)	Prusse.
Moreton Dorset (F)	Grande-Bretagne.	Mullheim	Bade.
Morgenroth (EW) (L)	Prusse.	Mullheim (Fl)	Suisse.
Morges (Vaud) (L)	Suisse.	Mullingar (Irlande) (L)	Grande-Bretagne.
Morhungen (EW) (L)	Prusse.	Mumps (F)	Grande-Bretagne.
Mori (F)	Autriche (Tyrol).	Munchen (v. Munich)	Bavière.
Morialmé (Hainaut) (Fl)	Belgique.	Muncheberg (EW) (F)	Prusse.
Morlanwelz (Hainaut) (L)	Belgique.	Münchberg (F)	Bavière.
Morpeth	Grande-Bretagne.	Munchengratz (F)	Autriche.
Morschansk	Russie d'Europe.	Munden (EW) (F)	Prusse (Hanovre).
Morsen (v. Morges)	Suisse.	Munderkingen (L)	Wurtemberg.
Mortara (F)	Italie.	Munich (Munchen) (N)	Bavière.
Mortimer	Grande-Bretagne.	Munsingen (Berne) (Fl)	Suisse.
Mosbach	Bade.	Munsingen (L)	Wurtemberg.
Mosciska (F)	Autriche.	Munster (OW)	Prusse.
Moschganzen (F)	Autriche.	Munsterberg (EW) (L)	Prusse.
Moscou (N)	Russie d'Europe.	Munster-sur-Stein (OW) (F)	Prusse.
Moses Gate	Grande-Bretagne.	Murcie (N)	Espagne.
Moskirch (L)	Bade.	Murg	Bade.
Moss	Norwége.	Murgenthal (Berne) (Fl)	Suisse.
Mossley	Grande-Bretagne.	Muri (Argovie) (L)	Suisse.
Mossoul (N)	Turquie d'Asie.	Murree	Indes.
Mostar	Turquie d'Europe.	Murviedro (N)	Espagne.
Motala	Suède.	Murrhardt (L)	Wurtemberg.
Motherwell (N)	Grande-Bretagne.	Mursen (v. Morges)	Suisse.
Motiers (Neuchâtel) (L)	Suisse.	Murten (v. Morat)	Suisse.
Motta (L)	Italie.	Murzzuschlag (F)	Autriche.
Mottram (F)	Grande-Bretagne.	Musselburgh (F)	Grande-Bretagne.
Moudon (Vaud) (L)	Suisse.	Mussendom	Perse.
Moulmein	Indes.	Muskau (EW) (L)	Prusse.
Moulsford	Grande-Bretagne.	Mussovrie (F)	Indes.
Mountain-Ash	Grande-Bretagne.	Mutignano	Italie.
Mouscron (Flandre occident.)	Belgique.	Myhere	Indes.
Moustier (Namur) (F)	Belgique.	Myslowitz (EW)	Prusse.
Moutier (Berne) (L)	Suisse.	Mysore	Indes.
Mszana (F)	Autriche.		

NOMS des BUREAUX.	NATIONALITÉ.
Naarden	Pays-Bas.
Nabburg (F)	Bavière.
Nabresina (F)	Autriche.
Nachterstedt (EW) (F)	Prusse.
Naessjoe (F)	Suède.
Nafels-Mollis (L)	Suisse.
Nagold (L)	Wurtemberg.
Nagporo	Indes.
Nagy Banya (L)	Autriche (Hongrie).
Nagy-Igmand (F)	Autriche.
Nagy-Kallo (L)	Autriche (Hongrie).
Nagy-Karoly	Autriche.
Nagy Koros (F)	Autriche (Hongrie).
Nagy Szollos (L)	Autriche (Hongrie).
Nairn	Grande-Bretagne.
Nakel (EW) (F)	Prusse.
Nakskow	Danemark.
Namèche (Namur) (FL)	Belgique.
Namen (v. Namur)	Belgique.
Namslau (EW) (L)	Prusse.
Namsos (L)	Norvége.
Namur (Namur) (N)	Belgique.
Nanhofen (F)	Bavière.
Naninne (Namur) (FL)	Belgique.
Nantwich	Grande-Bretagne.
Napagedl	Autriche.
Naples (N)	Italie
Napoli (v. Naples)	Grèce.
Narboro (Norfolk) (F)	Grande-Bretagne.
Narni (L)	Italie.
Naro (L)	Italie.
Narwa (L)	Russie d'Europe.
Nassau (OW) (F)	Prusse (Nassau).
Nassick	Indes.
Nassow (EW) (F)	Prusse.
Nauders (L)	Autriche (Tyrol).
Nauen (EW) (L)	Prusse.
Naugard (EW) (L)	Prusse.
Nauheim (OW) (F)	Prusse.
Naumburg-s-Saale (EW)	Prusse.
Naupacte	Grèce.
Nauplie	Grèce.
Navalmoral de la Mata (L)	Espagne.
Navan (Irlande) (L)	Grande-Bretagne.
Nayland (Milford) (N)	Grande-Bretagne.
Neapel (v. Naples)	Italie.
Neath	Grande-Bretagne.
Nebikon (FL)	Suisse.
Necessidades (N)	Portugal.
Nechin (Hainaut) (FL)	Belgique.
Nechlin (EW) (F)	Prusse.
Neckarbischofsheim (L)	Bade.
Neckarelz	Bade.
Neckargemünd	Bade.
Neckarsulm	Wurtemberg.
Nederkalix (N)	Suède.
Needham	Grande-Bretagne.
Neelapillay	Indes.
Neemuch	Indes.
Neerpelt (L)	Belgique.
Negapatam	Indes.
Negotin (N)	Servie.
Neheim (OW) (L)	Prusse.
Neidenburg (EW)	Prusse.
Neidenstein	Bade.
Neisse (EW)	Prusse.
Nellore	Indes.
Nenagh (L)	Grande-Bretagne.
Nendza (EW) (F)	Prusse.
Neresheim (L)	Wurtemberg.
Nersingen (F)	Bavière.
Nessonvaux (F)	Belgique.
Nesterchitz (F)	Autriche.
Nestved	Danemark.
Netley (F)	Grande-Bretagne.
Netstall	Suisse.
Neubaeu (F)	Bavière.
Neu-Becse	Autriche (Hongrie).
Neuberun (EW) (F)	Prusse.
Neubrandebourg (EW)	Mecklembourg.
Neuburs sur le Danube (L)	Bavière.
Neubydzow (L)	Autriche (Bohême).
Neuchâtel (Neuchâtel)	Suisse.
Neudorf	Autriche (Hongrie).
Neudorf	Autriche (Moravie).
Neuenahr (OW) (L)	Prusse.
Neuenburg (L)	Wurtemberg.
Neuenburg (v. Neuchâtel)	Suisse.
Neuenhagen (EW) (F)	Prusse.
Neuenstadt (L)	Wurtemberg.
Neuerburg (OW) (L)	Prusse.
Neues-Palais	Prusse.
Neufahrn (près Ergolsbach) (F)	Bavière.
Neufahrn (près Freising) (F)	Bavière.
Neutharwasser (EW) (L)	Prusse.
Neufchâteau (Luxembourg) (L)	Belgique.
Neuffen (L)	Wurtemberg.
Neugersdorf (EW) (L)	Saxe.
Neugradisca (L)	Autriche (Croatie).
Neuhaldensleben (EW) (L)	Prusse.
Neuhaus (L)	Autriche (Bohême).
Neuhaus (Bade (BL) (13)	Autriche (Styrie).
Neuhaus-sur-Oste (EW) (L)	Prusse (Hanovre).
Neuhausel (L)	Autriche (Hongrie).
Neuhauser (EW) (F)	Prusse.
Neukirchen (F)	Bavière.
Neukirchen, près Herzfeld (OW) (F)	Prusse (Hesse-Cassel).
Neukirchen près Wickrath (OW) (L)	Prusse.
Neukuhren (EW) (BL)	Prusse.
Neulengbach (F)	Autriche.
Neumarkt (L)	Autriche.
Neumarkt (FL)	Autriche (Tyrol).
Neumarkt (F)	Bavière.
Neumarkt (EW) (L)	Prusse.
Neumarktl (L)	Autriche (Carniole).
Neumunster (EW)	Prusse (Holstein).
Neumunster (L)	Suisse.
Neunkirch (FL)	Suisse.
Neunkirchen (L)	Autriche (Autriche).
Neunkirchen, p. Saarbruck (OW) (F)	Prusse.
Neunkirchen, pres Siegen OW) (F)	Prusse.
Neu-Pesth (L)	Autriche (Hongrie).
Neu-Rausnitz (L)	Autriche (Moravie).
Neurode (EW) (L)	Prusse.
Neuruppin (EW) (L)	Prusse.
Neus (v. Nyon)	Suisse.
Neusalz (EW) (L)	Prusse.
Neusalza (EW) (L)	Saxe.
Neusandek (L)	Autriche (Galicie).
Neusatz	Autriche (Hongrie).
Neusohl	Autriche (Hongrie).
Neuss (OW)	Prusse.
Neustadt (OW) (F)	Prusse.
Neustadt, près Pine (EW) (L)	Prusse.
Neustadt (EW) (L)	Prusse (Holstein).
Neustadt (L)	Bade.
Neustadt (Silésie) (EW) (L)	Prusse.
Neustadt (West-Pr.) (EW) (L)	Prusse.

NOMS des BUREAUX.	NATIONALITÉ.	NOMS des BUREAUX.	NATIONALITÉ.
Neustadt-sur-Aisch (F)	Bavière.	Nicolai (EW) (L)	Prusse.
Neustadt-sur-Dosse (EW) (F)	Prusse.	Nicolaistadt	Russie d'Europe.
Neustadt-sur-Hayde (EW) (F)	Saxe-Cobourg-Gotha	Nicolajew (N)	Russie d'Europe.
Neustadt-sur-la-Waag	Autriche (Hongrie).	Nicosia (L)	Italie.
Neustadt-sur-l'Orla (EW) (L)	Saxe-Weimar.	Nicotera (L)	Italie.
Neustadt-sur-le-Danube (L)	Bavière.	Niechawa (par Varsovie) (F)	Russie d'Europe.
Neustadt-s-Rubenberge (EW) (F)	Prusse (Hanovre).	Niederfinow (EW) (F)	Prusse.
Neustadt-sur-la-Hardt (L)	Bavière.	Niederfullbach (EW) (F)	Saxe-Cobourg-Gotha
Neustadt-Eberswalde (EW) (L)	Prusse.	Niederlahnstein (EW) (F)	Nassau.
Neustadt-Waldnaab (F)	Bavière.	Niederlindhard (F)	Bavière.
Neustadt-sur-Warthe (EW) (L)	Prusse.	Niederndorf (L)	Autriche (Tyrol).
Neustettin (EW)	Prusse.	Niederschelden (OW) (F)	Prusse.
Neustrélitz (EW)	Mecklembourg.	Niederstetten (L)	Wurtemberg.
Neu Szony (F)	Autriche.	Niederurnen (L)	Suisse.
Neutitschein (L)	Autriche (Moravie).	Niederwalluf (OW) (F)	Prusse (Nassau).
Neutomysl (EW) (L)	Prusse.	Nieder-Wollstadt (OW) (F)	Prusse.
Neutra (N)	Autriche (Hongrie).	Niefern	Bade.
Neuulm	Bavière.	Nienbourg (EW) (L)	Prusse (Hanovre).
Neu Verbasz (L)	Autriche (Hongrie).	Nierenhoff (OW) (F)	Prusse.
Neuveville (Berne) (L)	Suisse.	Niesky (EW) (L)	Prusse.
Neuwied (OW) (L)	Prusse.	Nieukerk (OW) (F)	Prusse.
Neuzelle (EW) (F)	Prusse.	Nieuport (Flandre occid.) (L)	Belgique.
Neuzen (L)	Pays-Bas.	Nieuw-Diep	Pays-Bas.
Neviges (OW) (F)	Prusse.	Nijny-Nowgorod (N)	Russie d'Europe.
Newark	Grande-Bretagne.	Nimkau (EW) (F)	Prusse.
Newark-on-Trent	Grande-Bretagne.	Nimptsch (EW) (L)	Prusse.
New Beckhenham (F)	Grande-Bretagne.	Nimy (Hainaut) (F)	Belgique.
Newbridge (Irlande) (L)	Grande-Bretagne.	Ninove (F)	Belgique.
Newbridge ou Pontypridd	Grande-Bretagne.	Nisi	Grèce.
New Brompton (Kent)	Grande-Bretagne.	Nissa (N)	Turquie d'Europe.
Newburgh	Grande-Bretagne.	Nivelles	Belgique.
Newbury	Grande-Bretagne.	Nixdorf (L)	Autriche (Bohême).
Newby Wiske	Grande-Bretagne.	Nizza (Montferrat) (FL)	Italie.
Newcastle-on-Tyne — N/2	Grande-Bretagne.	Nocera (L) (Naples)	Italie.
Newcastle-under-Lyne (F)	Grande-Bretagne.	Noerdyck (F)	Pays-Bas.
Newchurch	Grande-Bretagne.	Noia (FL)	Italie.
New Cross	Grande-Bretagne.	Noirmont (Berne)	Suisse.
New-Galloway	Grande-Bretagne.	Nola	Italie.
New-Gumnoch (L)	Grande-Bretagne.	Noord-Scharwoude (F)	Pays-Bas.
Newhaven	Grande-Bretagne.	Nora (F)	Suède.
New Holland	Grande-Bretagne.	Norburg (EW) (L)	Prusse (Sleswig).
Newington (Kent)	Grande-Bretagne.	Norden (OW) (L)	Prusse (Hanovre).
Newmarket	Grande-Bretagne.	Nordenburg (EW) (L)	Prusse.
New Maud	Grande-Bretagne.	Nordendorf (F)	Bavière.
New-Mill-End (F)	Grande-Bretagne.	Nordenhamm (EW) (L)	Oldenbourg.
New-Mils (F)	Grande-Bretagne.	Norderney (OW) — L/BC	Prusse (Hanovre).
Newport (Monmouth)	Grande-Bretagne.	Norderwyck-Morkowen (L)	Belgique.
Newport Mill Street (L)	Grande-Bretagne.	Nordhausen (EW)	Prusse.
Newport Dock Street (L)	Grande-Bretagne.	Nordhorn (OW) (L)	Prusse (Hanovre).
Newport (Ile de Wight)	Grande-Bretagne.	Nordlingen	Bavière.
New-Ross (Irlande)	Grande-Bretagne.	Nordmaling (L)	Suède.
Newry (Irlande)	Grande-Bretagne.	Nordstemmen (EW) (F)	Prusse (Hanovre).
Newtonnards	Grande-Bretagne.	Nordstrand (EW) (L)	Prusse (Sleswig).
Newton Abbot	Grande-Bretagne.	Norf (OW) (F)	Prusse.
Newton Bridge	Grande-Bretagne.	Norkitten (EW) (F)	Prusse.
Newton-Butler	Grande-Bretagne.	Normanton (N)	Grande-Bretagne.
Newton et Hyde	Grande-Bretagne.	Norrkœping	Suède.
Newton-Stewart (L)	Grande-Bretagne.	Norrtelje (L)	Suède.
Newton (Devon)	Grande-Bretagne.	Norten (EW) (F)	Prusse (Hanovre).
Newton (Lancashire)	Grande-Bretagne.	Northallerton	Grande-Bretagne.
Newton (Ile de Wight)	Grande-Bretagne.	North Berwich	Grande-Bretagne.
Newtown	Grande-Bretagne.	Northampton	Grande-Bretagne.
Newtownlimavady (Irlande)	Grande-Bretagne.	North Camp	Grande-Bretagne.
New Wandsworth	Grande-Bretagne.	North Dean	Grande-Bretagne.
Nibe (Jutland) (Pt.)	Danemark.	Northeim (EW) (F)	Prusse (Hanovre).
Nicastro (L)	Italie.	Northenden (F)	Grande-Bretagne.
Niclausdorf (EW) (F)	Prusse.	Northfleet	Grande-Bretagne.

NOMS des BUREAUX.	NATIONALITÉ.	NOMS des BUREAUX.	NATIONALITÉ.
Northleach	Grande-Bretagne.	$\frac{N}{2}$ Nuneaton ——	Grande-Bretagne.
North Road	Grande-Bretagne		
North-Shields	Grande-Bretagne.	*Nunziatella (La) (FL)	Italie.
North-Tawton	Grande-Bretagne.	Nuremberg (Nurnberg) (N)	Bavière.
Northwich (F	Grande-Bretagne.	Nurschan	Autriche Bohême).
North Woolwich (F)	Grande-Bretagne.	Nurtingen	Wurtemberg.
Norton Bridge	Grande-Bretagne.	Nusseerabad	Indes.
Norton Junction	Grande-Bretagne.	Nya Warfvet (L	Suède.
Norwich (N.)	Grande-Bretagne.	Nyborg	Danemark.
Norwood	Grande-Bretagne.	Nyek (F)	Autriche.
Norwood-Junction	Grande-Bretagne.	Nyir Bator (L)	Autriche (Hongrie).
Noto (Ile de Sicile) (L)	Italie.	Nyiregyhaza	Autriche (Hongrie).
Nottingham	Grande-Bretagne.	Nykerk (P	Pays-Bas.
Notts (v. Nottingham)	Grande-Bretagne.	Nykjøbing (Mors) (Pl.)	Danemark.
Novare (N	Italie.	Nikjøbing (Falster)	Danemark.
Novi (Gênes) (L	Italie.	Nykøping	Suède.
Novi Ligure (L) (F)	Italie.	Nymègue	Pays-Bas.
Nowogeorgiewsk	Russie d'Europe.	Nyland (L)	Suède.
Nowotscherkassk	Russie d'Europe.	Nynee Tal	Indes.
Nuggur Parker	Indes.	Nyon (Vaud) (L)	Suisse.
Nuoro (I. de Sardaigne) (L)	Italie.		

NOMS des BUREAUX.	NATIONALITÉ.	NOMS des BUREAUX.	NATIONALITÉ.
Oakamore	Grande-Bretagne.	Olching (F)	Bavière.
Oakengates	Grande-Bretagne.	Oldbury	Grande-Bretagne.
Oakham	Grande-Bretagne.	Oldcastle (F)	Grande-Bretagne.
Oakington	Grande-Bretagne.	Oldenbourg (OW)	Oldenbourg.
Oakley (F)	Grande-Bretagne.	Oldenburg (EW) (L)	Prusse (Holstein).
Oban	Grande-Bretagne.	Oldham	Grande-Bretagne.
Oberaudorf (F)	Bavière.	Old-Trafford	Grande-Bretagne.
Ober-Roblingen (EW) (F)	Prusse.	Oleggio (FL)	Italie.
Ober-Cassel (OW) (F)	Prusse.	Oletzko (voir Marggrabowa)	Prusse.
Oberdachstetten (F)	Bavière.	Olhao (L)	Portugal.
Oberdischingen (L)	Wurtemberg.	Olive (l') (Hainaut) (F)	Belgique.
Oberdorf (F)	Bavière.	Oliveira d'Azemeis (L)	Portugal.
Obereitnau (F)	Bavière.	Ollon (L)	Suisse (Vaud)
Oberhaid (F)	Bavière.	Olmenetta (FL)	Italie.
Oberhausen (OW) (F)	Prusse.	Olmutz (N)	Autriche (Moravie).
Oberistvy (FL)	Autriche (Dalmatie).	Olpe (OW) (L)	Prusse.
Oberkirch (L)	Bade.	Olst (F)	Pays-Bas.
Oberkotzau (F)	Bavière.	Olten (Soleure)	Suisse.
Oberlahnstein (OW)	Prusse (Nassau).	Oltenitza (N)	Moldo-Valachie.
Oberlauchringen	Bade.	Omagh (L) (Irlande)	Grande-Bretagne.
Oberlesece (F)	Autriche.	Omsk (Sibérie a) (N)	Russie.
Oberlichtenau (EW) (F)	Saxe.	Oneglio (v. Oneille)	Italie.
Oberndorf (L)	Wurtemberg,	Oneille (L)	Italie.
Obernigk (EW) (F)	Prusse.	Ongole	Indes.
Oberoderwitz (EW) (F)	Saxe.	Ooss	Bade.
Oberstaufen (F)	Bavière.	Oosterhout (L)	Pays-Bas.
Oberstein (OW) (F)	Prusse.	Ootacamund	Indes.
Obertheres (F)	Bavière.	Opladen (OW) (F)	Prusse.
Obertraubling (F)	Bavière.	Oporto ou Porto (N)	Portugal.
Oberursel (OW) (L)	Prusse (Nassau).	Oppeln (EW)	Prusse.
Oberwesel (OW) (F)	Prusse.	Oppenau (L)	Bade.
Obrenovatz	Servie.	Oranmore	Grande-Bretagne.
Obrovazzo (L)	Autriche (Dalmatie).	Orawitza (L)	Autriche (Hongrie).
Occhiobello (L)	Italie.	Orbach (v. Orbe)	Suisse.
Ochsenfurth (F)	Bavière.	Orbe (Vaud) (L)	Suisse.
Ochsenhausen (L)	Wurtemberg.	Orbetello (L)	Italie.
Ocna (E)	Moldo-Valachie.	Orebich (L)	Autriche (Dalmatie).
Ocujal	Ile de Cuba.	Orel (N)	Russie d'Europe.
Odenkirchen (OW) (L)	Prusse	Orenburg	Russie d'Europe.
Odense	Danemark.	Orense	Espagne.
Oderberg (N)	Autriche (Silésie).	Orfa (L) (34)	Turquie d'Asie.
Oderzo (L)	Italie.	Orihuela (L)	Espagne.
Odessa (N)	Russie d'Europe.	Oristano (Ile de Sard.) (HL)	Italie.
Oedenbourg	Autriche (Hongrie).	Ormskirk (L)	Grande-Bretagne.
Oederan (EW) (L)	Saxe.	Oron (Vaud) (L)	Suisse.
Oehringen	Wurtemberg.	Orosei (Ile de Sard.) (L)	Italie.
Oelde (OW)	Prusse.	Oroszlamos (F)	Autriche.
Oels (EW) (L)	Prusse.	Orpira	Russie du Caucase.
Oelsnitz (EW) (F)	Saxe.	Orrell	Grande-Bretagne.
Oerebro	Suède.	Orschweier	Bade.
Oeregrund (L)	Suède.	Orsowa (N)	Autriche (Hongrie).
Oernskoldswik	Suède.	Orsoy (O.W) (L)	Prusse.
Oertzenhof (F)	Wurtemberg.	Orta (F)	Italie.
Oeslau (EW) (F)	Saxe-Cobourg-Gotha	Ortelsburg (EW) (L)	Prusse.
Oestersund	Suède.	Ortona (L)	Italie.
Oestrich-sur-Rhin (OW) (F)	Prusse (Nassau).	Orvieto	Italie.
Oetrange (FL)	Luxembourg.	Orzesche (EW) (F)	Prusse.
Oettingen (F)	Bavière.	Oscarshamn	Suède.
Oeynhausen (OW) (L)	Prusse.	Oschatz (EW) (F)	Saxe.
Ofen ou Bude (N)	Autriche (Hongrie).	Oscgersleben (EW)	Prusse.
Offenbach (OW) (L)	Hesse-Darmstadt.	Osf (L)	Pays-Bas.
Offenbourg	Bade.	Osimo	Italie.
Offingen (F)	Bavière.	Osnabrück (OW)	Prusse (Hanovre).
Ogulin (L)	Autriche (Croatie).	Ospedaletto (FL)	Italie.
Ohlau (EW) (L)	Prusse.	Ossiek (EW) (F)	Prusse.
Ohligs (OW) (F)	Prusse.	Ostende (Flandre occidentale)	Belgique.
Oitavos (Sém) (3)	Portugal.	Osterburg (EW) (F)	Prusse.
Oiesterwyk (F)	Pays-Bas.	Osterburken (L)	Bade.
Oker (EW) (F)	Prusse (Hanovre).	Osterhofen (F)	Bavière.

NOMS des BUREAUX.	NATIONALITÉ.	NOMS des BUREAUX.	NATIONALITÉ.
Osterholz-Scharmbeck (EW) (F	Prusse (Hanovre.)	Ottocac (N)...	Autriche.
Osterode (EW) (L)	Prusse (Hanovre.)	Ottringham (F)	Grande-Bretagne.
Osterode (EW) (L)	Prusse.	Ottrington	Grande-Bretagne.
Osterrath (OW) (F)	Prusse.	Otteweiler (OW) (L)	Prusse.
Oster-Risoer (voir Risoer)	Norwége.	Ottynia (F)	Autriche (Galicie).
Osterspai (OW) (F)	Prusse (Nassau).	Ouchy (voir Beaurivage)	Suisse.
Ostiglia (L)	Italie.	Oudbeyerland (PL)	Pays-Bas.
Ostrau (EW) (F)	Saxe.	Oufa (Ufa) (N)	Russie d'Europe.
Ostrowo (EW)	Prusse.	Ougrée (FL)	Belgique.
Ostuni (L)	Italie.	Oujitzé	Servie.
Oswestry	Grande-Bretagne.	Oundle	Grande-Bretagne.
Oswiezim (L)	Autriche (Galicie).	Ourga (par Kiachta)	Chine.
Otloczin (EW) (F)	Prusse.	Over Darwen	Grande-Bretagne.
Otrante	Italie.	Overton (F)	Grande-Bretagne.
Ottange (FL)	Luxembourg.	Oviedo	Espagne.
Ottensoos (F)	Bavière.	Owen (L)	Wurtemberg.
Otterburn (L)	Grande-Bretagne.	Oxford (N)	Grande-Bretagne.
Ottery-Road (F)	Grande-Bretagne.	Oxford-Road	Grande-Bretagne.
Otterndorf (EW) (L)	Prusse (Hanovre).	Oxenholme (N)	Grande-Bretagne.
Ottignies	Belgique.	Oziéri (Ile de Sardaigne)	Italie.
Ottmachau (EW) (L)	Prusse.		

NOMS des BUREAUX.	NATIONALITÉ.	NOMS des BUREAUX.	NATIONALITÉ.
Paco d'Arcos. (Sém.) (5)....	Portugal.	Pavie....	Italie.
Paddington (London) (N)....	Grande-Bretagne.	Pavillon Stave (Namur) (FL).	Belgique.
Paddock Wood....	Grande-Bretagne.	Pavullo-nel-Frignano (L)....	Italie.
Paderborn (OW) (L)....	Prusse.	Payerne (Vaud) (L)....	Suisse.
Padiham....	Grande-Bretagne.	Peckham....	Grande-Bretagne.
Padoue (N)....	Italie.	Peczel (F)....	Autriche (Hongrie).
Padoung....	Indes.	Pedaso (F)....	Italie.
Padron (L)....	Espagne.	Peebles (F)....	Grande-Bretagne.
Paiorbach (F)....	Autriche.	Peer (L)....	Belgique.
Paisley....	Grande-Bretagne.	Peer Pointee....	Indes.
Pajares....	Espagne.	Peggau (F)....	Autriche.
Paka (F)....	Autriche (Bohême).	Pegli (FL)....	Italie.
Pakrac (L)....	Autriche(Esclavonie)	Peine (EW) (F)....	Prusse (Hanovre).
Paks (L)....	Autriche (Hongrie).	Peitz (EW) (L)....	Prusse.
Palacios....	Ile de Cuba.	Pékin (par Kiachta)....	Chine.
Palazzo-s-Gervazio (L)....	Italie.	Pelplin (EW) (F)....	Prusse.
Palazzolo-sur-l'Oglio (FL)....	Italie.	Pelworm (EW) (L)....	Prusse (Sleswig).
Palencia (N)....	Espagne.	Pemberton....	Grande-Bretagne.
Palerme (I. de Sicile) (N)....	Italie.	Pembroke Dock....	Grande-Bretagne.
Paliseul (Luxembourg) (L)....	Belgique.	Penafiel (L)....	Portugal.
Pallanza (L)....	Italie.	Penafiel (L)....	Espagne.
Palma (Majorque) (N) (24)....	Espagne.	Penaranda (L)....	Espagne.
Palmanuova (L)....	Italie.	Penge....	Grande-Bretagne.
Palmi (Calabres) (N)....	Italie.	Peniche (Sém) (5)....	Portugal.
Palota (F)....	Autriche.	Penig (EW) (L)....	Saxe.
Pampelune (N)....	Espagne.	Penistone (F)....	Grande-Bretagne.
Pancsowa....	Autriche (Hongrie).	Penne (L)....	Italie.
Pangbourne....	Grande-Bretagne.	Pennicuik (F)....	Grande-Bretagne.
Pantyffynnon (L)....	Grande-Bretagne.	Penrith....	Grande-Bretagne.
Paola (Ile de Sicile)....	Italie.	Penryn....	Grande-Bretagne.
Papa (L)....	Autriche (Hongrie.)	Penshurst....	Grande-Bretagne.
Papenbourg (OW)....	Prusse (Hanovre).	Penza....	Russie d'Europe.
Par....	Grande-Bretagne.	Penzance....	Grande-Bretagne.
Parabiago (FL)....	Italie.	Penzberg (F)....	Bavière.
Paratchin....	Servie.	Penzig (EW) (F)....	Prusse.
Parchim (Ew) (L)....	Mecklembourg.	Penzing....	Autriche.
Pardo (el) (E)....	Espagne.	Pepinster (F)....	Belgique.
Pardubitz (N)....	Autriche (Bohême).	Perbete (F)....	Autriche.
Parenzo (L)....	Autriche (Istrie).	Pergine (L)....	Autriche (Tyrol).
Parks....	Grande-Bretagne.	Pergola (FL)....	Italie.
Parkstein-Hutten (F)....	Bavière.	Peri (F)....	Italie.
Parme —— N/2	Italie.	Perl (OW) (L)....	Prusse.
Parn-lorf (F)....	Autriche.	Perleberg (EW) (L)....	Prusse.
Parona (F)....	Italie.	Perm (N)....	Russie d'Europe.
Parsonstown (L)....	Grande-Bretagne.	Pernau....	Russie d'Europe.
Partenstein (F)....	Bavière.	Pernegg (F)....	Autriche.
Partinico (L)....	Italie.	Perosa (L)....	Italie.
Partridge-Green....	Grande-Bretagne.	Perry-Barn....	Grande-Bretagne.
Pasewalk (EW)....	Prusse.	Pershore....	Grande-Bretagne.
Pasing (F)....	Bavière.	Pertengo (FL)....	Italie.
Paso-Real....	Ile de Cuba.	Perth....	Grande-Bretagne.
Passage West (Cork)....	Grande-Bretagne.	Pérugia (Pérouse) —— N/2	Italie.
Passage (Waterford) (F)....	Grande-Bretagne.	Peruwelz (Hainaut) (L)....	Belgique.
Passau....	Bavière.	Perwez (L)....	Belgique.
Passignano (FL)....	Italie.	Pesaro —— N/2	Italie.
Passow (EW) (F)....	Prusse.	Pescara —— N/2	Italie.
Pasztho (F)....	Autriche (Hongrie).	Peschiera (L)....	Italie.
Pateley Bridge....	Grande-Bretagne.	Pescia....	Italie.
Paterno (L)....	Italie.	Peshawur....	Indes.
Patna....	Indes.	Pesqueira (voir St-Jean de Pesqueira)	Portugal.
Patras (N)....	Grèce.	Pesth-Bude (N)....	Autriche (Hongrie).
Patrington (F)....	Grande-Bretagne.	Peterborough (N)....	Grande-Bretagne.
Patschkau (EW) (L)....	Prusse.	Peterhead....	Grande-Bretagne.
Patti (Ile de Sicile)....	Italie.		
Paturages (Hainaut) (L)....	Belgique.		
Paulinenaue (EW) (F)....	Prusse.		
Paumben....	Indes.		

NOMS des BUREAUX	NATIONALITÉ.
Peterlingen (V. Payerne)....	Suisse.
Petersfield (F, ...	Grande-Bretagne.
Petershausen (FC)..........	Bavière.
Petersthal (BL) (13).........	Bade.
Peterswaldau (EW) (L)......	Prusse.
Peterwardein (N)...........	Autriche.
Peterwitz (EW) (F)..........	Prusse
Peterzell..................	Suisse.
Petrowitz.................	Autriche.
Pettau (L).................	Autriche (Styrie).
Petworth..................	Grande-Bretagne.
Powsey...................	Grande-Bretagne.
Pezo-da-Regua............	Portugal.
Pfaffenhofen (FC).........	Bavière.
Pfalzgraenweiler (L).......	Wurtemberg.
Pfaeffikon (L...........	Suisse.
Pforzen (F)...............	Bavière.
Pforzheim................	Bade.
Pfreimdt (F...............	Bavière.
Pfullendorf (L)............	Bade.
Pfullingen (L).............	Wurtemberg.
Phillippeville (Namur) (L)....	Belgique.
Philippopoli (L)...........	Turquie d'Europe.
Philippsburg (L)...........	Bade.
Piacenza (v. Plaisance).....	Italie.
*Piadena (L)...............	Italie.
Piano de Sorento (par Meta).	Italie.
*Pianzano (F)..............	Italie.
Piatigorsk................	Russie du Caucase.
Piatra (N).................	Moldo-Valachie.
Piazza-Armerina (I de Sicile;L)	Italie.
Pickering.................	Grande-Bretagne.
Picton (F).................	Grande-Bretagne.
Piding (F).................	Bavière.
Piedimonte d'Alife (L)......	Italie.
Pienne (EW) (L)...........	Prusse.
Pierce Bridge.............	Grande-Bretagne.
Piet Gyzenbrug (F)........	Pays-Bas.
Pieton (Hainaut) (L).......	Belgique.
Pietra-Santa (F)...........	Italie.
Pieve-Pelago (L)...........	Italie.
Pignerol (Pinerolo, (FL).....	Italie.
Pilis.....................	Autriche.
Pilau (EW)................	Prusse.
Pilling (F)................	Bavière.
Pillnitz (EW) (EN).........	Saxe.
Pilmoor Junction..........	Grande-Bretagne.
Pilsen (N)................	Autriche (Bohême).
Pimbo Lane...............	Grande-Bretagne.
Pimlico..................	Grande-Bretagne.
Pinar-del-Rio.............	Ile de Cuba.
Pinhao (L)................	Portugal.
Pinne (EW) (L.............	Prusse.
Pinneberg (EW) (L.........	Prusse (Holstein).
Pinsk....................	Russie d'Europe.
Pinte (la) (F).............	Belgique.
Piombino.................	Italie.
Piotrkow (par Varsovie) (F)..	Russie d'Europe.
Piove (L).................	Italie.
Pirano (L)................	Autriche (Istrie).
Pirée (le) (26).............	Grèce.
Pirmasens (L).............	Bavière.
Pirna (EW) (F)............	Saxe.
Piso — N/2	Italie.
Pisek (L).................	Autriche (Bohême).
Pisino (L)................	Autriche (Istrie).
Pisticci (L)...............	Italie.
Pistoie (N)..............	Italie.
Pistyan (N)..............	Autriche (Hongrie).
Pitéa....................	Suède.
Piteschti (N).............	Moldo-Valachie.
Pitigliano (L)............	Italie.
Pitschen (EW) (L..........	Prusse.
Pitteccirio...............	Italie.
Pizzighetone (L)...........	Italie.
Pizzo....................	Italie.
Plaisance — N/2	Italie.
Plan (L).................	Autriche (Bohême).
Planegg (F)..............	Bavière.
Plasencia................	Espagne.
Plasschendaele (Flandre Occid.)	Belgique.
Plathe (EW) (L...........	Prusse.
Plattling (F)..............	Bavière.
Planen (EW).............	Saxe.
Pleinfeld (F).............	Bavière.
Pleinting (F).............	Bavière.
Pleschen (EW) (L.........	Prusse
Pless (EW) (L)............	Prusse.
Plettenberg (OW) (F	Prusse
Plochingen...............	Wurtemberg.
Ploen (EW) (L.............	Prusse (Holstein).
Ploeschti (N).............	Moldo-Valachie.
Plotzk...................	Russie d'Europe.
Pluckley.................	Grande-Bretagne.
Plumstead...............	Grande-Bretagne.
Plymouth — N/2	Grande-Bretagne.
Plympton (N).............	Grande-Bretagne.
Pochlarn................	Autriche.
Pockington..............	Grande-Bretagne.
Podelzig (EW) (F).........	Prusse.
Podhayce (L).............	Autriche (Galicie).
Podiebrad (F)............	Autriche.
Podleze.................	Autriche.
Poesing (F)..............	Bavière.
Poggibonzi (FL)..........	Italie.
Poggio imperiale (F).......	Italie.
Poggio-Mirteto...........	Italie.
Poggio Renatico (FL)......	Italie.
Pohl....................	Autriche.
Poix (Luxembourg) (FL)....	Belgique.
*Pojano (F)..............	Italie.
Pola (N).................	Autriche (Istrie)
Polangen (L).............	Russie d'Europe.
Polegate................	Grande-Bretagne.
Polesella (L).............	Italie.
Policastro (L)............	Italie.
Polignano (F.............	Italie
Polkwitz (EW) (L).........	Prusse.
Pollenza (Majorque) (24)....	Espagne.
Polnisch (voir Wartenborg)..	Prusse.
Polostzk................	Russie d'Europe.
Polstrau (F).............	Autriche.
Poltawa.................	Russie d'Europe.
Poltschach (F)...........	Autriche.
Polzin (EW) (L)..........	Prusse.
Pomarao (L).............	Portugal.
Pombal.................	Portugal.
Pomeroy (L).............	Grande-Bretagne.
Pommeroeul (Hainaut) (FL)...	Belgique.
Ponder's End............	Grande-Bretagne.
Pondichery..............	Indes.
Ponholz (F).............	Bavière.

NOMS des BUREAUX.	NATIONALITÉ.	NOMS des BUREAUX.	NATIONALITÉ.
Ponigl (F)	Autriche.	Posen (EW)	Prusse.
Pont (le) (Vaud) (L)	Suisse.	Possenhofen (F)	Bavière.
Pontardawe (L)	Grande-Bretagne.	Possneck (EW) (L)	Saxe-Meiningen.
Pontardulais (L)	Grande-Bretagne.	Posstnitz (F)	Autriche.
Pontassieve (F)	Italie.	Potenza	Italie.
Ponte (L)	Suisse.	Poti (N)	Russie du Caucase.
Pontecurone (FL)	Italie.	Potsdam (EW)	Prusse.
Pontedecimo (F)	Italie.	Pottenbrunn	Autriche.
Ponté de Lima (L)	Portugal.	Potto	Grande-Bretagne.
Pontedera (F)	Italie.	Potton	Grande-Bretagne.
Pontefract	Grande-Bretagne.	Poulseur (L)	Belgique.
Pontelagoscuro (F)	Italie.	Poulton	Grande-Bretagne.
Ponteland (L)	Grande-Bretagne.	Pouzzoles (L)	Italie.
Pontenure (FL)	Italie.	Powayen (EW) (F)	Prusse.
Ponte S. Marco (FL)	Italie.	Pozallo (L)	Italie.
Ponte S. Pietro (FL)	Italie.	Pozarevatz (N)	Servie.
Pontevedra	Espagne.	Pozzuolo (v. Pouzzoles)	Italie.
Ponticino (L)	Italie,	Praça d'Elvas	Portugal.
Pontremoli (L)	Italie.	Pracchia (F)	Italie.
Pontrilas	Grande-Bretagne.	Prad (L)	Autriche.
Pont-de-Martel (les) Neuchâtel (L)	Suisse.	Praestoe (L)	Danemark.
Pontypool Road	Grande-Bretagne.	Prag Kleinseite (N)	Autriche (Bohême).
Pontypool Town	Grande-Bretagne.	Pragal (Sém) (5)	Portugal.
Pontypridd (Gallos)	Grande-Bretagne.	Pragerhof (F)	Autriche.
Ponzana (FL)	Italie.	Prague (N)	Autriche (Bohême).
Poole	Grande-Bretagne.	Prato (Toscane) (F)	Italie.
Poonah	Indes.	Praust (EW) (F)	Prusse.
Poperinghe (Flandre occ.) (F)	Belgique.	Preetz (EW) (L)	Prusse (Holstein).
Popoli — N/2	Italie.	Prenzlau (EW)	Prusse.
		Prerau (N)	Autriche (Moravie).
Poppi (L)	Italie.	Prerow (EW) (L)	Prusse.
Pordenone (L)	Italie.	Presbourg (N)	Autriche (Hongrie).
Porrentruy (Berne) (L)	Suisse.	Presenzano (FL)	Italie.
Porretta (FL)	Italie.	Prescot (L)	Grande-Bretagne.
Porsgrund	Norwége.	Presath (F)	Bavière.
Port Clarence (I.)	Grande-Bretagne.	Pressbaum	Autriche.
Port Glasgow	Grande-Bretagne.	Preston (N)	Grande-Bretagne.
Port-Saïd	Egypte.	Preston Junction (Durham) (L)	Grande-Bretagne.
Port Talbot	Grande-Bretagne.	Preston Junction (Lancash)	Grande-Bretagne.
Porta (EW) (F)	Prusse.	Preston-Pans (F)	Grande-Bretagne.
Portadown (Irlande) (L)	Grande-Bretagne.	Preston-Road (Walton)	Grande-Bretagne.
Portalègre	Portugal.	Prevali (F)	Autriche.
Portarlington (Irlande) (L)	Grande-Bretagne.	Prévésa (L)	Turquie d'Europe.
Portenau (v. Pordenone)	Italie.	Prieborn (EW) (L)	Prusse.
Porth (L)	Grande-Bretagne.	Prien (F)	Bavière.
Portici (L)	Italie.	Pristewitz (EW) (F)	Saxe.
Portimao	Portugal.	Pribram (L)	Autriche (Bohême).
Portland (F)	Grande-Bretagne.	Prinzersdorf	Autriche.
Portland (Dorset)	Grande-Bretagne.	Pristina	Turquie d'Europe.
Portlethen	Grande-Bretagne.	Pritzier (EW) (F)	Mecklembourg.
Porto (N)	Portugal.	Pritzwalk (EW) (L)	Prusse.
Portobello (F)	Grande-Bretagne.	Procida (L)	Italie.
Porto-d'Anzio (Anzio) (E)	Etats de l'Eglise.	Praeculs (EW) (L)	Prusse.
Porto-de-San-Martinho (L)	Portugal.	Promo	Indes
Porto-Empedocle	Italie.	Promontor (F)	Autriche.
Porto-Ferrajo (L)	Italie.	Prosecco (F)	Autriche.
Portogruaro (L)	Italie.	Prossnitz (L)	Autriche (Moravie).
Porto-Maurizio	Italie.	Pruchna	Autriche.
Porto Recanati (F)	Italie.	Prum (EW) (L)	Prusse.
Porto San Giorgio (F)	Italie.	Pruntrut (v. Porrentruy)	Suisse.
Porto-Torres (I. de Sard.) (L)	Italie.	Prusa (v. Brousse)	Turquie d'Asie.
Portrush (Irlande) (L)	Grande-Bretagne.	Przclauc (F)	Autriche.
Portsea	Grande-Bretagne.	Przemyszl (N)	Autriche (Galicie.)
Portsmouth	Grande-Bretagne.	Przeworsk (F)	Autriche.
Portsmouth (Lane)	Grande-Bretagne.	Pskow (N)	Russie d'Europe
Portsoy	Grande-Bretagne.	Puebla de Sanabria (L)	Espagne.
Poschiavo (L)	Suisse.	Puers (L)	Belgique.
Posega (L)	Autriche (Esclavonie).	Puerto-de-Sta-Maria	Espagne.
		Pulborough	Grande-Bretag e.

NOMS des BUREAUX.	NATIONALITÉ.	NOMS des BUREAUX.	NATIONALITÉ.
Puntigam (F)...............	Autriche.	Putney...................	Grande-Bretagne.
Purkersdorf	Autriche.	Puttbus (EW) (L).........	Prusse.
Purmerende (L)............	Pays-Bas.	Puttoocottah.............	Indes
Purneah...................	Indes.	Pye Bridge..............	Grande-Bretagne.
Purton....................	Grande-Bretagne.	Pylle (F)...............	Grande-Bretagne.
Puspok Ladany (F)..........	Autriche.	Pyrgos..................	Grèce.
Puszta-Paka (F)............	Autriche.	Pyritz (EW) (L).........	Prusse.
Puszta Pô (F)..............	Autriche.	Pyrmont (OW) (L)..........	Waldeck.

NOMS des BUREAUX.	NATIONALITÉ.	NOMS des BUREAUX.	NATIONALITÉ.
Quakenbruck (OW) (L).......	Prusse (Hanovre).	Querfurt (EW) (L)..........	Prusse.
Quaritz (EW) (F)............	Prusse.	Quiévrain (Hainaut).........	Belgique.
Quedlinbourg (EW)..........	Prusse.	Quillon..,................	Indes.
Queenborough..............	Grande-Bretagne.	Quévy (Hainaut) (F).........	Belgique.
Queenshead................	Grande-Bretagne.		
Queenstown (Irlande) $\frac{N}{2}$......	Grande-Bretagne		

NOMS des BUREAUX.	NATIONALITÉ.	NOMS des BUREAUX	NATIONALITÉ.
Raab (N)	Autriche (Hongrie).	Rawcliffe	Grande-Bretagne.
Rabishau (EW) (F)	Prusse.	Rawicz (EW) (L)	Prusse
Racconigi (FL)	Italie.	Rawtenstall	Grande-Bretagne.
Racz-Almas (L)	Autriche (Hongrie).	Rawulpindee	Indes.
Radcliffe	Grande-Bretagne.	Reading (N)	Grande-Bretagne.
Rade devant Forêts (OW) (L)	Prusse.	Recanati (L)	Italie.
Radeberg (EW) (F)	Saxe.	Recht	Perse.
Radicena (L)	Italie.	Reckawinkel	Autriche.
Radicofani (FL)	Italie.	Reclinghausen (OW) (L	Prusse.
Radnitz (F)	Autriche (Bohême).	Recoaro (BL)	Italie.
Radolfszell	Bade.	Recreo	Ile de Cuba.
Radon	Russie d'Europe.	Redbridge (F)	Grande-Bretagne.
Radotin	Autriche (Bohême).	Redcar	Grande-Bretagne.
Radymno (F)	Autriche.	Redheug (L)	Grande-Bretagne.
Radziwilow	Russie d'Europe.	Re $\text{thill} - \frac{N}{2}$	Grande-Bretagne.
Ragatz $\frac{L}{BC}$	Suisse.	Redl	Autriche.
Ragnit (EW) (L)	Prusse.	Redruth	Grande-Bretagne.
Raguhn (EW) (F)	Anhalt-Dessau.	Redwitz (L)	Bavière
Ragusa (L)	Italie.	Reedham	Grande-Bretagne.
Ragusavecchia	Autriche (Dalmatie).	Rees (OW) (L)	Prusse.
Raguso (N)	Autriche (Dalmatie).	Reetz (EW) (L)	Prusse.
Raigern	Autriche.	Regensberg (L)	Suisse.
Rainford Junction	Grande-Bretagne.	Regensburg (v. Ratisbonne)	Bavière.
Rainham	Grande-Bretagne.	Regenstauf (F)	Bavière.
Raitz (F)	Autriche,	Regenwalde (EW) (L)	Prusse.
Rajsvoselo (L)	Autriche (Esclavonie).	Reggio (Emilie) $\frac{N}{2}$	Italie.
Rajunpore	Indes.	Reggio (Calabres) $\frac{N}{2}$	Italie.
Rakasdia (F)	Autriche.	Regitza (L)	Russie d'Europe.
Rakek (F)	Autriche.	Rehau (F)	Bavière.
Rakos (L)	Autriche (Hongrie).	Rehme (OW) (L)	Prusse.
Ramillies (FL)	Belgique.	Reibnitz (EW) (F)	Prusse.
Ramoo	Indes.	Reichelsdorf (F)	Bavière.
Ramsbottom	Grande-Bretagne.	Reichenau (L)	Suisse.
Ramsey (L)	Grande-Bretagne.	Reichenbach (Silésie) (EW) (L)	Prusse.
Ramsgate $\frac{N}{2}$	Grande-Bretagne.	Reichenbach (Voigtland) (EW)	Saxe.
Ramsgate Harbour	Grande-Bretagne.	Reichenbach (Oberl.) (F) (EW)	Saxe.
Rance (Hainaut) (L)	Belgique.	Reichenberg (N)	Autriche (Bohême).
Raneegunge	Indes.	Reichenburg (F)	Autriche (Croatie).
Randers (Jutland)	Danemark.	Reichenhall	Bavière.
Ranéa (L)	Suède.	Reichertshausen (FC)	Bavière.
Ranis (EW) (L)	Prusse.	Reichertshofen (FC)	Bavière.
Rangoon	Indes.	Reifnigg Fresen (F)	Autriche.
Rann (F)	Autriche (Croatie).	Reigate	Grande-Bretagne.
*Rapolano (FBL)	Italie.	Reigate Junction	Grande-Bretagne.
Rapperschwyt (L)	Suisse.	Reinach Menzikon (Argovie)(L)	Suisse.
Rastad (F)	Norwége.	Reinbeck (EW) (F)	Prusse.
Rastadt	Bade.	Reine (HL) (18)	Norwége.
Rastède (OW)	Oldenbourg.	Reinerz (EW) (L)	Prusse.
Rastenburg (EW)	Prusse.	Reinhardsbrünn (EW)	Saxe-Cobourg-Gotha
Rathan (L)	Suède.	Reinosa	Espagne.
Rathangan	Grande-Bretagne.	Reisen (EW) (F)	Prusse.
Rathenow (EW) (L)	Prusse.	Remagen (OW) (F)	Prusse.
Ratibor (EW)	Prusse.	Remedios	Ile de Cuba.
Ratingen (OW) (L)	Prusse.	Remscheid (OW) (L)	Prusse.
Ratisbonne (Regensburg)	Bavière.	Renaix (F)	Belgique.
Ratzeburg (Lauenburg) (EW) (L)	Prusse.	Renan (Berne) (L)	Suisse.
Raubling (F)	Bavière.	Renchen	Bade.
Rauden (EW) (L)	Prusse.	Rendsbourg (EW)	Prusse. (Holstein),
Raudnitz (L)	Autriche (Bohême).	Reni (N)	Moldo-Valachie.
Rauino (L)	Russie d'Europe.	Reschitza (L)	Autriche (Hongrie).
Rauscha (EW) (F)	Prusse.	Resina (L)	Italie.
Ravenne $\frac{N}{2}$	Italie.	Riestedt (EW) (F)	Prusse.
Ravensburg	Wurtemberg.	Reston	Grande-Bretagne.

NOMS des BUREAUX.	NATIONALITÉ.	NOMS des BUREAUX.	NATIONALITÉ.
Retford	Grande-Bretagne.	Robertsholm (F)	Suède.
Retzbach (F)	Bavière.	Rocca-d'Anfo (L)	Italie.
Reus	Espagne.	Rocca-s.-Cassiano (L)	Italie.
Reuth (F)	Bavière.	Rocester	Grande-Bretagne.
Reuth (EW) (F)	Saxe.	Rochdale	Grande-Bretagne.
Reutlingen	Wurtemberg.	Roche (La) (Luxembourg) (L)	Belgique.
Revel ou Reval (N)	Russie d'Europe.	Rochefort (Namur) (L)	Belgique.
Rezzato (FL)	Italie.	Roches Point —— [F N / 2]	Grande Bretagne.
Rheda (OW) (F)	Prusse.	Rochester (Staff) (F)	Grande-Bretagne.
Rheinberg OW) (L)	Prusse.	Rochlitz (L)	Autriche (Bohême).
Rheinbischofsheim (L)	Bade.	Rochlitz (EW) (L)	Saxe.
Rheine (OW) (L)	Prusse.	Roclenge (L)	Belgique.
Rheineck (L)	Suisse.	Roda (EW) (L)	Saxe-Altenbourg.
Rheinfelden (Argovie) (L)	Suisse.	Rodi (L)	Italie.
Rheinfelden (près)	Bade.	Roding (F)	Bavière.
Rheinweiler	Bade.	Rodosto	Turquie d'Europe.
Rheydt (OW) (L)	Prusse.	Roederau (EW) (F)	Prusse.
Rhisnes (Namur) (FL)	Belgique.	Roemerstadt (L)	Autriche (Moravie).
Rho (FL)	Italie.	Roennede (L)	Danemark.
Rhyl	Grande-Bretagne.	Roermonde (L)	Pays-Bas.
Riasan	Russie d'Europe.	Roeskilde	Danemark.
Ribchester	Grande-Bretagne.	Rœulx (Hainaut) (L)	Belgique.
Ribe (Jutland)	Danemark.	Rogoredo (FL)	Italie.
Richmond (Surrey)	Grande-Bretagne.	Rohatetz (F)	Autriche.
Richmond (Yorkshire)	Grande-Bretagne.	Rohitsch (v. Sauerbrunn)	Autriche.
Richtenberg (EW) (L)	Prusse.	Roisdorf (OW) (F)	Prusse.
Richterschwyl (L)	Suisse.	Roitzsch (EW) (F)	Prusse.
Ridderkerk (L)	Pays-Bas.	Rohrmoos (FC)	Bavière.
Ridgmount	Grande-Bretagne.	Rokietnice (EW) (F)	Prusse.
Ried, près Landeck (L)	Autriche (Tyrol).	Rokitzan	Autriche.
Ried, près Wels (L)	Autriche	Rolandseck (OW) (F)	Prusse.
Riedau	Autriche.	Rolle (Vaud) (L)	Suisse.
Riedlingen (L)	Wurtemberg.	Rolleston (see Southwell)	Grande-Bretagne.
Riegel	Bade.	Roman (N)	Moldo-Valachie.
Riesa (EW)	Saxe.	Romanshorn	Suisse.
Riestedt (EW) (F)	Prusse.	Rome (N)	Etats de l'Église.
Rieti (L)	Italie.	Romedenne (Namur) (FL)	Belgique.
Riga (N)	Russie d'Europe.	Romerbad (BL) (13)	Autriche (Styrie).
Rigi Kulm (BL)	Suisse.	Romerée (Namur) (FL)	Belgique.
Rigikaltbad (BL)	Suisse.	Romford (F)	Grande-Bretagne.
Rigi Scheideck (BL)	Suisse.	Romont (Fribourg) (L)	Suisse.
Rillington	Grande Bretagne.	Romsey (F)	Grande-Bretagne.
Rima Szombath (L)	Autriche (Hongrie).	Ronnebourg (EW) (L)	Saxe-Altenbourg.
Rimini —— [N / 2]	Italie.	Ronneby (L)	Suède.
Rimnik-Sarat (N)	Moldo-Valachie.	Ronsdorf (OW) (L)	Prusse,
Rimnic-Viltscha (N)	Moldo-Valachie.	Ronsse (v. Renaix)	Belgique.
Rincon	Ile de Cuba.	Roodt (FL)	Luxembourg.
Ringelheim (EW)	Brunswick.	Roorkee	Indes.
Ringwood (F)	Grande-Bretagne.	Roosendaal	Pays-Bas.
Rinholec	Autriche.	Ropczyce (F)	Autriche.
Rinkjœbing (Jutland)	Danemark.	Rorschach	Suisse.
Rio-dell-Elba (L)	Italie.	Rosarno (HL)	Italie.
Riola (L)	Italie.	Roscommon (L)	Grande-Bretagne.
Rionero (L)	Italie.	Roscrea (Irlande) (L)	Grande-Bretague.
Rio-Seco (N)	Espagne.	Rose Grove	Grande-Bretagne.
Ripalta (F)	Italie.	Rosenau	Autriche (Hongrie).
Ripen (v. Ribe)	Danemark.	Rosenberg (L)	Autriche (Hongrie).
Ripon	Grande-Bretagne.	Rosenberg (EW)	Prusse.
Riposto (L)	Italie.	Rosenberg (L)	Bavière.
Rippoldsau (BL) (13)	Bade.	Rosenberg (L)	Bade.
Risoer ou Osterrisoer —— [C / H L]	Norwége.	Rosenfeld (L)	Wurtemberg,
Riva (L)	Autriche (Tyrol).	Rosenheim	Bavière.
Rivadeo	Espagne.	Roslawl (N)	Russie d'Europe.
Rixensart (FL)	Belgique.	Ross	Grande-Bretagne.
Robertsbridge	Grande-Bretagne.	Rossano	Italie.
		Rossel (EW) (L)	Prusse.
		Rossett	Grande-Bretagne.

NOMS des BUREAUX.	NATIONALITÉ.	NOMS des BUREAUX.	NATIONALITÉ.
Rossi (F)................	Italie.	Roydon................	Grande-Bretagne.
Rossieni................	Russie d'Europe.	Royston................	Grande-Bretagne.
Rossla (EW) (F)........	Prusse.	Ruabon................	Grande-Bretagne.
Rosslau (EW) (F)........	Prusse.	Rubiera (FL)..........	Italie.
Rostock................	Autriche.	Ruda (EW) (F)........	Prusse.
Rostock (EW)...........	Mecklembourg.	Ruderatshofen (F)......	Bavière.
Rostow-sur-le-Don.......	Russie d'Europe.	Rudkjobing............	Danemark.
Rotenburg (OW) (F).....	Prusse (Hesse-Cass.)	Rudolstadt (EW) (L)...	Schwarzbourg.
Roth (F)...............	Bavière.	Rudzinitz (EW) (F)....	Prusse.
Roth-am-See (L)........	Wurtemberg.	Ruedesheim (OW).......	Prusse (Nassau).
Rothenbach près Lindau (F).	Bavière.	Rugby (N).............	Grande-Bretagne.
Rothenbach près Lauf (F)....	Bavière.	Rugeley — $\frac{N}{2}$	Grande-Bretagne.
Rothenburg p. Gorlitz (EW) (L.)	Prusse.		
Rotherham.............	Grande-Bretagne.	Rugenwalde (EW) (L)...	Prusse.
Rothes	Grande-Bretagne.	Ruhbank (OW) (F).....	Prusse.
Rothesay..............	Grande-Bretagne.	Ruhrort (OW).........	Prusse.
Rotselaer (FL).........	Belgique.	Ruma (L).............	Autriche (Esclav..
Rottenbourg...........	Wurtemberg.	Rumbourg (L).........	Autriche (Bohème).
Rottendorf (F).........	Bavière.	Rummelsburg (EW) (L)...	Prusse.
Rotterdam (N).........	Pays-Bas.	Runcorn (L)...........	Grande-Bretagne
Rottweil (L)...........	Wurtemberg.	Runcorn Gap. (L)	Grande-Bretagne.
Roulers (Flandre occidentale).	Belgique.	Runkel (OW)..........	Prusse (Nassau).
Round Oak	Grande-Bretagne.	Ruremonde (voir Roermonde).	Pays-Bas.
Rousselaere (v. Roulers)	Belgique.	Russi (FL)............	Italie.
Roustchouk (N)........	Turquie d'Europe.	Ruthlam..............	Indes.
Roux (Hainaut) (F).....	Belgique.	Ruti (L)..............	Suisse.
Roveredo (N)..........	Autriche (Tyrol).	Ruysbroeck (FL).......	Belgique.
Rovereith (v. Roveredo)......	Autriche.	Rybinsk (L)...........	Russie d'Europe.
Rovigno (L)	Autriche (Littorale).	Rybnik (EW) (L)......	Prusse.
Rovigo	Italie.	Ryde (île de Wight)......	Grande-Bretagne.
Rover (FL)............	Norwége.	Rye..................	Grande-Bretagne.
Rowlands Castle (F)......	Grande-Bretagne.	Rye Housse (F)........	Grande-Bretagne.
Rowno................	Russie d'Europe.	Rzeszow (L)...........	Autriche (Galicie).
Rowsley...............	Grande-Bretagne.		
Roxburgh (F)	Grande-Bretagne.		

NOMS des BUREAUX.	NATIONALITÉ.
S-Agata (Capitanate) (L)	Italie.
S-Agata di Militello Rosmarino (L)	Italie.
S Albans	Grande-Bretagne.
S-Angelo dei Lombardi (L)	Italie.
S-Antonino (FL)	Italie.
S-Antonio	Ile de Cuba.
S.Antonio di Susa (FL)	Italie.
S-Antonio (près Mantoue) (F)	Italie.
S-Arcangelo (L)	Italie. (Romagne).
S-Asaph	Grande-Bretagne.
S-Aubin (Neuchâtel) (L)	Suisse.
S-Austell	Grande-Bretagne.
S-Bartolomeo in Galdo (L)	Italie.
S-Bees	Grande-Bretagne.
S-Benedetto del Tronto	Italie.
S-Bernhardin (L)	Suisse.
S-Blaise (Neuchâtel) (L)	Suisse.
S-Blasien (L)	Bade.
S-Bonifacio (F)	Italie.
S-Boswell's (F)	Grande-Bretagne.
S-Cristobal	Ile de Cuba.
S-Croix (Vaud) (L)	Suisse.
S-Crutz del Retamar (L)	Espagne.
S-Denis-Bovesse (Namur) (L)	Belgique.
S-Diego	Ile de Cuba.
S-Domingo	Ile de Cuba.
S-Dona (L)	Italie.
S-Egyden (F)	Autriche.
S-Egidien (EW) (F)	Saxe.
S-Elpidio-a-mare (F)	Italie.
S-Felipe	Ile de Cuba.
S-Fernando (N)	Espagne.
S-Gall (N)	Suisse.
S-Georgen (F)	Autriche.
S-Georgen (L)	Bade.
S-Germano-Cassino (FL)	Italie.
S-Germano-Vercellese (FL)	Italie.
S-Germans	Grande-Bretagne.
S-Ghislain (Hainaut)	Belgique.
S-Giorgio di Piano (F)	Italie.
S-Giovanni-d'Arno (L)	Italie.
S-Giovanni-in-Persiceto (L)	Italie.
S-Goar (OW) (F)	Prusse.
S-Goarshausen (OW)	Prusse. (Nassau).
S-Gothard (L)	Suisse.
S-Giuletta (FL)	Italie.
S-Giuliano (F)	Italie.
S-Helens (Duram) (L)	Grande-Bretagne.
S-Helens (Junction)	Grande-Bretagne.
S-Helens (Lancashire)	Grande-Bretagne.
S-Hubert (F)	Autriche.
S-Hubert (Luxembourg) (L)	Belgique.
S-Ilario-d'Enza (FL)	Italie.
S-Ildefonse (L)	Espagne.
S-Ilgen	Bade.
*S-Imier (Berne) (L)	Suisse.
S-Ingbert (L)	Bavière.
S-Ivan (F)	Autriche.
S-Ives (Cornwall)	Grande-Bretagne.
S-Ives (Hunts)	Grande-Bretagne.
S-Janos	Autriche.
S-Jean-de-Pesquiera (L)	Portugal.
S-Jean-d'Acre (L) (Taxes de Beyrouth)	Turquied'Asie.
S-Johann (OW) (F)	Prusse.
S-Juliao (Sém)	Portugal.
S-Léonards	Grande-Bretagne.
S-Lorenzen (F)	Autriche.
S-Marco in Lamis (L)	Italie.
S-Margaret's (F)	Grande-Bretagne.
S-Maria-Capua-Vetere (L)	Italie.
S-Maria (L)	Suisse.
S-Maria-Maddalena (L)	Italie.
S-Maria de Nogales (L)	Espagne.
*S-Martino (F)	Italie.
S-Mary Cray	Grande-Bretagne.
S-Maurice (Valais) (L)	Suisse.
S-Michel (L)	Russie d'Europe.
S-Michele (F)	Autriche (Tyrol).
S-Mihaly (F)	Autriche.
S-Miklos (F)	Autriche.
S-Miniato (L)	Italie.
S-Moritz (Grisons) (BL)	Suisse.
S-Neot's (F)	Grande-Bretagne.
S-Nicandro-Garganico (L)	Italie.
S-Nicolas	Belgique.
S-Nicolo (FL)	Italie.
S-Peter, près Lintz (F)	Autriche.
S-Peter, près Trieste (F)	Autriche.
S-Pétersbourg (N)	Russie d'Europe.
S-Pier d'Arena (F)	Italie.
S-Pietro della Braza	Autriche (Dalmatie).
S-Pietro-in-Casale (L)	Italie.
S. Pietro Vernetico (FL)	Italie.
S-Poelten	Autriche (Autriche).
S-Remo (L)	Italie.
S-Roque	Espagne.
S-Sébastien (N)	Espagne.
S. Severino (FL)	Italie.
S-Severo	Italie.
S-Spirito (F)	Italie.
S-Spiritus	Ile de Cuba.
S-Stefano Quisquina (Sicile)	Italie.
S-Stefano Ticino (FL)	Italie.
S. Teresa di Rivia (FL)	Italie.
S-Téresa-Gallura (I.deSard) (L)	Italie.
S-Thomas	Grande-Bretagne.
S-Trond (F)	Belgique.
S-Truijen (v. St-Trond)	Belgique.
S-Ubes (v. Setubal)	Portugal.
S-Valentin	Autriche.
S-Vincenzo (L)	Italie.
S-Vincent (LB)	Italie.
S-Vith (OW) (L)	Prusse.
S-Vito (L)	Italie.
S-Vito-Chietino (F)	Italie.
S-Vito-d'Otrante (F)	Italie.
S. Vittoria (F)	Italie.
S-Wendel (OW) (L)	Prusse.

NOMS des BUREAUX.	NATIONALITÉ.	NOMS des BUREAUX.	NATIONALITÉ.
Saagh (F)	Autriche.	Sandy	Grande-Bretagne.
Saalfeld (Ostpreussen) (EW) (L)	Prusse.	Sangerhausen (EW) (L)	Prusse.
Saalfeld (EW) (L)	Saxe-Meiningen.	Sangona	Italie.
Saap (F)	Autriche.	Sanlucar	Espagne.
Saarau (EW) (F)	Prusse.	Sannazzaro-Burgondi (FL)	Italie.
Saarbrück (OW) (N)	Prusse.	Sanok (L)	Autriche (Galicie).
Saarburg (OW) (L)	Prusse.	Sanquhar	Grande-Bretagne.
Saarlouis (OW) (L)	Prusse.	Santander (N)	Espagne.
Saaz (L)	Autriche (Bohême).	Santarem	Portugal.
Sabadell (M)	Espagne.	Santhia (F)	Italie.
Sackingen	Bade.	Santiago	Espagne.
Sacile (L)	Italie.	Santona	Espagne.
Sadagora (L)	Autriche (Bukowine).	Sapemeer (par Hoogezand)	Pays-Bas.
Saddlethorp	Grande-Bretagne.	Sapri (L)	Italie.
Sadowa Wisznia (F)	Autriche.	Saragosse (N)	Espagne.
Saeterstoen (F)	Norwége.	Saratow (N)	Russie d'Europe.
Sagan (EW) (L)	Prusse.	Sar ana (v. Sarzane)	Italie.
Sagard (EW) (L)	Prusse.	Sari	Perse.
Sagor (F)	Autriche.	Sarmato (FL)	Italie.
Sagrado (F)	Autriche.	Sarnen (L)	Suisse.
Sagres (Sém)	Portugal.	Sarpsborg	Norwége.
Sagua-la-Grande	Ile de Cuba.	Sarrion (L)	Espagne.
Salubgunge	Indes.	Sarstedt (EW) (F)	Prusse (Hanovre).
Saintes (FL)	Belgique.	Sartirana Lomellina (FL)	Italie.
Saitz (F)	Autriche.	Sarzane — (N / 2)	Italie.
Sala Concilina	Italie.	Sassari (Ile de Sardaigne)	Italie.
Salarato (F)	Italie.	Sassendorf (OW) (F)	Prusse.
Salamanque (N)	Espagne.	Sasso (FL)	Italie.
Saldenhofen (F)	Autriche.	Sattarah	Indes.
Salem (L)	Bade.	Satzvey (OW) (F)	Prusse.
Salemoor	Grande-Bretagne.	Sauerbrunn (près Robitsch) (Bl.) (13)	Autriche (Styrie).
Salerne — (N / 2)	Italie.	Sauerbrun (p. Wiener Neustadt) (FL)	Autriche.
Salgo-Tarjan (F)	Autriche (Hongrie).	Sauerlach (F)	Bavière.
Salisbury	Grande-Bretagne.	Saugor Island	Indes.
Sallins (Irlande) (L)	Grande-Bretagne.	Saulgau (L)	Wurtemberg.
Salloch (F)	Autriche.	Sava (F)	Autriche.
Saluggia (FL)	Italie.	Saventhem (L)	Belgique.
Salo (L)	Italie.	Savernake	Grande-Bretagne.
Salonique (N)	Turquie d'Europe.	Savigliano (F)	Italie.
Saltash	Grande-Bretagne.	Savignana (F)	Italie.
Saltburn by the Sea (L)	Grande-Bretagne.	Savone	Italie.
Saluces (Saluzzo) (L)	Italie.	Sawbridgeworth	Grande-Bretagne.
Salurn (F)	Autriche (Tyrol).	Saxkjœbing (L)	Danemark.
Saluzzola (LF)	Italie.	Saxmundham (F)	Grande-Bretagne.
Salzbergen (OW) (F)	Prusse (Hanovre).	Saxon (Valais) (L)	Suisse.
Salzbourg (N)	Autriche (Salzbourg).	Scaletta (FL)	Italie.
Salzbrunn (EW) (L)	Prusse.	Scanzano (LB)	Italie.
Salzderhelden (EW) (F)	Prusse (Hanovre).	Scarborough	Grande-Bretagne.
Salzgitter (EW)	Brunswick.	Scardona (L)	Autriche (Damaltie).
Salzkotten (OW) (F)	Prusse.	Scarva (Junction) (Irlande)	Grande-Bretagne.
Salzmunde (EW) (L)	Prusse.	Schaffousse	Suisse.
Salzungen (EW)	Saxe-Meiningen.	Schagen (F)	Pays-Bas.
Salwedel (EW) (L)	Prusse.	Schalding (F)	Bavière.
Salzbach (F)	Bavière.	Schallstadt	Bade.
Samaden	Suisse.	Schandau (voir Krippen)	Saxe.
Samara	Russie d'Europe.	Scharding (L)	Autriche (Autriche).
Sambor (L)	Autriche (Galicie).	Schassburg (L)	Autriche (Transylvanie).
Samoggia (FL)	Italie.	Schaumburg (Schloss) (OW)	Prusse (Nassau).
Samter (EW) (L)	Prusse.	Schawli	Russie d'Europe.
Sandbach (F)	Bavière.	Schebitz (EW) (F)	Prusse.
Sande (F)	Norwége.	Scheer (L)	Wurtemberg.
Sandefjord	Norwége.	Schefflenz (L)	Bade.
Sander (F)	Norwége.	Scheldewindeke (L)	Belgique.
Sandœsund (L)	Norwége.	Schellebelle (FL)	Belgique.
Sandown	Grande-Bretagne.	Schemnitz (L)	Autriche (Hongrie).
Sandwiken (F)	Suede.	Scheningen (EW)	Brunswick.
Sandwich	Grande-Bretagne.	Scheveningue (Bl.)	Pays-Bas.

NOMS des BUREAUX.	NATIONALITÉ.	NOMS des BUREAUX.	NATIONALITÉ.
Schiedam	Pays-Bas.	Schwannenstadt	Autriche.
Schiers (L)	Suisse.	Schwarzburg (EW) (L)	Schwartzburg-Rudolstadt.
Schierstein (OW)	Prusse (Nassau).	Schwarzenbach (F)	Bavière.
Schievelbein (EW) (F)	Prusse.	Schwarzenbeck (EW) (F)	Prusse.
Schildau (OW) (F)	Prusse.	Schwarzemberg (EW) (F)	Saxe.
Schildberg (EW) (L)	Prusse.	Schwarzenfeld (F)	Bavière.
Schiltach (L)	Bade.	Schwaz (F)	Autriche.
Schinznach (Argovie) (FL)	Suisse.	Schwechat (L)	Autriche (Autriche).
Schio (L)	Italie.	Schwedt (EW) (L)	Prusse.
Schkeuditz (EW)	Prusse.	Schweidnitz (EW)	Prusse.
Schlachters (F)	Bavière.	Schweinfurt	Bavière.
Schladen (EW)	Brunswick.	Schweizerhalle (Bâle) (L)	Suisse.
Schladern (OW)	Prusse.	Schwelm (OW) (L)	Prusse.
Schlanders (L)	Autriche (Tyrol).	Schwennigen (L)	Wurtemberg.
Schlangenbad (OW)	Prusse (Nassau).	Schwérin — (EW)	Mecklembourg.
Schlawe (EW) (L)	Prusse.	Schwerin-sur-Warthe (EW)(L)	Prusse.
Schleiden (EW) (L)	Prusse.	Schwerte (OW) (F)	Prusse.
Schleitz (EW) (L)	Reuss.	Schwetzingen (L)	Bade.
Schlessheim (F)	Bavière.	Schwiebus (EW) (L)	Prusse.
Schleswig (voir Sleswig)	Sleswig.	Schwientochlowitz (EW)(F)	Prusse.
Schleusingen (EW) (L)	Prusse.	Schwyz (L)	Suisse.
Schliengen	Bade.	Sciacca (I. de Sicile) (L)	Italie.
Schlierbach	Bade.	Scilla (L)	Italie.
Schlobitten (EW) (F)	Prusse.	Sclaigneaux (Namur) (FL)	Belgique.
Schlochau (EW) (L)	Prusse.	Scordia (L)	Italie.
Schlukenau (L)	Autriche (Bohême).	Scutari (Albanie) (N)	Turquie d'Europe.
Schmalkalden (OW) (L)	Prusse.	Seaford	Grande-Bretagne.
Schmiedeberg(Silésie)(EW)(L)	Prusse.	Seaham	Grande-Bretagne.
Schmolln (EW) (F)	Saxe-Attenbourg.	Seaton Carrew	Grande-Bretagne.
Schmollnitz (L)	Autriche (Hongrie).	Sébaldsbrück (EW) (F)	Prusse (Hanovre).
Schmolz (EW) (F)	Prusse.	Sébastopol	Russie d'Europe.
Schneeberg (EW) (L)	Saxe.	Sébénico (N)	Autriche (Dalmatie).
Schneidemuhl (EW) (F)	Prusse.	Sechtem (OW) (F)	Prusse.
Schœnau (L)	Bade.	Seckach (L)	Bade.
Schoenthal (L)	Wurtemberg.	Secugnago (FL)	Italie.
Schönau (EW) (L)	Prusse.	Sedasheggur	Indes.
Schonberg (L)	Autriche (Moravie).	Sedbergh	Grande-Bretagne.
Schonbrunn (EL)	Autriche (Autriche).	Sédziszow (F)	Autriche.
Schonbuhl (Berne) (FL)	Suisse.	Seehausen in der Altmark (EW)(L)	Prusse.
Schonebeck (EW) (L)	Prusse.	Seehausen p. Prenzlau (EW)(F)	Prusse.
Schönengrund Wald	Suisse.	Seegen-Brestenberg (Argov e)(L)	Suisse.
Schonfliess (EW) (L)	Prusse.	Seepree	Indes.
Schonlanke (EW) (F)	Prusse.	Seesen (EW)	Brunswick.
Schonlinde (L)	Autriche (Bohême).	Seeshaupt (F)	Bavière.
Schonungen (F)	Bavière.	Seekirchen	Autriche.
Schoonhoven (L)	Pays-Bas.	Segebert (EW) (L)	Prusse (Holstein).
Schopfheim	Bade.	Segen-Gottes	Autriche (Moravie).
Schoppenstaedt (EW)	Brunswick.	Ségorbe	Espagne.
Schorndorff	Wurtemberg.	Ségovie	Espagne.
Schramberg (L)	Wurtemberg.	Seidenberg (EW) (L)	Prusse.
Schrimm (EW) (L)	Prusse.	Seifhennersdorf (EW) (L)	Saxe.
Schroda (EW) (L)	Prusse.	Seignelegier (Berne)	Suisse.
Schrombehnen (EW) (F)	Prusse.	Selb (F)	Bavière.
Schrotzberg (L)	Wurtemberg.	Selby (N)	Grande-Bretagne.
Schubin (EW) (L)	Prusse.	Selkirk (F)	Grande-Bretagne.
Schuelen (L)	Belgique.	Seligenstadt (F)	Bavière.
Schulitz (EW) (F)	Prusse.	Selling	Grande-Bretagne.
Schuls (Tarasp) (L)	Suisse.	Sellye (F)	Autriche.
Schupfen (Berne) (FL)	Suisse.	Selzaete (L)	Belgique.
Schupfheim (L)	Suisse.	Semendria (N)	Servie.
Schutzen (F)	Autriche.	Semly (Shaftesbury) (F)	Grande-Bretagne.
Schussenried	Wurtemb g.	Semil (F)	Autriche (Hongrie).
Schuttorf (OW) (F)	Prusse (Hanovre).	Semlin (N)	Autriche(Unter der Enns)
Schwabach (F)	Bavière.	Semmering (F)	Autriche.
Schwabmünchen(F)	Bavière.	Sempach (FL)	Suisse.
Schwadowitz (F)	Autriche.	Senden (F)	Bavière.
Schwalbach (voir Langensch)	Prusse (Nassau).	Seneffe (Hainaut) (L)	Belgique.
Schwanden (L)	Suisse.		
Schwandorf (F)	Bavière.		

NOMS des BUREAUX.	NATIONALITÉ.
Senise (L)	Italie.
Sensburg (EW) (L)	Prusse.
Sentier (le) (Vaud) (L)	Suisse.
Seonee	Indes.
Seraing (F)	Belgique.
Serajewo (L)	Turquie d'Europe.
Seregno (F)	Italie.
Sereth (L)	Autriche(Bukowine)
Serracapriola (L)	Italie.
Serravalle-Scrivia (FL)	Italie.
Serravezza (L)	Italie.
Serrès (L)	Turquie d'Europe.
Sersheim	Wurtemberg.
Sessa (L)	Italie.
Sessana (e)	Autriche.
Sesto (FL)	Italie.
Sesto Calende (L)	Italie.
Sesto san Giovanni (FL)	Italie.
Sestri-Ponente (FL)	Italie.
Settimo-Torinese (FL)	Italie.
Settle	Grande-Bretagne.
Setubal	Portugal.
Sevenoaks	Grande-Bretagne.
Séville (N)	Espagne.
Seybothenreuth (F)	Bavière.
Sfax (L)	Tunisie.
Shaftesbury	Grande-Bretagne.
Shahjehanpore	Indes.
Shalford	Grande-Bretagne.
Shanklin	Grande-Bretagne.
Shap	Grande-Bretagne.
Shapwick (F)	Grande-Bretagne.
Sharnbrook	Grande-Bretagne.
Sharpness (par Gloucester) (L)	Grande-Bretagne.
Sharpness-Point (L)	Grande-Bretagne.
Sheerness	Grande-Bretagne.
Sheffield N/2	Grande-Bretagne.
Shefford	Grande-Bretagne.
Shepherd's Well	Grande-Bretagne.
Shepperton (F)	Grande-Bretagne.
Sherborne (F)	Grande-Bretagne.
Shields (North)	Grande-Bretagne.
Shiffnal	Grande-Bretagne.
Shikarpore	Indes.
Shildon	Grande-Bretagne.
Shillingstone	Grande-Bretagne.
Shilton	Grande-Bretagne.
Shipley	Grande-Bretagne.
Shipley Gate	Grande-Bretagne.
Shipton	Grande-Bretagne.
Shirehampton (E)	Grande-Bretagne.
Shoagheen	Indes.
Shoreham (Kent)	Grande-Bretagne.
Shoreham (Sussex)	Grande-Bretagne.
Shorehampton	Grande-Bretagne.
Shorncliffe	Grande-Bretagne.
Shortlands	Grande-Bretagne.
Shrivenham	Grande-Bretagne.
Shrewsbury N/2	Grande-Bretagne.
Sibanicu	Ile de Cuba.
Sichem (L)	Belgique.
Siegburg (OW) (L)	Prusse.
Siegelsdorf (F)	Bavière.
Siegen (OW)	Prusse.
Siegersdorf (EW) (F)	Prusse.

NOMS des BUREAUX.	NATIONALITÉ.
Siemonsdorf (EW) (F)	Prusse.
Sienne (N)	Italie.
Sierra-Morena	Ile de Cuba.
Sierre (Valais) (L)	Suisse.
Sigmaringen (L)	Hohenzollern.
Signa (FL)	Italie.
Sign	Autriche(Dalmatie).
Siguenza	Espagne.
Silecroft	Grande-Bretagne.
S. loin (L)	Autriche (Hongrie).
Silenrieux (Namur) (FL)	Belgique.
Silkeborg (Jutland) (F)	Danemark.
Sillian (L)	Autriche (Tyrol).
Silloth	Grande-Bretagne.
Silvaplana (L)	Suisse.
Silverdale (FL)	Grande-Bretagne.
Silves (L)	Portugal.
Simbach (L)	Bavière.
Simbirsk	Russie d'Europe.
Simla	Indes.
Simon-wald (L)	Bade.
Simpelved (F)	Pays-Bas.
Simphéropol	Russie d'Europe.
Simplon (Valais) (L)	Suisse.
Sinderby	Grande-Bretagne.
Singen	Bade.
Sinn (OW) (F)	Prusse.
Sinigaglia (L) (6)	Italie.
Sinsheim (L)	Bade.
Sinzig (OW) (F)	Prusse.
Siofok (L)	Autriche (Hongrie).
Sion (Valais) (L)	Suisse.
Sironcha	Indes.
Sissach (Bâle) (FL)	Suisse.
Sittang	Indes.
Sittare (F)	Pays-Bas.
Sitten (v. Sion)	Suisse.
Sittingbourne N/2	Grande-Bretagne.
Sivas (N)	Turquie d'Asie.
Skagen	Danemark.
Skalitz (Bohême) (F)	Autriche.
Skalitz (Moravie)	Autriche.
Skanderborg (Jutland) (L)	Danemark.
Skara (L)	Suède.
Skarnaes (F)	Norvège.
Skelleftea	Suède.
Skenninge (L)	Suède.
Skernewitze (par Varsovie) (F)	Russie d'Europe.
Skirbbereen (L)	Grande-Bretagne.
Skien	Norvège.
Skipton	Grande-Bretagne.
Skive (Jutland) (FL)	Danemark.
Skjelskoer (PL)	Danemark.
Skoefde (F)	Suède.
Skorpo (FL)	Norvège.
Skotselven (F)	Norvège.
Skroven (HL) (18)	Norvège.
Skudesnaes	Norvège.
Slagelse (PL)	Danemark.
Slatina (N)	Moldo-Valachie.
Slawentzitz (EW) (L)	Prusse.
Sleaford (F)	Grande-Bretagne.
Sleswig (EW)	Prusse (Sleswig).
Sloydinge (FL)	Belgique.
Sliedrecht (L)	Pays-Bas.
Sligo (L)	Grande-Bretagne.
Slinfold	Grande-Bretagne.

NOMS des BUREAUX.	NATIONALITÉ.	NOMS des BUREAUX.	NATIONALITÉ.
Slingsby	Grande-Bretagne.	South Croydon	Grande-Bretagne.
Slotwinia	Autriche.	South-Molton	Grande-Bretagne.
Slough (N)	Grande-Bretagne.	Southend (F)	Grande-Bretagne.
Smeeth	Grande-Bretagne.	Southill	Grande-Bretagne.
Smiritz	Autriche.	Southport (L)	Grande-Bretagne.
Smolensk	Russie d'Europe.	South-Shields	Grande-Bretagne.
Smyrne (N)	Turquie d'Asie.	Southwater	Grande-Bretagne.
Snait	Grande-Bretagne.	Southwell (See Roleston)	Grande-Bretagne.
Snaresbrook (Essex) (F)	Grande-Bretagne.	Sowerby Bridge	Grande-Bretagne.
Sneek	Pays-Bas.	Spa	Belgique.
Snettisham (F)	Grande-Bretagne.	Spaïchingen (L)	Wurtemberg.
Sniatyn (F)	Autriche (Galicie).	Spalato (N)	Autriche (Dalmatie)
Snodland	Grande-Bretagne.	Spalding	Grande-Bretagne.
Sobernheim (OW)	Prusse.	Spandau (EW) (L)	Prusse.
Soden (OW) (L)	Prusse.	Sparte (L)	Grèce.
Sœderhamn	Suède.	Spechtley	Grande-Bretagne.
Sœderkœping L/BC	Suède.	Spenny-Moor (L)	Grande-Bretagne.
Sœdertelge L/BC	Suède.	Spezzano	Italie.
Sœllingen	Bade.	Spezzia (La) (N)	Italie.
Sœlvesborg (L)	Suède.	Spielfeld (F)	Autriche.
Sœmmerda (OW) (L)	Prusse.	Spinazzola (L)	Italie.
Soest (OW) (L)	Prusse.	Spire ou Speyer	Bavière.
Soestdyk (EL)	Pays-Bas.	Spital (L)	Autriche (Carinthie)
Soggendal (L)	Norwége.	Spittelndorf (EW) (F)	Prusse.
Soho	Grande-Bretagne.	Splugen (L)	Suisse.
Soho près Birmingham	Grande-Bretagne.	Spolete (L)	Italie.
Sohrau (Silésie) (EW) (L)	Prusse.	Spon Lane	Grande-Bretagne.
Soignies (Hainaut) (F)	Belgique.	Spremberg (EW) (L)	Prusse.
Sokal (L)	Autriche (Galicie).	*Spresiano (F)	Italie.
Solarolo (FL)	Italie.	Sprogœ (7)	Danemark.
Soldau (EW) (L)	Prusse.	Sprottau (EW) (L)	Prusse.
Soldin (EW) (L)	Prusse.	Squinzano (FL)	Italie.
Sole Street	Grande-Bretagne.	Staab	Autriche.
Soleure (Soleure)	Suisse.	Staab (FL)	Autriche (Bohème).
Solihull	Grande-Bretagne.	Staddlethorpe	Grande-Bretagne.
Solingen (OW) (L)	Prusse.	Stade (EW) (L)	Prusse (Hanovre).
Soller (Majorque) (L) (24)	Espagne.	Stadtberge (OW) (L)	Prusse.
Solmona (L)	Italie.	Stadthagen (EW) (F)	Lippe-Schaumbourg
Solothurn (v. Soleure)	Suisse.	Stadtilm (EW) (L)	Schwarzbourg.
Soltau (EW) (L)	Prusse (Hanovre).	Stadtoldendorf (EW)	Brunswick.
Sombreffe (Namur)	Belgique.	Stafa (L)	Suisse.
Somer-Leyton (F)	Grande-Bretagne.	Staffelbach (F)	Bavière.
Somersham (F)	Grande-Bretagne.	Staffelstein (F)	Bavière.
Somma (FL)	Italie.	Staffis (v. Estavager)	Suisse.
Sommerfeld (EW) (L)	Prusse.	Stafford (N)	Grande-Bretagne.
Sonceboz (Berne) (L)	Suisse.	Stagno (L)	Autriche (Dalmatie)
Sonderburg (EW) (L)	Prusse (Sleswig).	Stahringen (FL)	Bade.
Sondershausen (EW) (L)	Sondershausen.	Staines (F)	Grande-Bretagne.
Sondrio	Italie.	Stalbridge	Grande-Bretagne.
Sonneberg (EW)	Saxe-Meiningen.	Staleybridge	Grande-Bretagne.
Sonvilliers (Berne) (L)	Suisse.	Stalluponen (EW) (L)	Prusse.
Soon (v. Hœlen)	Norwége.	Staltach (F)	Bavière.
Sora (L)	Italie.	Stamford	Grande-Bretagne.
Sorau (EW) (L)	Prusse.	Stambach (F)	Bavière.
Sorésina (FL)	Italie.	Stanford Hall	Grande-Bretagne.
Soria (L)	Espagne.	Stanhope (L)	Grande-Bretagne.
Sorrente (L)	Italie.	Stanisch (v. Klein-Stanisch)	Prusse.
Sorvaagen (HL) (48)	Norwége.	Stanislau (N)	Autriche (Galicie).
Sottegem (L)	Belgique.	Stankau	Autriche.
Sough	Grande-Bretagne.	Stanley	Grande-Bretagne.
Sousa	Tunisie.	Stanningley	Grande-Bretagne.
Southall	Grande-Bretagne.	Stanstead	Grande-Bretagne.
Southam (L)	Grande-Bretagne.	Stanz (L)	Suisse.
Southampton (N)	Grande-Bretagne.	Staplehurst	Grande-Bretagne.
Southboro' Road	Grande-Bretagne.	Starcross (N)	Grande-Bretagne.
		Staresiolo (F)	Autriche.
		Stargard (Poméranie) (EW)(L)	Prusse.
		Stargard (Preussich) (EW)(L)	Prusse.
		Starnberg (L)	Bavière.

NOMS des BUREAUX.	NATIONALITÉ.
Stassfurt (EW) (L)............	Prusse.
Stauchitz (EW) (F)...........	Saxe.
Staudernheim (OW) (F)......	Prusse.
Standing (F)................	Autriche.
Staufen (L).................	Bade.
Staufen (v. Oberstaufen......	Bavière.
Stavanger..................	Norwége.
Staveley	Grande-Bretagne.
Stavelot (L)................	Belgique.
Stavenhagen (EW) (F)........	Mecklembourg.
Stawropol (N)..............	Russie du Caucase.
Steckborn (L)..............	Suisse.
Steele (OW) (L)............	Prusse.
Steenwyk (L)..............	Pays-Bas.
Stefanau (F)...............	Autriche.
Stege.....................	Danemark.
Stein (EW) (F).............	Saxe.
Steinach (F)...............	Bavière.
Steinamanger (L)...........	Autriche (Hongrie).
Steinbach (L)..............	Bade.
Stein-sur-Rhin (L)..........	Suisse.
Steinbruch (L).............	Autriche (Hongrie).
Steinbrucken (L)...........	Autriche (Styrie).
Steinen	Bade.
Stendal (EW) (L)...........	Prusse.
Stene HL) (18).............	Norwége.
Stenkjer (L)...............	Norwége.
Stenschewo (EW) (L)........	Prusse.
Stephansposching (F)	Bavière.
Stephanskirchen (F)........	Bavière.
Sterkrade (OW) (F)..........	Prusse.
Sternberg (L...............	Autriche (Moravie).
Sterpenich (Luxembourg) (FL)	Belgique,
Sterzing (L)...............	Autriche (Tyrol).
Stettin (EW) (N)...........	Prusse.
Steventon (L)..............	Grande-Bretagne.
Steyer (L).................	Autriche (Autriche).
Steyning..................	Grande-Bretagne.
Stierhoff (F)..............	Bavière.
Stillington —N/2	Grande-Bretagne.
Stirling (N)...............	Grande-Bretagne.
Stockach..................	Bade.
Stockaryd (F).............	Suède.
Stockbridge (F)............	Grande-Bretagne.
Stockerau (L)..............	Autriche (Autriche).
Stockhausen (OW) (F).......	Prusse (Nassau).
Stockheim (F).............	Bavière.
Stockholm (N).............	Suède.
Stockport..................	Grande-Bretagne.
Stockton..................	Grande-Bretagne.
Stockton on Tees...........	Grande-Bretagne.
Stoeren (F)................	Norwége.
Stogumber................	Grande-Bretagne.
Stoke-on-Trent —N/2	Grande-Bretagne.
Stokesley.................	Grande-Bretagne.
Stoke Works...............	Grande-Bretagne.
Stolberg (p. Aix-la-C.) (OW) (L.	Prusse.
*Stolberg (OW) (L).........	Saxe.
Stolp (EW)................	Prusse.
Stolpmunde (EW) (L)........	Prusse.
Stone (F).................	Grande-Bretagne.
Stoneclough...............	Grande-Bretagne.
Stonehaven	Grande-Bretagne.
Stonehouse (Gloucester)....	Grande-Bretagne.
Store (F).................	Autriche.

NOMS des BUREAUX.	NATIONALITÉ.
Storvaagen (HL) (18)........	Norwége.
Storvik (F)................	Suède.
Stourbridge...............	Grande-Bretagne.
Stourport.................	Grande-Bretagne.
Stow (Edingburghshire) (F).	Grande-Bretagne.
Stowmarket...............	Grande-Bretagne.
Strabane (Irlande) (L)......	Grande-Bretagne.
Stradella (F)..............	Italie.
Strakonitz (L).............	Autriche (Bohême).
Stralsund (EW) (N).........	Prusse.
Strambino (FL)............	Italie.
Stranraer (L)..............	Grande-Bretagne.
Strasburg (Marienw) EW) (L.	Prusse.
Strasburg (Silésie) (EW) (L.)	Prusse.
Strasskirchen (F)..........	Bavière.
Strass Somerein...........	Autriche.
Strasswalchen	Autriche.
Stratfort (Essex) (N).......	Grande-Bretagne.
Stratfort Bridge (Essex) (F)..	Grande-Bretagne.
Stratfort-sur-Arvon........	Grande-Bretagne.
Strathspey Junction	Grande-Bretagne.
Straubing.................	Bavière.
Straussberg (EW) (F).......	Prusse.
Streatham................	Grande-Bretagne.
Streatham Common	Grande-Bretagne.
Strehlen (EW) (L)..........	Prusse.
Strelna (L)................	Russie d'Europe.
Strengnaes (L)............	Suède.
Strösa....................	Italie.
Stretfort.................	Grande-Bretagne.
Striegau (EW) (L)..........	Prusse.
Stroemstad...............	Suède.
Strommen (F).............	Norwége.
Strood	Grande-Bretagne.
Stroud (Kent).............	Grande-Bretagne.
Stroud (Gloster)...........	Grande-Bretagne.
Struer (Jutland)...........	Danemark.
Stry	Autriche (Galicie).
Strzelno (EW) (L)..........	Prusse.
Stubbekjobing (L)..........	Danemark.
Stubben (EW) (F)..........	Prusse (Hanovre).
Stubing (F)...............	Autriche.
Stuhlingen (L)............	Bade.
Stuhlweissembourg (N).....	Autriche (Hongrie).
Stuhm (EW) (L)...........	Prusse.
Stumsdorf (EW) (F)	Prusse.
Sturminster Newton (F)	Grande-Bretagne.
Sturry	Grande-Bretagne.
Stuttgard (N).............	Wurtemberg.
Suczawa (N)..............	Autriche (Bukowine)
Sudbury (Suffolk).........	Grande-Bretagne.
Sudbury..................	Grande-Bretagne.
Suderbourg (EW) (F).......	Prusse (Hanovre).
Suderode (EW) (BL)........	Prusse.
Suez......................	Egypte.
Suhl (EW) (L).............	Prusse.
Sukkur...................	Indes.
Sulina (L)................	Turquie d'Europe.
Sulz (L)..................	Wurtemberg.
Sulza (EW) (F)............	Saxe-Weimar.
Sulzbach (F)..............	Bavière.
Sulzbach (OW) (F).........	Prusse.
Sulzbach (L)..............	Wurtemberg.
Sulzburg (L)..............	Bade.
Sumiswald (Berne) (L)......	Suisse.
Summerhill (L)............	Grande-Bretagne.
Summerseat..............	Grande-Bretagne.
Sunching (F)..............	Bavière.
Sunderland...............	Grande-Bretagne.

NOMS des BUREAUX.	NATIONALITÉ.	NOMS des BUREAUX.	NATIONALITÉ.
Sundswall (N)	Suède.	Sysseele (Flandre occid.) (FL)	Belgique.
Sunningdale	Grande-Bretagne.	Systen	Grande-Bretagne.
Surat	Indes.	Szakalhaza (F)	Autriche.(Hongrie).
Surbiton (Kingston) (F)	Grande-Bretagne.	Szala Egerszeg (L.)	Autriche.
Sursée (L)	Suisse.	Szamos-Ujwar (L)	Autriche (Transylv.
Suse	Italie.	Szanto (F)	Autriche (Hongrie).
Sussen	Wurtemberg.	Szantod (F)	Autriche.
Sutton (Surrey)	Grande-Bretagne.	Szathmar-Nemethi	Autriche (Hongrie).
Sutton (Lock) (L)	Grande Bretagne.	Szatymas (F)	Autriche.
Sulwaki	Russie d'Europe.	Szasz-Regen (L)	Autriche.(Transylv.
Svelvik (L)	Norwége.	Szczahowa	Autriche.
Svendborg (P)	Danemark.	Szczawnica (B L.) (13)	Autriche (Galicie).
Svenstorp (F)	Suède.	Szegedin (N)	Autriche (Hongrie).
Svolvaer (HL) (18)	Norwége.	Szegszard (L)	Autriche (Hongrie).
Swaffham (F)	Grande-Bretagne.	Szerencs (F)	Autriche.
Swansea	Grande-Bretagne.	Szigethvar (L.)	Autriche (Hongrie).
Swan-Village	Grande-Bretagne.	Szikszo (F)	Autriche.
Swavesey	Grande-Bretagne.	Szillen (EW) (F)	Prusse.
Swindon (N)	Grande-Bretagne.	Sziner-Varalja (L.)	Autriche (Hongrie).
Swinnemunde (E. W.)	Prusse.	Sziszeck (N)	Autriche (Croatie).
Swinton	Grande-Bretagne.	Szliacs (BL) (11)	Autriche (Hongrie).
Sydenham	Grande-Bretagne.	Szobb (F)	Autriche.
Sylhet	Indes.	Szoboszlo (F)	Autriche.
Symington (FL)	Grande-Bretagne.	Szolnok	Autriche (Hongrie).
Syra (Ile de) (N) (26)	Grèce.	Szorogh (F)	Autriche.
Syracuse (I. de Sicile)	Italie.		

NOMS des BUREAUX	NATIONALITÉ.	NOMS des BUREAUX.	NATIONALITÉ.
Tablones............................	Ile de Cuba.	Templecombe (F)............	Grande-Bretagne.
Tabor (L).........................	Autriche (Bohême).	Templemore (Irlande) (L)....	Grande-Bretagne.
Tafalla (L)........................	Espagne.	Templin (EW) (L)............	Prusse.
Taffswell..........................	Grande-Bretagne.	Tenbury.....................	Grande-Bretagne.
Taganrok..........................	Russie d'Europe.	Tennstest (EW) (L)...........	Prusse.
Taegerweilen (L).............	Suisse.	Teplitz, près Trencsin (BL) (11)	Autriche.
Tagliogozzo (L)................	Italie.	Teramo......................	Italie.
Taguayabon......................	Ile de Cuba.	Terhulpen (v. la Hulpe)......	Belgique.
Taimering (F)..................	Bavière.	Terespo (EW) (F)............	Prusse.
Talavera de la Reina........	Espagne.	Terlizzi (L).................	Italie.
Tallington........................	Grande-Bretagne.	Termini Imerese (I. de Sicile)	Italie.
Tambow...........................	Russie d'Europe.	Termoli.....................	Italie.
Tammersfors (L).............	Russie d'Europe.	Termonde...................	Belgique.
Tamines (Namur) (F).......	Belgique.	Ternath (FL)................	Belgique.
Tamise (L).......................	Belgique.	Terneuzen (L)...............	Pays-Bas.
Tamworth $\frac{N}{2}$ —............	Grande-Bretagne.	Terni.......................	Italie.
Tancos (L)	Portugal.	Ternitz (F).................	Autriche.
Tangermunde (EW) (L)......	Prusse.	Terracino (N)..............	Etats de l'Eglise.
Tannhausen (EW) (L)........	Prusse.	Terranova (I. de Sicile) (L).	Italie.
Tannwald (L)....................	Autriche (Bohême).	Teruel (N).................	Espagne.
Tantow (EW) (F)...............	Prusse.	Tervueren (L)...............	Belgique.
Tapiau (EW) (F)................	Prusse.	Terwagne (L)...............	Belgique.
Tapolesan (L)...................	Autriche (Hongrie).	Teschen....................	Autriche (Silésie).
Taplow ou Maidenhead......	Grande-Bretagne.	Tetbury-Road...............	Grande-Bretagne.
Tarançon (L)....................	Espagne.	Tête-de-Flandre (F)........	Belgique.
Tarasp (voir Schuls)........	Suisse.	Teteny (F)..................	Autriche.
Tarbert (F).......................	Grande-Bretagne.	Teterow (EW) (L)...........	Mecklenbourg.
Tardoskel (F)...................	Autriche.	Tetschitz..................	Autriche.
Tarente...........................	Italie.	Tetsworth (L)..............	Grande-Bretagne.
Tarff (L)..........................	Grande-Bretagne.	Tettnang (L)...............	Wurtemberg.
Tarifa (L).........................	Espagne.	Touchern (EW) (F).........	Prusse.
Tarnok (F)........................	Autriche.	Teufen (L).................	Suisse.
Tarnopol..........................	Autriche (Galicie).	Teutschenthal (EW) (F).....	Prusse.
Tarnow (N).......................	Autriche (Galicie).	Tewkesbury................	Grande-Bretagne.
Tarnowitz (EW) (F)...........	Prusse.	Teynham...................	Grande-Bretagne.
Taroosha..........................	Indes.	Thal.......................	Suisse.
Tarragone (N)...................	Espagne.	Thale (EW) (L).............	Prusse.
Tauberbischofsheim (L)......	Bade.	Thalham (F)................	Bavière.
Taufkirchen.....................	Autriche.	Thalhausen................	Wurtemberg.
Taunton...........................	Grande-Bretagne.	Thalweil (L)...............	Suisse.
Tauris.............................	Perse.	Thame.....................	Grande-Bretagne.
Taus (F)...........................	Autriche.	Tharandt (EW) (F).........	Saxe.
Tavannes (Dachsfelden) (Berne)	Suisse.	Tharau (EW) (F)...........	Prusse.
Tavazzano (FL)..................	Italie.	Thatcham..................	Grande-Bretagne.
Taverna (L)......................	Italie.	Thayngen (FL).............	Suisse.
Tavernelle (L)..................	Italie.	Theale.....................	Grande-Bretagne.
Tavira.............................	Portugal.	Thèbes.....................	Grèce.
Tavistock.........................	Grande-Bretagne.	Theddingworth.............	Grande-Bretagne.
Tawastguss (L)..................	Russie d'Europe.	Themar (EW)...............	Saxe-Meiningen.
Tay-di-pieve-di-Cadore (L) ..	Italie.	Théodosie..................	Russie d'Europe.
Tchenstokhow (par Varsovie)(F)	Russie d'Europe.	Theresienstadt (F).........	Autriche.
Teano (FL).......................	Italie.	Theresienstad (Forteresse)(L)	Autriche.
Tobay (N).........................	Grande-Bretagne.	Thérésiopel................	Autriche (Hongrie).
Tekutsch (N)....................	Moldo-Valachie.	Thetford (F)...............	Grande-Bretagne.
Téhéran..........................	Perse.	Thoux (FL).................	Belgique.
Teignmouth......................	Grande-Bretagne.	Thielt (Flandre occidentale)(F)	Belgique.
Teinach (BL) (12)..............	Wurtemberg.	Thiene (L).................	Italie.
Teisendorf (F)..................	Bavière.	Thiengen..................	Bade.
Telgte (OW) (L)................	Prusse.	Thienen (v. Tirlemont).....	Belgique.
Tellicherry.......................	Indes.	Thiessow (EW) (L).........	Prusse.
Telfs (L)..........................	Autriche (Tyrol).	Thirsk (N).................	Grande-Bretagne.
Telschi (L).......................	Russie d'Europe.	Thistedt (Jutland) (L).....	Danemark.
Teltsch (L).......................	Autriche (Moravie).	Thomar (L)................	Portugal.
Tembléque.......................	Espagne.	Thorn (EW)................	Prusse.
Tomesvar (N)....................	Autriche (Hongrie).	Thorne (L).................	Grande-Bretagne.
Tempelburg (EW) (L).........	Prusse.	Thornhill (N.-B)...........	Grande-Bretagne.
Tempio (I. de Sardaigne) (L).	Italie.	Thornhill (Yorkshire)......	Grande-Bretagne.
		Thornton...................	Grande-Bretagne.
		Thornton-Heath............	Grande-Bretagne.

NOMS des BUREAUX.	NATIONALITÉ.	NOMS des BUREAUX.	NATIONALITÉ.
Thourout (Flandre occident)(F)	Belgique.	Tonnghoop	Indes.
Thrapston	Grande-Bretagne.	Tonning (EW) (L)	Prusse (Sleswig).
Three Bridges —	Grande-Bretagne.	Toombe (L)	Grande-Bretagne.
Throndhjem (Drontheim)	Norwége.	Topsham (F)	Grande-Bretagne.
Thuin (Hainaut) (F)	Belgique.	Torgau (EW)	Prusse.
Thulin (Hainaut)	Belgique.	*Torino di Sangro (F)	Italie.
Thunn ou Thoune (Berne). —	Suisse.	Tornalya (L)	Autriche (Hongrie).
Thurles (Irlande) (L)	Grande-Bretagne.	Tornéo	Russie d'Europe.
Thusis (L)	Suisse.	Tornocz	Autriche.
Thyetmyo	Indes.	Torok-St-Miklos (F)	Autriche.
Ticehurst	Grande-Bretagne.	Torquay	Grande-Bretagne.
Ticehurst Road	Grande-Bretagne.	Torre-Anunziata	Italie.
Tiefenkasten (L)	Suisse.	Torreberetti (F)	Italie.
Tiel	Pays-Bas.	Torre del Greco (L)	Italie.
Tione (L)	Italie.	Torre Maggiore (L)	Italie.
*Tien-Tsin (par Kiachta)	Chine.	Torrenieri (L)	Italie.
Tiers (v. Treves)	Prusse.	Torres Novas (L)	Portugal.
Titlis (N)	Russie du Caucase.	Torres Vedras (L)	Portugal.
Tilbourg (L)	Pays-Bas.	Tortone (F)	Italie.
Tilbury (F)	Grande-Bretagne.	Tortose (L)	Espagne.
Tilff (L)	Belgique.	Toss (L)	Suisse.
Tilleur (FL)	Suisse.	Toth Megyer (F)	Autriche.
Tillicoultry	Grande-Bretagne.	Totness	Grande-Bretagne.
Tilsit (EW)	Prusse.	Tottenham	Grande-Bretagne.
Timelkamin	Autriche.	Toula	Russie d'Europe.
Timperley	Grande-Bretagne.	Toultcha (N)	Turquie d'Europe.
Tinnevelly	Indes.	Toultschin	Russie d'Europe.
Tione (L)	Autriche (Tyrol).	Tournay (Hainaut) (N)	Belgique.
Tipperary (L)	Grande-Bretagne.	Toward	Grande-Bretagne.
Tirano (L)	Italie.	Tow Law (L)	Grande-Bretagne.
Tirgovischtea (N)	Moldo-Valachie.	Trabitz (F)	Bavière.
Tirgu-Frumos (N)	Moldo-Valachie.	Trachenberg (EW) (L)	Prusse.
Tirgu-Juil (N)	Moldo-Valachie.	Trakehnen (EW) (F)	Prusse.
Tirgu Neamtz (N)	Moldo-Valachie.	Tralee (Irlande) (L)	Grande-Bretagne.
Tiriolo	Italie.	Tramelan (Berne) (L)	Suisse.
Tirlemont	Belgique.	Tramore	Grande-Bretagne.
Tisbury (F)	Grande-Bretagne.	Trampke (EW) (F)	Prusse.
Tiszalusz (F)	Autriche (Hongrie).	Tranebjerg (I. Samso) (L)	Danemark.
Tisza-Ujlac (L)	Autriche (Hongrie).	Tranent (F)	Grande-Bretagne.
Titel (L)	Autriche.	Trani	Italie.
Tittmoning (L)	Bavière.	Trapani	Italie.
Tiverton (F)	Grande-Bretagne.	Trarbach (OW) (L)	Prusse.
Tiverton (Junction) (F)	Grande-Bretagne.	Trau (L)	Autriche (Dalmatie)
Tivestshall (F)	Grande-Bretagne.	Traunstein (L)	Bavière.
Tivoli (L)	Etats de l'Eglise.	Trautenau	Autriche (Bohême).
Tivoli	Grande-Bretagne.	Trautmannsdorf	Autriche.
Tjatjak	Servie.	Travemünde (EW)	Ville de Lubeck.
Tlumacz (L)	Autriche (Galicie).	Travers (Neuchâtel) (L)	Suisse.
Tlumatschau (F)	Autriche (Moravie).	Treaman (F)	Grande-Bretagne.
Todmorden	Grande-Bretagne.	Trebbin (EW)(F)	Prusse.
Todtnau (L)	Bade.	Trebgast (F)	Bavière.
Toensberg	Norwége.	Trebitsch (L)	Autriche (Moravie).
Toereboda (F)	Suède.	Trébizonde (L)	Turquie d'Asie.
Tœplitz	Autriche (Bohême).	Trebnitz (EW) (L)	Prusse.
Tokai (L)	Autriche (Hongrie).	Trebnitz (près Muncheber) (EW)(F)	Prusse.
Tolède	Espagne.	Trecento (F)	Italie.
Tolentino (L)	Italie.	Trocate (FL)	Italie.
Tolmezzo (L)	Italie.	Trehemetry	Grande-Bretagne.
Tolna (L)	Autriche (Hongrie).	Treherbert	Grande-Bretagne.
Tolosa (L)	Espagne.	Trelleborg	Suède.
Tomelilla (F)	Suède.	Tremalle (L)	Belgique.
Tondern (EW) (L)	Prusse (Sleswig).	Trencsin	Autriche (Hongrie).
Tongham (F)	Grande-Bretagne.	Trent (for long Eaton)	Grande-Bretagne.
Tongres (F)	Belgique.	Trente (N)	Autriche (Tyrol).
Tonnghoo	Indes.	Treptow-sur-Réga (EW) (L)	Prusse.
		Treuen (EW) (F)	Saxe.
		Trèves (Trier) (OW)	Prusse.
		Treviglio (FL)	Italie.
		Trévise (N)	Italie.

NOMS des BUREAUX.	NATIONALITÉ.	NOMS des BUREAUX.	NATIONALITÉ.
Treysa (OW) (F)	Prusse.	Tullamore (Irlande) (L)	Grande-Bretagne.
Triberg (L)	Bade.	Tullgarn (E)	Suède,
Tribsees (EW) (L)	Prusse.	Tultscha (v. Toultcha)	Turquie d'Europe.
Tricarico (L)	Italie.	Tümen (Sibérie a) (N)	Russie.
Trident (v. Trente)	Autriche.	Tunbridge $\frac{N}{2}$	Grande-Bretagne.
Triebitz (F)	Autriche.		
Triente (v. Trente)	Autriche.	Tunbridge Wells $\frac{N}{2}$	Grande-Bretagne,
Trier (voir Trèves)	Prusse.		
Triesdorf (F)	Bavière.	Tunis	Tunisie.
Trieste (N)	Autriche Littorale.	Tunstall (L)	Grande-Bretagne.
Trifail (F)	Autriche.	Tura (F)	Autriche (Bohême).
Tring $\frac{N}{2}$	Grande-Bretagne.	Turbenthal (L)	Suisse.
		Turin (N)	Italie.
Trinidad	Ile de Cuba.	Turgi (Argovie) (FL)	Suisse.
Trinitapoli (F)	Italie.	Türkismühle (OW) (F)	Prusse.
Tripoli	Régence de Tripoli.	Turmitz (F)	Autriche.
Tripolitza (N)	Grèce.	Turnau (F)	Autriche.
Trivandrum	Indes.	Turnhout (F)	Belgique.
Trofarello (FL)	Italie.	Turnu-Magurelo (N)	Moldo-Valachie.
Trogen (L)	Suisse.	Turnu-Severin (N)	Moldo-Valachie.
Trogstad (F)	Norwége.	Totbury	Grande-Bretagne
Troisdorf (OW) (L)	Prusse.	Tuticorin	Indes.
Troja (L)	Italie.	Tuttlingen (L)	Wurtemberg.
Trollhattan (L)	Suède.	Tutzing (F)	Bavière.
Trompet (OW) (F)	Prusse.	Tuxford	Grande-Bretagne.
Troon	Grande-Bretagne.	Tuy (N)	Espagne.
Trooz	Belgique.	Tvedestrand $\frac{C}{HL}$	Norwége.
Tropea	Italie.		
Troppau	Autriche (Silésie).	Tweedmouth (N)	Grande-Bretagne.
Trowbridge	Grande-Bretagne.	Twer (N)	Russie d'Europe.
Trujillo (N)	Espagne.	Twickenham (F)	Grande-Bretagne.
Truns (L)	Suisse.	Tworog (EW) (F)	Prusse.
Truro	Grande-Bretagne.	Twyford	Grande-Bretagne.
Truskawice (BL) 13	Autriche (Galicie).	Tynan (L)	Grande-Bretagne.
Trzciana (F)	Autriche.	Tynes-Docks (FL)	Grande-Bretagne.
Trzebinia	Autriche.	Tynemouth (F)	Grande-Bretagne.
Trzemeszno (EW) (L)	Prusse.	Tyrnau (L)	Autriche (Hongrie).
Tschernigow	Russie d'Europe.	Tysmienica (L)	Autriche (Galicie)
Tuam (L)	Grande-Bretagne.	Tzaritzin	Russie d'Europe.
Tubingen	Wurtemberg.	Tzarskoe Selo	Russie d'Europe.
Tubize (F)	Belgique.		
Tudela	Espagne.		
Tüffer (BL) 12	Autriche (Hongrie).		

NOMS des BUREAUX.	NATIONALITÉ.
Ubeda (L)	Espagne.
Uberlingen (L)	Bade,
Uckfield	Grande-Bretagne.
Udbyhoei (P)	Danemark.
Udevalla	Suède.
Udine (N)	Italie.
Udvarhely (L)	Autriche,
Uebersée (F)	Bavière.
Ueberuhr (OW) (F)	Prusse.
Ueckermunde (EW) (L)	Prusse.
Uello	Autriche.
Uelzen (EW) (L)	Prusse (Hanovre).
Uerdingen (OW) (L)	Prusse.
Ufa (Oufa) (N)	Russie d'Europe.
Uffenheim (F)	Bavière.
Uffington (v. Farringdon)	Grande-Bretagne.
Uhersko	Autriche.
Uitgeest (F)	Pays-Bas.
Ujest (EW) (L)	Prusse.
Ujfeherto (F)	Autriche.
Ulceby	Grande-Bretagne.
Uleaborg	Russie d'Europe.
Ullersater (F)	Suède.
Ulleskeff	Grande-Bretagne.
Ullesthorpe	Grande-Bretagne.
Ulm (N)	Wurtemberg.
Ulricehamn (L)	Suède.
Ulriksdal (E)	Suède,
Ulverstone	Grande-Bretagne.
Umballah	Indes.
Umberleigh	Grande-Bretagne.
Umbertide (L)	Italie.
Umritsur	Indes,
Uméa	Suède.
Ungarisch Brood (F)	Autriche.
Ungarisch Hradisch (F)	Autriche.
Union	Ile de Cuba.
Unna (OW) (F)	Prusse.
Unterberkowitz (F)	Autriche.
Unterboihingen	Wurtemberg.
Unterdrauburg (F)	Autriche.
Unterkulm (v. Kulm)	Suisse.
Unterluss (EW) (F)	Prusse (Hanovre).
Unter-Metzenseifen (L)	Autriche.
Unterœgeri (L)	Suisse.
Unterpeissenberg (F)	Bavière.
Untersteinach (F)	Bavière.
Unterschupf (L)	Bade.
Unterturkheim	Wurtemberg.
Upsala	Suède.
Urach (L)	Wurtemberg.
Urbino (L)	Italie.
Urspring (L)	Wurtemberg.
Urzitscheni (N)	Moldo-Valachie.
Usingen (OW) (L)	Prusse (Nassau).
Usk (L)	Grande-Bretagne.
Uslar (EW) (L)	Prusse (Hanovre).
Uster (L)	Suisse.
Utrecht	Pays-Bas.
Uttoxeter (F)	Grande-Bretagne.
Uxbridge (L)	Grande-Bretagne.
Uznach (L)	Suisse.
Uzwyl (L)	Suisse.

NOMS des BUREAUX.	NATIONALITÉ.	NOMS des BUREAUX.	NATIONALITÉ.
Vaihingen (L)	Wurtemberg.	Vergiate (FL)	Italie.
Valdagno (L)	Italie.	Vérin (L)	Espagne.
Valença do Minho	Portugal.	Verlica (L)	Autriche.
Valeni de Munte (N)	Moldo-Valachie.	Vernex (Montreux) (Vaud) (L)	Suisse.
Valencia (N)	Espagne.	Verocze (N)	Autriche.
		Verola-Nuova	Italie.
Valentia (Irlande — N/2)	Grande-Bretagne.	Veroli (L)	Etats de l'Eglise.
		Vérone (N)	Italie.
Valenza (FL)	Italie.	Verovitic (L)	Autriche.
Valette (La) (N)	Ile de Malte.	Verrières (Les) (Neuchâtel) (L)	Suisse.
Valievo	Servie.	Versecz (N)	Autriche.
Valkenburg (P)	Pays-Bas.	Versoix (Genève) (L)	Suisse.
Valkenswaard (F)	Pays-Bas.	Verviers (N)	Belgique.
valladolid (N)	Espagne.	Vespolate (FL)	Italie.
Vallendar (OW) (L)	Prusse.	Veszprim (L)	Autriche.
Vallo (Lucania) (L	Italie.	Vetschau (EW) (L)	Prusse.
Valloe (L)	Norwége.	Vettweis (OW) (F)	Prusse.
Vallona ou Avlona (N)	Turquie d'Europe.	Veurne (v. Furnes)	Belgique.
Vallorbes (Vaud) (L)	Suisse.	Vevey (Vaud)	Suisse.
Valls (L)	Espagne.	Vianna-do-Castello	Portugal.
Valmadonna (FL)	Italie.	Viareggio	Italie.
Valmadrera (L)	Italie.	Viborg (Jutland) (PL)	Danemark.
Valpassos (L)	Portugal.	Vicence (N)	Italie.
Valpo (L)	Autriche.	Vico del Gargano (L)	Italie.
Valstrigno (L	Autriche (Tyrol).	Vicosoprano (L)	Suisse.
Valtos. (Karvassara) (L)	Grèce.	Victoria Docks	Grande-Bretagne.
Varallo (L)	Italie.	Victoria (Ebb.-Vales)	Grande-Bretagne.
Varde (Jutland) (L)	Danemark.	Videm Gurkfeld (F)	Autriche (Croatie).
Varel (OW)	Oldenbourg.	Viège (Valais)	Suisse.
Varenna (L)	Italie.	Vielsalm (Luxembourg) (L)	Belgique.
Varèse (L)	Italie.	Vienenbourg (EW)	Brunswick.
Varignano (L)	Italie.	Vienne (N)	Autriche.
Varna (N)	Turquie d'Europe.	Vienne (Leopoldstadt) (N)	Autriche.
Varraze (L)	Italie.	Viersen (OW) (L)	Prusse.
Varsovie (N)	Russie d'Europe.	Viervos (Namur) (F)	Belgique.
Vaslui (N)	Moldo-Valachie.	Vieselbach (EW) (F)	Saxe-Weimar.
Vasto (L)	Italie.	Viesti (L)	Italie.
Vasto della Lucania (L)	Italie.	Vietz (EW) (F)	Prusse.
Veblungsnaes	Norwége.	Vieux-Dieu (F)	Belgique.
Vechelde (EW) (N)	Brunswick.	Vigersund (F)	Norwége.
Vecses (F)	Autriche.	Vigevano (F)	Italie.
Vedbaek (E)	Danemark.	Vigo (N)	Espagne.
Veendam (L)	Pays-Bas.	Vilbel (OW) (F)	Prusse.
Veenenbourg (PL)	Pays-Bas.	Viliach	Autriche.
Veger (L)	Espagne.	Villa-Clara	Ile de Cuba.
Vegesack (EW)	Ville de Brême.	Villa do Conde (L)	Portugal.
Veghel (L)	Pays-Bas.	Villa Flor (L)	Portugal.
Veile (Jutland)	Danemark.	Vilafranca (d'Asti) (FL)	Italie.
Veitshochheim (F)	Bavière.	Villafranca del Vierzo	Espagne.
Velden (F)	Autriche.	Villafranca (FL)	Italie.
Velberg (L)	Wurtemberg.	Vlla-Franca de Xira	Portugal.
Velletri (N)	Etats de l'Eglise.	Villagarcia	Espagne.
Vellore	Indes.	Villamaggiore (FL)	Italie.
Venafro	Italie.	Villanova de Famaliçao (L)	Portugal.
Velp (F)	Pays-Bas.	Villanova de Gaia	Portugal.
Vendas-Novas (L)	Portugal.	Villa-Nova de Portimao	Portugal.
Venedig (v. Venise)	Italie.	Villa-Nova-de-Fozcoa (L)	Portugal.
Venecia (v. Venise)	Italie.	Villany	Autriche.
Venise (N)	Italie.	Villa-Réal	Portugal.
Venloo	Pays-Bas.	Villaréal-de-San-Antonio	Portugal.
Venouze (L)	Italie.	Villarosa (L)	Italie.
Ventimiglia	Italie.	Villa San Giovanni (L)	Italie.
Ventnor (île de Wight)	Grande-Bretagne.	Villaviçosa (L)	Portugal.
Vera (L)	Espagne.	Villena (L)	Espagne.
Verceil (N)	Italie.	Villeneuve (Vaud) (L)	Suisse.
Verdello (FL)	Italie.	Villers-la-Ville (FL)	Belgique.
Verden (EW) (L)	Prusse (Hanovre).	Villers-le-Cambon (Namur) (F)	Belgique.
Vergara	Espagne.	Villingen (L)	Bade.
Vergato (FL)	Italie.	Villmar (OW) (F)	Prusse (Nassau).

NOMS des BUREAUX.	NATIONALITÉ.	NOMS des BUREAUX.	NATIONALITÉ.
Vilshofen (F)	Bavière.	Vlissingen (voir Flessingue).	Pays-Bas.
Vilvorde (F)	Belgique.	Vlotho (OW) (L)	Prusse.
Vinaroz (N)	Espagne.	Vœhrenbach (L)	Bade.
Vingorla	Indes.	Vogelenzang (PL)	Pays-Bas.
Vinhaes (L)	Portugal.	Voghera (L)	Italie.
Vinkovce	Autriche.	Vohwinkel (OW) (F)	Prusse.
Virton (Luxembourg) (L)	Belgique.	Voitsberg	Autriche.
Visé (FL)	Belgique.	Voklabruck	Autriche.
Viterbe (N)	États de l'Église.	Voklamarkt	Autriche.
Vitoria (N)	Espagne.	Voiklingen (OW) (F)	Prusse.
Vittoria (L)	Italie.	Volo (N)	Turquie d'Europe.
Vittorio (L)	Italie.	Volterra (L)	Italie.
Vittuone (FL)	Italie.	Voltri (F)	Italie.
Vivero	Espagne.	Vonitza (L)	Grèce.
Vizagapatam	Indes.	Voorschoten (FL)	Pays-Bas.
Vizeu	Portugal.	Vordernberg (F)	Autriche (Styrie).
Vizianagram	Indes.	Vordinghorg (L)	Danemark.
Vizzini (L)	Italie.	Voslau (F)	Autriche.
Vlaardingen	Pays-Bas.	Vostizza (L)	Grèce.
Vlieland (île de) (L)	Pays-Bas.	Vukovar	Autriche.

NOMS des BUREAUX.	NATIONALITÉ.
Wabern (OW) (F)............	Prusse.
Waddon....................	Grande-Bretagne.
Wadenschwyl (L)...........	Suisse.
Wadhurst..................	Grande-Bretagne.
Wadstena..................	Suède.
Waechtersbach (OW) (F....	Prusse
Waeghausel (L)............	Bade.
Waerreghem (Flandre occid.) (F)	Belgique.
Waerschoot (FL)...........	Belgique.
Wageningen (L)............	Pays-Bas.
Wagram (F)................	Autriche.
Wahlwies (FL).............	Bade.
Wahn (OW) (F).............	Prusse.
Waiblingen................	Wurtemberg.
Waibstadt.................	Bade.
Waitzen (L)...............	Autriche.
Wakefield.................	Grande-Bretagne.
Walcourt (Namur) (FL).....	Belgique.
Wald (L)..................	Suisse.
Wald (OW) (L).............	Prusse.
Waldbockelheim (OW) (F)...	Prusse.
Waldenbourg (Bâle) (L)....	Suisse.
Waldenburg (Silésie) (EW)...	Prusse.
Waldenburg (EW) (L)........	Saxe.
Waldenburg................	Wurtemberg.
Waldheim (EW) (F).........	Saxe.
Waldkirch (L).............	Bade.
Waldorf (EW)..............	Saxe-Meiningen.
Waldsassen (F)............	Bavière.
Waldsée (L)...............	Wurtemberg.
Waldshut..................	Bade.
Walferdange (FL)..........	Luxembourg.
Walhallastrasse (F).......	Bavière.
Wallhausen (EW) (F).......	Prusse.
Walingford-Road...........	Grande-Bretagne.
Walldürn (L)..............	Bade.
Wallenstadt (L)...........	Suisse.
Wallern (F)...............	Autriche.
Wallisellen (L)...........	Suisse.
Walnut Tree Junction......	Grande-Bretagne.
Walsall...................	Grande-Bretagne.
Walsden...................	Grande-Bretagne.
Walsend...................	Grande-Bretagne.
Walsingham................	Grande-Bretagne.
Walsoorde (L).............	Pays-Bas.
Walsrode (EW) (L).........	Prusse (Hanovre).
Waltenhofen (F)..........	Bavière.
Waltham (Essex) (F).......	Grande-Bretagne.
Walton-on-Thames (F)......	Grande-Bretagne.
Wandre (FL)...............	Belgique.
Wandsworth (New.).........	Grande-Bretagne.
Wagen (Berne) (L).........	Suisse.
Wangen (L)................	Wurtemberg.
Wangerin (EW) (L).........	Prusse.
Wangi.....................	Suisse.
Wansford..................	Grande-Bretagne.
Wanzleben (EW) (L)........	Prusse.
Warasdin (L)..............	Autriche.
Warberg (L)...............	Suède.
Warburg (OW) (L)..........	Prusse.
Warcop....................	Grande-Bretagne.
Ware (F)..................	Grande-Bretagne.
Wareham (F)...............	Grande-Bretagne.
Waremme (F)...............	Belgique.
Waren (EW) (L)............	Mecklembourg.
Warendorf (OW) (L)........	Mecklembourg.
Warkhaus..................	Russie d'Europe.
Warlingham................	Grande-Bretagne.
Warlubien (EW) (F)........	Prusse.
Warmbrünn (EW) (L)........	Prusse.
Warminster...............	Grande-Bretagne.
Warnemünde (EW. — C / Ht.	Mecklembourg.
Warnsdorf.................	Autriche.
Warrington (N)............	Grande-Bretagne.
Warschau (v. Varsovie)....	Russie-d'Europe.
Wartberg (F)..............	Autriche.
Wartenberg Polnisch (EW) (L).	Prusse.
Warun-ul..................	Indes.
Warwick...................	Grande-Bretagne.
Washington...............	Grande-Bretagne.
Waskerley (L).............	Grande-Bretagne.
Wasseralfingen...........	Wurtemberg.
Wasserbillig (FL).........	Luxembourg.
Wasserburg (L)............	Bavière.
Wassertrüdingen (F).......	Bavière.
Wasungen (EW).............	Saxe-Meiningen.
Watchet...................	Grande-Bretagne.
Waterbeach................	Grande-Bretagne.
Waterford (Irlande) (F)...	Grande-Bretagne.
Wateringbury.............	Grande-Bretagne.
Water Lane................	Grande-Bretagne.
Waterloo..................	Grande-Bretagne.
Waterloo (L)..............	Belgique.
Waterside.................	Grande-Bretagne.
Watford — (N / 2)	Grande-Bretagne.
Watra-Dorna (BL) (13).....	Autriche.
Wattersdorf (EW) (F)......	Prusse.
Wattwyl (L)...............	Suisse.
Wavre (FL)................	Belgique.
Waxholm (L)...............	Suède.
Wecker (FL)...............	Luxembourg.
Wednesbury...............	Grande-Bretagne.
Weedon — (N / 2)	Grande-Bretagne.
Welde-Merxplas (L) (1)....	Belgique (Anvers).
Weener (OW) (L)...........	Prusse (Hanovre).
Weert-Saint-Georges (FL)...	Belgique.
Weeze (OW) (F)............	Prusse.
Wegeleben (EW) (F)........	Prusse.
Wegersloben (EW)..........	Brunswick.
Wegstadtl (F).............	Autriche.
Wehlau (EW)...............	Prusse.
Weida (EW) (L)............	Saxe-Weimar.
Weiden (F)................	Bavière.
Weidenau (L)..............	Autriche.
Weidlingau (F)............	Autriche.
Weigolshausen (F)........	Bavière.
Weikersheim (L)..........	Wurtemberg.
Weilburg (OW) (F).........	Prusse (Nassau).
Weildiestadt (L)..........	Wurtemberg.
Weilheim (F)..............	Bavière.
Weilheim a. d. Teck (L)....	Wurtemberg.
Weimar (EW) (N)...........	Saxe-Weimar.
Weinern (F)...............	Autriche.
Weinfelden (L)............	Suisse.
Weingartein...............	Bade.
Weingarten (L)............	Wurtemberg.
Weinheim (F)..............	Bade.
Weinsberg................	Wurtemberg.
Weissenfels (EW) (L)......	Prusse.
Weissensee (EW) (L).......	Prusse.
Weissenstein (Soleure) (BL)....	Suisse.
Weisskirchen (L)..........	Autriche (Hongrie).

NOMS des BUREAUX.	NATIONALITÉ.	NOMS des BUREAUX.	NATIONALITÉ.
Weisskirchen (F)	Autriche (Moravie).	Weybridge (F)	Grande-Bretagne.
Wejhybka (F)	Autriche (Bohême).	Weymouth	Grande-Bretagne.
Welbury	Grande-Bretagne.	Whalley	Grande-Bretagne.
Welford	Grande-Bretagne.	Wheatley (L)	Grande-Bretagne.
Wellin (Luxembourg) (L)	Belgique.	Weatsheaf (L)	Grande-Bretagne.
Wellingboro	Grande-Bretagne.	Whimple (F)	Grande-Bretagne.
Wellington (Salop) (L)	Grande-Bretagne.	Whitacre	Grande-Bretagne.
Wellington College	Grande-Bretagne.	Whitby	Grande-Bretagne.
Wellington (Shropsh)	Grande-Bretagne.	Whitchurch (Hants)	Grande-Bretagne.
Wellington (Somerset) (F)	Grande-Bretagne.	Whitchurch (Shrosphire)	Grande-Bretagne.
Wellmitz (EW) (F)	Prusse.	Whitehaven	Grande-Bretagne.
Wells (Norfolk) (F)	Grande-Bretagne.	Whitley Bridge	Grande-Bretagne.
Wells (Somerset) (F)	Grande-Bretagne.	Whitmore	Grande-Bretagne.
Wells	Autriche.	Whitstable	Grande-Bretagne.
Welschennest (OW) (F)	Prusse.	Whittlesea (F)	Grande-Bretagne.
Welshpool	Grande-Bretagne.	Whittlesford	Grande-Bretagne.
Weltrus (F)	Autriche.	Wiatka	Russie d'Europe.
Welver (OW) (F)	Prusse.	Wiborg	Russie d'Europe.
Welwyn (F)	Grande-Bretagne.	Wichnor Junction	Grande-Bretagne.
Welzheim (L)	Wurtemberg.	Wickerath (OW)	Prusse.
Wem	Grande-Bretagne.	Wickham-Market (F)	Grande-Bretagne.
Wenden (L)	Russie d'Europe.	Wicklow (Irlande) (L)	Grande-Bretagne.
Wendisch-Warnow (EW) (F)	Prusse.	Widdin (L)	Turquie d'Europe.
Wenersborg (N)	Suède.	Wiedenbruck (OW) (L)	Prusse.
Werdau (EW) (F)	Saxe.	Wieliczka (F)	Autriche.
Werden-s.-Ruhr (OW) (L)	Prusse.	Wiener-Neustadt	Autriche.
Werdohl (OW) (F)	Prusse.	Wiesau (F)	Bavière.
Werl (OW) (F)	Prusse.	Wiesbaden (OW) (F)	Prusse (Nassau).
Wermelskirchen (OW) (L)	Prusse.	Wieselbourg (L)	Autriche.
Wernberg (F)	Bavière.	Wiesenburg (EW) (F)	Saxe.
Wernfeld (F)	Bavière.	Wiesensteig (L)	Wurtemberg.
Wernhausen (EW)	Saxe-Meiningen.	Wiesloch	Bade.
Wernigerode (E. W.) (L)	Prusse.	Wiflisburg (voir Avenches)	Suisse.
Wernstein (F)	Autriche.	Wifstavarf (P)	Suède.
Werschbolowo (N)	Russie d'Europe.	Wigan	Grande-Bretagne.
Werschetz (voir Versecz)	Autriche.	Wigton	Grande-Bretagne.
Wertheim (L)	Bade.	Wigtown (L)	Grande-Bretagne.
Werther (OW) (L)	Prusse.	Wildbad	Wurtemberg.
Wervicq (Flandre occid.) (L)	Belgique.	Wildberg (L)	Wurtemberg.
Wesel (O. W) (L)	Prusse.	Wildegg (FL)	Suisse.
Wespelaer (F)	Belgique.	Wildenschwert (F)	Autriche (Bohême).
Wesselburen (EW) (L)	Prusse (Sleswig).	Wildervank (par Veendam)	Pays-Bas.
West-Bromwich	Grande-Bretagne.	Wildon (F)	Autriche (Styrie).
Westbury	Grande-Bretagne.	Wildpolstried (F)	Bavière.
West-Drayton	Grande-Bretagne.	Wildungen (OW) (L)	Waldeck.
Westeras	Suède.	Wilferdingen	Bade.
Westerhanger	Grande-Bretagne.	Wilhelmsbad (OW)	Hesse-Cassel.
Westerham (F)	Bavière.	Wilhelmshohe (OW) (F)	Prusse.
Westerloo (L)	Belgique.	Wilkomir	Russie d'Europe.
Western	Grande-Bretagne.	Willebadessen (OW) (F)	Prusse.
Westererringen (F)	Bavière.	Willebroeck (L)	Belgique.
Westervick	Suède.	Willenberg (EW) (L)	Prusse.
West-Grinstead	Grande-Bretagne.	Willesden (Junction)	Grande-Bretagne.
Westheim (F)	Bavière.	Willington	Grande-Bretagne.
Westherby	Grande-Bretagne.	Willisau (L)	Suisse.
Westhoughton	Grande Bretagne.	Williton	Grande-Bretagne.
Westmeerbeeck (FL)	Belgique.	Wilmcote	Grande-Bretagne.
Weston-Point	Grande-Bretagne.	Wilmersdorf (EW) (F)	Prusse.
Weston-Super-Mare (F)	Grande-Bretagne.	Wilmington (F)	Grande-Bretagne.
Westport	Grande-Bretagne.	Wilna (N)	Russie d'Europe.
Westwood (L)	Grande-Bretagne.	Wilryck (L)	Belgique.
Wetteren (F)	Belgique.	Wilsnack (EW) (F)	Prusse.
Wetherby (F)	Grande-Bretagne.	Wilster (EW) (L)	Prusse (Holstein).
Wetter (OW) (F)	Prusse.	Wiltingen (OW) (F)	Prusse.
Wettingen (Argovie)	Suisse.	Wilton (F)	Grande-Bretagne.
Wetzikon (L)	Suisse.	Wilzhofen (F)	Bavière.
Wetzlar (OW) (L)	Prusse.	Wimbledon	Grande-Bretagne.
Wexford (F)	Grande-Bretagne.	Wimborne (F)	Grande-Bretagne.
Wexioe	Suède.	Wimmerby (L)	Suède.

NOMS des BUREAUX.	NATIONALITÉ.	NOMS des BUREAUX.	NATIONALITÉ.
Wincanton (F)	Grande-Bretagne.	Wollin (EW) (L)	Prusse.
Winchelsea	Grande-Bretagne.	Wollsjo (F)	Suède.
Winchester	Grande-Bretagne.	Wolmirstedt (EW) (F)	Prusse.
Winchfield	Grande-Bretagne.	Wolwzach (FC)	Bavière.
Windau	Russie d'Europe.	Wologda (N)	Russie d'Europe.
Windermere	Grande-Bretagne.	Wolsall	Grande-Bretagne.
Windisch-Eschenbach (F)	Bavière.	Wolsingham	Grande-Bretagne.
Windsor	Grande-Bretagne.	Wolverhampton — $\frac{N}{2}$	Grande-Bretagne.
Wingfield	Grande-Bretagne.	Wolwerton (N)	Grande-Bretagne.
Winnenden (L)	Wurtemberg.	Wombwell	Grande-Bretagne.
Winschoten (L)	Pays-Bas.	Woorlborough	Grande-Bretagne.
Winsen (EW) (F)	Prusse (Hanovre).	Woobridge (F)	Grande-Bretagne.
Winsford (L)	Grande-Bretagne.	Woodford (F)	Grande-Bretagne.
Winslow	Grande-Bretagne.	Woodgate (for Bognor)	Grande-Bretagne.
Winston	Grande-Bretagne.	Woodstock (L)	Grande-Bretagne.
Winterbach	Wurtemberg.	Woodstock-Road	Grande-Bretagne.
Winterhausen (F)	Bavière.	Wooferton	Grande-Bretagne.
Winterthur	Suisse.	Wool	Grande-Bretagne.
Wipperfurth (OW) (L)	Prusse.	Woolhampton	Grande-Bretagne.
Wisbeach	Grande-Bretagne.	Woolwich	Grande-Bretagne.
Wisby (25)	Suède.	Wootton-Basset	Grande-Bretagne.
Wischau (L)	Autriche.	Wootton under Edge (L)	Grande-Bretagne
Wismar (EW)	Mecklembourg.	Worbis (EW) (L)	Prusse.
Wissen (OW) (F)	Prusse.	Worcester (N)	Grande-Bretagne.
Witebsk (N)	Russie d'Europe.	Worgl (F)	Autriche.
Witegra (N)	Russie d'Europe.	Workinton	Grande-Bretagne.
Witham	Grande-Bretagne.	Worksop	Grande-Bretagne.
Withernsea (F)	Grande-Bretagne.	Wormerveer	Pays-Bas.
Witley	Grande-Bretagne.	Worms (OW)	Hesse-Darmstadt.
Witney (L)	Grande-Bretagne.	Worms (v. Bormio)	Italie.
Witten (OW) (L)	Prusse.	Woronesch	Russie d'Europe.
Wittemberg (EW) (L)	Prusse.	Worringen (OW) (F)	Prusse.
Wittenberge (EW)	Prusse.	Worsbro	Grande-Bretagne.
Wittenhall	Grande-Bretagne.	Worthing	Grande-Bretagne.
Wittighausen (L)	Bade.	Wortley	Grande-Bretagne.
Wittingau (L)	Autriche.	Wottlitz (L)	Autriche.
Wittlesford	Grande-Bretagne.	Wreschen (EW) (L)	Prusse.
Wittlich (OW) (L)	Prusse.	Wrexham	Grande-Bretagne.
Wittmund (OW) (L)	Prusse (Hanovre).	Wrietzen (EW) (L)	Prusse.
Witton (Junction)	Grande-Bretagne.	Wronke (EW) (F)	Prusse.
Wittower Posthaus (EW) (L)	Prusse.	Wrutie (E)	Autriche.
Wittstock (EW) (L)	Prusse.	Wuchern-Mahrenberg (F)	Autriche.
Wivenhoe	Grande-Bretagne.	Wunsiedel (L)	Bavière
Wladikawkas (N)	Russie du Caucase.	Wunstorf (EW) (F)	Prusse (Hanovre).
Wladimir	Russie d'Europe.	Wurbenthal (L)	Autriche.
Wladimir-Wolynsk (L)	Russie d'Europe.	Wurtzbourg	Bavière.
Wlotslawsk (par Varsovie) (F)	Russie d'Europe.	Wurzach (L)	Wurtemberg.
Woburn-Sands	Grande-Bretagne.	Wurzen (EW) (F)	Saxe.
Wodnian (L)	Autriche.	Wustenbrand (EW) (F)	Saxe.
Wolhen (Argovie) (L)	Suisse.	Wustwaltersdorf (OW) (L)	Prusse.
Woking	Grande-Bretagne.	Wutzelhofen (F)	Bavière.
Wokingham	Grande-Bretagne.	Wybranowka (F)	Autriche (Galicie).
Wolchingen (L)	Bade.	Wybro (P)	Pays-Bas.
Woldegk (EW) (L)	Mecklembourg.	Wychmael (L)	Belgique.
Woldenberg (EW) (L)	Prusse.	Wyck (I. de Sylt) (EW) (L)	Prusse (Sleswig).
Wolfach (L)	Bade.	Wycombe	Grande-Bretagne.
Wolfegg (L)	Wurtemberg.	Wye	Grande-Bretagne.
Wolfenbuttel (EW) (N)	Brunswick.	Wyhe (F)	Pays-Bas.
Wolfsberg (L)	Autriche.	Wyhlen	Bade.
Wolhampton	Grande-Bretagne.	Wyl (L)	Suisse.
Wolgast (EW)	Prusse.	Wymondham (Norfolk) (F)	Grande-Bretagne.
Wolitnick (EW) (F)	Prusse.		
Wolkenstein (EW) (F)	Saxe.		

NOMS des BUREAUX.	NATIONALITÉ.	NOMS des BUREAUX.	NATIONALITÉ.
Xanten (OW) (L)............	Prusse.	Xérès de la Frontera........	Espagne.
Yalding.....................	Grande-Bretagne.	Youghall (F)................	Grande-Bretagne.
Yarmouth (Norfolk)..........	Grande-Bretagne.	Yoxford....................	Grande Bretagne.
Yarmouth (Ile de Wyght)....	Grande-Bretagne.	Ypres (Flandre occident.) (F).	Belgique.
Yarmouth (South down)......	Grande-Bretagne.	Ystad.....................	Suède.
Yatton (F).................	Grande-Bretagne.	Ystalyfera (L)..............	Grande-Bretagne.
Yfferton (v. Yverdon)........	Suisse.	Ystrad (L)..................	Grande-Bretagne.
Yeovil......................	Grande-Bretagne.	Yverdon (Vaud).............	Suisse.
York (N)...................	Grande-Bretagne.	Yvoir (Namur) (FL)..........	Belgique.

NOMS des BUREAUX.	NATIONALITE.	NOMS des BUREAUX.	NATIONALITE.
Zaandam (L.)	Pays-Bas.	Zierikzée	Pays-Bas.
Zablolow (F)	Autriche.	Zimmern (L.)	Bade.
Zabrze (EW) (L)	Prusse.	Zimmersrode (OW) F.	Hesse-Cassel.
Zafra	Espagne.	Zinghian	Perse.
Zahna (EW) (F)	Prusse.	Zinkendorf F.	Autriche.
Zaetjar	Servie.	Zirko (EW) L.	Prusse.
Zalesl	Autriche.	Zittau (EW)	Saxe.
Zaleszzyky (L)	Autriche.	Zloczow L.	Autriche.
Zamora	Espagne.	Znaim (L.	Autriche.
Zamosz	Russie d'Europe.	Zerptau (L.)	Autriche.
Zanow (EW) (L.	Prusse.	Zofingue (Argovie L.	Suisse.
Zantoch (EW) F	Prusse.	Zolkiew (L.	Autriche.
Zapfendorf F,	Bavière.	Zombor	Autriche.
Zapresic (F)	Autriche.	Zoppot EW L.	Prusse.
Zara N)	Autriche.	Zorbig (EW) L.	Prusse.
Zuchtl	Autriche.	Zschopau EW, F).	Saxe.
Zawadska EW F.	Prusse.	Zsobely F.	Autriche.
Zaziwil (Berne) (FL.)	Suisse.	Zuckmantel L.)	Autriche.
Zbeschau	Autriche.	Zug (L.	Suisse.
Zbirow (F)	Autriche.	Zullichau EW L.	Prusse.
Zditz	Autriche.	Zulpich OW F).	Prusse.
Zdung (EW) L	Prusse.	Zurawno L.	Autriche.
Zehdenick (EW) (L.)	Prusse.	Zurich N.	Suisse.
Zehlendorf (EW) F)	Prusse.	Zurndorf F)	Autriche.
Zeil F)	Bavière.	Zurzach (Argovie) (L.)	Suisse.
Zeil (L)	Wurtemberg.	Zussow (EW F)	Prusse.
Zeitz (EW. L.	Prusse.	Zutphen	Pays-Bas.
Zele (FL.)	Belgique.	Zutz L.	Suisse.
Zell-am-Hormersbach L	Bade.	Zweibrucken L.	Bavière.
Zell-im-wiesenthal L.)	Bade.	Zwickau L.	Autriche.
Zeil-sur-Moselle (OW) (L.)	Prusse.	Zwickau EW)	Saxe.
Zengg	Autriche.	Zwidwending (par Veendam	Pays-Bas.
Zerbst (EW) (F)	Anhalt-Dessau	Zwiefalten L.	Wurtemberg.
Zernetz (L.)	Suisse.	Zwingenberg (OW) L. 1	Hesse-Darmstadt.
Zernitz (EW) (F)	Prusse.	Zwittau (F)	Autriche.
Zewnbergen	Pays-Bas.	Zwolle	Pays-Bas.
Zielenzig (EW) (L)	Prusse.		

RENSEIGNEMENTS

SUR

LA MARCHE DES PAQUEBOTS

qui peuvent être employés pour la transmission des correspondances

	ARRIVÉE.		DÉPART.	
	Jours.	Heures.	Jours.	Heures.

LIGNES D'ALGÉRIE.

De Marseille à Alger.

Jeudi............	4 soir.	Mardi..........	2 soir.
Samedi..........	4 soir.	Jeudi..........	2 soir.
Lundi...........	4 soir.	Samedi.........	2 soir.

De Marseille à Oran, touchant à Valence.

| Samedi.......... | 3 soir. | Mercredi....... | 3 soir. |

De Marseille à Tunis, par Stora et Bône.

| Jeudi........... | midi. | Vendredi...... | 2 soir. |

LIGNES DE CORSE.

De Marseille à Ajaccio.

| Samedi.......... | 11 matin. | Vendredi...... | 9 matin. |

De Marseille à Bastia.

| Lundi.......... | 3 soir. | Dimanche..... | 9 matin. |

De Marseille à Calvi ou l'Isle-Rousse.

(Une semaine sur Calvi et une semaine sur l'Isle-Rousse.)

| Mercredi....... | 9 matin. | Mardi......... | 9 matin. |

De Nice à Bastia ou Ajaccio.

(Une semaine sur Bastia et une semaine sur Ajaccio.)

| Jeudi.......... | 9 30 matin | Mercredi....... | 8 30 soir. |
| Jeudi.......... | 10 30 matin | Mercredi....... | 8 30 soir. |

De Bastia à Livourne.

| Lundi.......... | 6 soir. | Lundi......... | midi ou |
| ou Mardi...... | 6 matin. | | 10 soir. |

NOMS DES STATIONS.	ARRIVÉE.		DÉPART.	
	Jours.	Heures.	Jours.	Heures.

LIGNES D'ÉGYPTE.

De Marseille à Alexandrie (par Messine).

Marseille	»	»	9, 19, 29	2 soir.
Messine	11, 21, 1	2 matin.	12, 22, 2	10 matin.
Alexandrie	15, 25, 5	2 matin.	»	»

(Par Malte).

Marseille	»	»	5, 12, 20, 28	»
Malte	8, 15, 23, 1er	»	8, 15, 23, 1er	»
Alexandrie	12, 19, 27, 5	»	»	»

De Southampton à Alexandrie.

Le paquebot parti de Southampton arrive à Malte après avoir touché à Gibraltar.

Malte	14, 22, 30, 7	»	14, 22, 30, 7	»
Alexandrie	18, 26, 7, 11	»	»	»

LIGNES DE L'INDO-CHINE.

De Suez à Yokohama.

Suez	»	»	27	4 soir.
Aden	3	9 matin.	3	9 soir.
Pointe-de-Galles	13	5 matin.	14	5 matin.
Singapore	20	7 soir.	21	7 soir.
Saïgon	24	12 soir.	25	2 soir.
Hong-Kong	29	2 soir.	30	2 soir.
Shang-Haï	5	6 matin.	5	6 matin.
Yokohama	10	4 matin.	»	»

De Yokohama à Suez.

Yokohama	»	»	13	6 soir.
Shang-Haï	18	4 soir.	20	6 matin.
Hong-Kong	20	10 soir.	25	2 soir.
Saïgon	29	2 soir.	30	2 soir.
Singapore	3	11 matin.	4	9 matin.
Pointe-de-Galles	10	6 matin.	12	6 matin.
Aden	21	2 soir.	20	2 matin.
Suez	27	7 soir.	»	«

De Singapore à Batavia.

Singapore	«	»	21	4 soir.
Batavia	24	5 matin.	»	

De Suez à Calcutta.

Suez	»	»	20, 6	»
Aden	26, 12	»	26, 12	»
Pointe-de-Galles	6, 22	»	7, 23	»
Madras	10, 26	»	10, 26	
Calcutta	14, 30	»	»	

De Calcutta à Suez.

NOMS DES STATIONS.	ARRIVÉE. Jours.	Heures.	DÉPART. Jour.	Heures.
Calcutta	"	«	»	»
Sandhead	"	»	10, 2?	»
Madras	13, 27	»	13, 27	»
Pointe-de-Galles	17, 1er	»	18, 2	»
Aden	28, 12	«	28, 12	»
Suez	4, 8	»	»	»

De Suez à Bombay.

NOMS DES STATIONS.	ARRIVÉE. Jours.	Heures.	DÉPART. Jour.	Heures.
Suez	«	»	28, 13	»
Aden	5, 19	»	5, 19	»
Bombay	12, 27	»	»	»

De Bombay à Suez.

NOMS DES STATIONS.	ARRIVÉE. Jours.	Heures.	DÉPART. Jour.	Heures.
Bombay	"	»	14, 2?	»
Aden	21, 6	»	21, 6	»
Suez	28, 13	»	»	»

De Bombay à Hong-Kong et Shang-Haï.

NOMS DES STATIONS.	ARRIVÉE. Jours.	Heures.	DÉPART. Jour.	Heures.
Bombay	«	»	15, 30	
Pointe-de-Galles	19, 4	»	21, 6	»
Penang	26, 11	»	26, 11	»
Singapore	28, 13	»	28, 13	»
Hong-Kong	6, 21	»	7, 22	»
Shang-Haï	11, 26	»	»	»

AUSTRALIE.

De Ceylan à Sydney.

NOMS DES STATIONS.	ARRIVÉE. Jours.	Heures.	DÉPART. Jour.	Heures.
Pointe-de-Galles	"	»	22	»
King-Georges-Sound	8	»	8	»
Melbourne	13	»	13	»
Sydney	17	»	»	»

CAP DE BONNE-ESPÉRANCE.

De Pointe-de-Galles au Cap de Bonne-Espérance.

NOMS DES STATIONS.	ARRIVÉE. Jours.	Heures.	DÉPART. Jour.	Heures.
Pointe-de-Galles	"	»	22	»
Île Maurice	3	»	4	»
Port Natal	13	»	13	»
Port Elisabeth	16	»	16	»
Cap de Bonne-Espérance	19	»	»	»

De Suez à La Réunion et à Maurice.

NOMS DES STATIONS.	ARRIVÉE. Jours.	Heures.	DÉPART. Jour.	Heures.
Suez	»	»	17	4 soir.
Aden	23	9 matin.	23	6 soir.
Seychelles	30	5 matin.	30	4 soir.
La Réunion	5	4 matin.	5	4 soir.
Maurice	6	5 matin.	»	»

NOMS DES STATIONS.	ARRIVÉE.		DÉPART.	
	Jours.	Heures.	Jours.	Heures.

LIGNES D'AMÉRIQUE.

AMÉRIQUE DU NORD.

Du Havre à New-York.

NOMS DES STATIONS.	Jours.	Heures.	Jours.	Heures.
Havre (le)............	»	»	Jeudi (1)	7 matin.
Brest................	Samedi.	midi.	Samedi.	3 soir.
New-York	Mercredi.	midi.	»	»

(1) Les jeudis 8 et 22 août, 5 et 19 septembre, 3, 17 et 31 octobre, 14 et 28 novembre, 12 et 26 décembre 1867.

De Liverpool à New-York.

Départ de Liverpool toutes les deux semaines, les samedis 10 et 24 août, 7 et 21 septembre, 5 et 19 octobre, 2, 16 et 30 novembre, 14 et 28 décembre 1867. — Escale à Queenstown (Irlande), le lendemain pour prendre les malles supplémentaires.

De Liverpool à Boston, par Halifax.

Départ de Liverpool toutes les deux semaines, les samedis 3, 17 et 31 août, 14 et 28 septembre, 12 et 26 octobre, 9 et 23 novembre, 7 et 31 décembre 1867. — Escale à Queenstown (Irlande), le lendemain dimanche pour prendre les malles supplémentaires.

AMÉRIQUE DU CENTRE ET DU SUD.

De Southampton à Saint-Thomas.

NOMS DES STATIONS.	Jours.	Heures.	Jours.	Heures.
Southampton	»	»	2, 17	»
Saint-Thomas.........	17, 2	»	»	»

De Saint-Thomas à Colon.

NOMS DES STATIONS.	Jours.	Heures.	Jours.	Heures.
Saint-Thomas.........	»	»	18, 3	»
Jacmel...............	20, 5	»	20, 5	»
La Jamaïque..........	21, 6	»	21, 6	»
Colon................	23, 8	»	»	»

De Saint-Thomas à Tampico.

NOMS DES STATIONS.	Jours.	Heures.	Jours.	Heures.
Saint-Thomas.........	»	»	17	»
Porto-Rico...........	18	»	18	»
La Havane.	22	»	23	»
La Vera-Cruz.........	27	»	27	»
Tampico..............	28	»	»	»

De Saint-Nazaire à Vera-Cruz.

NOMS DES STATIONS.	Jours.	Heures.	Jours.	Heures.
Saint-Nazaire........	»	»	16	midi.
Saint-Thomas.........	30	4 soir.	1	4 soir.
La Havane	3	8 soir.	7	8 matin.
La Vera-Cruz.........	10	1 soir.	»	»

NOMS DES STATIONS.	ARRIVÉE.		DÉPART.	
	Jours.	Heures.	Jours.	Heures.

De Saint-Nazaire à Aspinwal.

	Jours.	Heures.	Jours.	Heures.
Saint-Nazaire	»	»	8	midi.
Port-de-France	22	3 soir.	23	9 soir.
Sainte-Marthe	27	3 matin.	27	midi.
Aspinwal	28	10 soir.	»	»

De Bordeaux à Buenos-Ayres.

	Jours.	Heures.	Jours.	Heures.
Bordeaux	»	»	25	11 matin.
Lisbonne	28	5 soir.	29	midi.
Dakar-Gorée	6	7 matin.	7	midi.
Pernambuco	14	midi.	15	midi.
Bahia	17	5 matin.	17	midi.
Rio-Janeiro	20	6 soir.	22	7 soir.
Montevideo	27	7 soir.	28	7 soir.
Buenos-Ayres	29	6 matin.	»	»

De Southampton à Rio-Janeiro.

	Jours.	Heures.	Jours.	Heures.
Southampton	»	»	9	»
Lisbonne	13	»	14	»
Saint-Vincent	21	»	22	»
Pernambuco	29	»	30	»
Bahia	2	»	2	»
Rio-Janeiro	3	»	»	»

De Rio-Janeiro à Buenos-Ayres.

	Jours.	Heures.	Jours.	Heures.
Rio-Janeiro	»	»	8	»
Montevideo	14	»	15	»
Buenos-Ayres	15	»	»	»

NOTES.

(1) Bureau du chemin de fer du Mein-Neckar. (Tarif badois.)

(2) Cette ville possède un bureau bavarois. (Tarif en conséquence.)

(3) La correspondance en chiffres ou lettres secrètes est provisoirement suspendue.

(5) Bureau ouvert depuis le point du jour jusqu'à la nuit.

(6) Bureau ouvert jour et nuit pendant la durée de la foire.

(7) Bureau ouvert seulement pendant le temps de la débâcle.

(8) Bureau ouvert pendant les courses de Goodwood. — 6 fr. de frais d'exprès à payer au départ.

(9) Bureau ouvert du 15 avril au 31 octobre.

(10) Bureau ouvert du 1er mai au 31 octobre.

(11) Bureau ouvert du 1er mai au 30 septembre.

(12) Bureau ouvert du 10 mai au 30 septembre.

(13) Bureau ouvert du 1er juin au 30 septembre.

(14) Bureau ouvert depuis le mois de mai jusqu'au mois de septembre.

(15) Ce bureau a un service complet pendant la session du Corps législatif.

(16) Les dépêches sont mises à la poste à San Roque.

(17) A partir de Kiachta, les dépêches peuvent être expédiées par la poste à plusieurs villes de la Chine. (Voir *page* 76.)

(18) Les dépêches sont transmises à Namsos par le télégraphe, de cette ville à Henningsvaer ou à Svolvaer par la poste, et, jusqu'à destination, par le télégraphe. Percevoir les frais de poste (0. 50).

(19) Le service est suspendu à Borkum. Les dépêches sont mises à la poste à Emden.

(20) Le port dans les faubourgs de Unterstadt (haute ville) est gratuit.

(22) Percevoir 0 fr. 60 c. de frais d'exprès pour port aux usines de Rosedale.

(23) En cas d'interruption de la ligne de l'Hellespont, la station des Dardanelles est transférée à Kilid-Bahar. Les dépêches pour les Dardanelles payent alors une surtaxe fixe de 4 fr. 50 pour frais de transport par le bateau de Kilid-Bahar aux Dardanelles. Le bureau de Kilid-Bahar n'est ouvert que lorsque celui des Dardanelles est fermé.

(24) En cas d'interruption des communications du continent avec les îles Baléares, les dépêches sont transmises dans ces îles par les paquebots qui partent de Barcelone les mercredis à midi, et de Valence les dimanches à cinq heures du soir.

(25) En cas d'interruption entre la Suède et l'île de Gottland, les dépêches sont expédiées par la poste de Westervik les lundi et jeudi de chaque semaine.

(26) La communication étant interrompue entre le Piré et Syra, les dépêches sont mises à la poste au Piré.

(27) La communication est interrompue entre le cap Hellas et Chio. Les dépêches adressées dans l'Archipel peuvent être expédiées par le télégraphe jusqu'à Gallipoli, et, de là, par la poste jusqu'à destination.

(28) Deux bureaux sont établis à Constantinople : l'un à Stamboul, destiné à la correspondance du gouvernement ottoman; l'autre à Péra, ouvert à celle des ambassadeurs et des particuliers.

(29) Le bureau du lazaret de Saint-Simon n'est ouvert que pendant la quarantaine des bateaux venant des Antilles espagnoles.

(30) Le bureau d'Appeldoorn est ouvert lorsque celui du château de Loo est fermé.

(32) Bureau ouvert seulement pour le service de la cour de Saxe-Altenbourg.

NOTICE

SUR LA

TÉLÉGRAPHIE FRANÇAISE.

I

La télégraphie aérienne fut inventée ou plutôt appliquée d'une manière régulière et sur une grande échelle par Claude Chappe.

Claude Chappe et ses deux frères en conservèrent la direction jusqu'en 1830. Depuis cette époque jusqu'en 1833, plusieurs députés furent placés à la tête de ce service dont M. Foy fut alors nommé administrateur en chef, poste qu'il occupait encore en 1853.

Ce fut en 1848, et par conséquent sous l'administration de M. Foy, qu'eut lieu en France l'établissement de la première ligne télégraphique. Nous avions été devancés par l'Angleterre, la Hollande, la Prusse, l'Allemagne et les États-Unis dans l'adoption de cette admirable invention. Tandis qu'en 1852, nous n'avions que vingt-neuf chefs-lieux de département reliés à Paris, l'Angleterre possédait un système complet qui rayonnait de Londres sur tous les points de la Grande-Bretagne, et l'Amérique avait un réseau télégraphique occupant une étendue de 5,000 lieues. Un état de choses qui plaçait la France presque au dernier rang, ne pouvait se prolonger plus longtemps. Le 6 janvier 1852, l'Empereur Napoléon III signait un décret qui réalisait une idée conçue par Napoléon 1er pendant la mémorable campagne de France, celle de relier tous les chefs-lieux des départements au siége de l'empire par des lignes télégraphiques. Grâce à cette haute et énergique volonté, quarante-neuf chefs-lieux de préfecture étaient à la fin de 1853 pourvus de bureaux de transmission.

L'élan était donné; il devait marquer la fin de l'administration en exercice. Une réforme générale était en effet devenue indispensable.

Le 23 octobre 1853, l'Empereur, sur la proposition de M. le duc de Persigny, ministre de l'Intérieur, signait un second décret qui créait une direction générale des lignes télégraphiques, et la confiait à M. le vicomte de Vougy. A dater de ce moment, une impulsion énergique est imprimée à tout le service télégraphique, et cette administration se développe avec une merveilleuse rapidité.

Nous n'avons pas l'intention de faire ici l'historique complet de la télégraphie française. Notre seul but est de faire connaître dans un exposé rapide l'organisation d'une administration qui, née d'hier, est déjà aux premiers rangs de nos services publics.

II

Le nouveau directeur, M. le vicomte de Vougy, se trouva dès l'abord en présence de très-sérieuses difficultés. Il lui fallait remanier de fond en comble une administration dont l'organisation était restée stationnaire malgré la véritable révolution qu'avait opérée la loi du 1er mars 1850, en mettant la télégraphie au service des intérêts privés.

Après huit mois d'études, parut l'organisation du 1er juin 1854.

Cette organisation était d'une remarquable simplicité, et se prêtait parfaitement à toutes les exigences d'un service dont l'extension devait pouvoir s'effectuer sans secousses (1).

Le personnel se composait d'un directeur général, de quatre inspecteurs généraux qui, en dehors des fonctions dont ils étaient investis, formaient, avec l'adjonction d'hommes spéciaux désignés par le ministre, un conseil chargé d'examiner les mémoires relatifs au perfectionnement des procédés et appareils télégraphiques, de douze directeurs principaux chargés de la haute surveillance du service dans des circonscriptions déterminées, d'inspecteurs chargés de la construction et de l'entretien des lignes, ainsi que du contrôle du service de tous les fonctionnaires et agents de la subdivision de lignes qu'ils dirigeaient; de directeurs, de chefs de station, de stationnaires manœuvrant les appareils et transmettant les dépêches sous l'autorité des directeurs et chefs de station; enfin, de surveillants chargés de l'entretien des lignes.

Les fonctions de stationnaires ne pouvaient être confiées à de simples manœuvres, elles exigeaient une certaine aptitude et rendaient nécessaires des garanties de moralité et de savoir; aussi, l'organisation de 1854 ouvrit-elle un concours qui devait permettre à l'administration de se recruter, comme toutes les autres, parmi des jeunes gens d'une instruction assez complète pour remplir les fonctions fort délicates qui pourraient leur être confiées.

Tout en poursuivant la réorganisation du personnel, M. le vicomte de Vougy préparait une réforme également nécessaire dans le matériel télégraphique. L'appareil de M. Morse fut adopté sans modifications importantes. Il régnait aux États-Unis et dans les autres parties de l'Amérique où avait pénétré la nouvelle télégraphie; il fonctionnait dans l'Allemagne, la Belgique et la Suisse. « C'était, dit Louis Figuier, obéir à une sage pensée que d'adopter un sys-« tème qui réunissait en sa faveur les suffrages des principaux États de l'Europe. » En effet, la transmission des dépêches internationales devait en être singulièrement facilitée; un alphabet européen était créé, qui devait permettre de communiquer à toutes distances, sans distinction de langues et de nationalités.

Il fallait recommencer l'instruction télégraphique de tout l'ancien personnel, et protéger le nouvel appareil contre les partisans du système bizarre qui consistait à faire exécuter par le télégraphe électrique les signaux ordinaires du télégraphe aérien, système qu'avait adopté M. Foy en 1844. Dix-huit mois suffirent pourtant pour opérer complétement la réforme.

L'organisation du service télégraphique des chemins de fer présentait de sérieuses difficultés qui furent heureusement résolues par la création de bureaux mixtes, où des employés de l'État firent à la fois le service du gouvernement et celui des compagnies. Les bureaux de nos grandes cités industrielles et commerciales eurent un service de nuit permanent (27 décembre 1853).

La loi du 22 juin 1854 apporta d'heureuses modifications dans le tarif des dépêches intérieures. Le 6 janvier 1855 l'établissement à Paris d'un réseau télégraphique souterrain était

____

(1) Cette organisation n'a subi depuis lors que des modifications sans importance.

décidé ; en mars, l'administration envoyait une mission à l'armée d'Orient. En même temps, le service de l'Algérie était étudié, organisé ; il était placé le 23 février 1856 sous la haute surveillance d'un inspecteur général.

Le 2 mars, les stations de dépôt, principales ou secondaires, sont créées. Les stations de dépôt principales devaient correspondre directement entre elles à toute distance. Les stations de dépôt secondaires et autres ne pouvaient transmettre ni recevoir en communication directe par-dessus les stations principales ; en dehors de ces stations, il y avait les stations dites d'embranchement, qui ne pouvaient transmettre ni recevoir en communication directe par-dessus les stations de dépôt secondaires. De là à l'organisation départementale, c'est-à-dire au dépôt au chef-lieu de chaque préfecture, des dépêches d'un même département, il n'y avait qu'un pas qui fut franchi le jour où le permit l'extension du service télégraphique.

Le service météorologique, dont la science des phénomènes atmosphériques devait si heureusement tirer parti pour atténuer l'effet des tempêtes par des avis transmis à propos dans nos ports, fut créé.

La loi du 21 juillet 1856, sur la télégraphie privée, vint encore modifier les tarifs dans un sens plus libéral ; le 20 juin 1857, cinq cents gares de chemin de fer furent ouvertes à la télégraphie.

III.

Nous avons fait connaître, dans un chapitre spécial sur la marche des dépêches, l'organisation actuelle des bureaux et des lignes télégraphiques au point de vue des transmissions. Cette organisation ne pouvait produire tout le bien qu'on était en droit d'en attendre, qu'autant qu'elle coïncidât avec le choix le plus judicieux des appareils de transmission.

Nous ne déroulerons pas sous les yeux de nos lecteurs la série de tous les mécanismes télégraphiques imaginés et des perfectionnements qu'ils ont reçus ; qu'il nous suffise de rappeler que ce sont les découvertes d'Oerstedt, d'Ampère, d'Arago, de Faraday, de Daniell qui ont ouvert la voie aux grandes et magnifiques inventions dont profite la société moderne, et de nous appesantir sur les appareils de Morse, de Hughes et de Caselli, successivement adoptés par l'administration française des lignes télégraphiques.

Les premières tentatives avaient eu lieu en vue de transmettre comme l'avait fait jusqu'alors la télégraphie aérienne, des signaux fugitifs et conventionnels ; on y employa l'appareil Steinheil et le télégraphe anglais à aiguilles, double réalisation des données indiquées, dès 1820, par l'illustre Ampère, puis l'appareil de Bréguet, dit appareil français. Mais, pendant ce temps, des esprits plus hardis renversaient les traditions ; ils imaginaient des appareils écrivants qu'ils appliquèrent à tracer des caractères conventionnels ; le télégraphe électro-chimique de M. Bain, en Amérique, et l'appareil Morse perfectionné par M. Digney en Europe, furent à peu près exclusivement adoptés.

Plus tard, on chercha à résoudre un problème plus difficile encore ; il s'agissait de trouver un appareil qui imprimât une lettre déterminée au moment même où elle était indiquée sur le manipulateur à l'extrémité de la ligne. M. Hughes vint à bout de tous les obstacles ; son appareil, adopté d'abord par la France, fonctionne aujourd'hui sur la plupart des grandes lignes de l'Europe. Il imprime les dépêches en lettres ordinaires, sa puissance de transmission est trois fois supérieure à celle de l'appareil Morse ; grâce à lui, il est possible de recevoir ou de transmettre cinquante dépêches de vingt mots dans une heure.

Enfin, tout le monde connaît les merveilleux résultats donnés par l'appareil Caselli, au moyen duquel le destinataire d'une dépêche reçoit le fac-simile de l'écriture de son correspondant.

IV

La télégraphie électrique, quel que soit le système employé, comprend nécessairement trois opérations distinctes : la production des signaux au point de départ, la transmission de l'agent électrique, la reproduction passagère ou permanente au point d'arrivée de la dépêche. Que la ligne soit suspendue en l'air, souterraine ou sous-marine, la transmission se fait toujours par une série continue de fils métalliques soigneusement isolés du sol ; c'est de cette opération que dépend la puissance de la transmission ; aussi, les plus grands efforts ont-ils été faits pour obtenir le plus parfait isolement, diminuer ainsi les pertes inévitables de l'électricité et conserver au courant assez d'intensité pour faire marcher les appareils récepteurs; ce n'est qu'à cette condition qu'on pourra allonger les distances auxquelles peut être étendue la correspondance directe. Ce but important n'a pas cessé d'être poursuivi avec une persévérance digne des plus grands éloges. Déjà la correspondance directe, qui s'arrêtait naguère à Lyon, peut être poussée jusqu'à Marseille, Florence, Berlin et Vienne.

A Paris, les exigences toujours croissantes de la télégraphie ont nécessité l'emploi de fils télégraphiques de plus en plus nombreux et qu'il devenait impossible de laisser tendus en plein air, par-dessus les toits des maisons, à travers les rues, les boulevards et les jardins publics ; il a donc fallu installer des lignes souterraines disposées de façon à pouvoir être facilement visitées, vérifiées et réparées au besoin. Bien des tentatives ont été faites dans cette direction. L'administration emploie des conducteurs composés de quatre brins de cuivre rouge d'un demi-millimètre de diamètre tordus ensemble, puis cette cordelette métallique est recouverte de deux couches de gutta-percha et d'un guipage de coton goudronné ; on accole ensuite parallèlement ces conducteurs au nombre de 3, 4, 5, 6 ou même 7 pour en former un câble qu'on recouvre d'enveloppes successives de ruban et de guipage de coton, injectés de sulfate de cuivre et goudronnés avec soin. Ce sont des câbles de cette nature placés dans des tubes de fonte enfoncés dans le sol des rues de Paris, qui font communiquer le poste central de l'administration avec le réseau aérien de la France tout entière. Quant aux fils tendus le long des parois des égouts et destinés au service de Paris, pour préserver l'enveloppe isolante des fils conducteurs de l'action destructive de l'air chargé d'humidité et d'émanations de toute nature, on les enveloppe d'une gaine complète de plomb. Ce système est exclusivement usité à Bordeaux, Marseille, Lyon, le Havre, Rouen, Lille, etc.

C'est le moment de parler d'une des innovations qui font le plus d'honneur à l'administration actuelle : nous voulons parler de l'installation des tubes pneumatiques sous le sol de Paris. Voici ce que nous lisons à ce sujet dans un des articles que M. le docteur Gavarret, le savant professeur de l'école de médecine, a publié dans le *Moniteur* sur le service télégraphique.

« A Paris tous les télégrammes, quelle que soit leur provenance, sont réunis au poste cen-
« tral de l'administration pour, de là, être expédiés à leur destination. Cette centralisation et
« le développement tous les jours croissant de la correspondance télégraphique produisent un
« tel encombrement, qu'entre dix heures du matin et six heures du soir, malgré la multiplicité
« des fils conducteurs exclusivement consacrés à la transmission dans l'intérieur de la ville, il
« est devenu impossible de faire face à toutes les exigences d'une rapide distribution des dé-
« pêches. M. le directeur général, qui a su imprimer une si vive impulsion à l'administration
« française, s'est particulièrement préoccupé de cette importante question ; il fait établir dans
« ce moment, entre le poste central et les divers quartiers de Paris, un moyen de communica-
« tion simple et commode, qui permettra de surmonter toutes les difficultés, et d'assurer défi-
« nitivement la régularité et la rapidité du service. Profiter des eaux de la ville pour com-
« primer de l'air dans de vastes réservoirs, enfermer les dépêches dans des chariots métalliques
« très-légers et d'assez faible longueur pour ne pas être arrêtés dans les nombreuses courbes
« de la ligne, et, à l'aide de cet air comprimé, faire circuler les chariots dans des tubes de fer
« enfouis sous le pavé des rues et des boulevards : tels sont les principes fondamentaux du
« système adopté par l'administration. Depuis plusieurs mois une communication de ce genre
« est établie entre le poste de la place de la Bourse et le bureau du Grand-Hôtel ; soumise aux

« épreuves les plus multipliées et les plus variées, cette ligne a toujours fonctionné avec la plus
« grande régularité. Dans peu de temps, lorsque le travail entrepris sera terminé, Paris se
« trouvera doté par M. le vicomte de Vougy d'un réseau souterrain au moyen duquel, sans
« que personne s'en aperçoive, il sera permis d'expédier par heure cinq convois de quatre
« cents dépêches chacun circulant avec une vitesse moyenne d'un kilomètre par minute. »

Depuis que ces lignes ont été écrites (juillet 1866), un premier réseau souterrain a été mis
en exploitation et donne les plus heureux résultats. Ce réseau part du poste central et dessert
les bureaux de la rue Boissy-d'Anglas, du Grand-Hôtel, de la Bourse, de l'Hôtel des Postes, de
l'hôtel du Louvre et de la rue des Saints-Pères. Bientôt se rattacheront à cette ligne les em-
branchements se dirigeant sur les succursales des Champs-Élysées, des rues Lafayette et Sainte-
Cécile, des boulevards Saint-Denis et du Temple, de l'Hôtel-de-Ville, de la rue aux Ours et du
Palais du Sénat. Il nous paraît intéressant d'ajouter que ce mode de transport si ingénieux est
une heureuse application du système imaginé par l'ingénieur Sommelier pour le percement du
Mont-Cenis, système que M. de Vougy avait eu l'occasion de voir fonctionner.

V

Nous nous sommes surtout occupé jusqu'ici du matériel télégraphique et des améliorations
qu'il a reçues en France ; le côté administratif de ce vaste et intéressant service ne mérite pas
moins d'être étudié.

Aucune administration n'est entrée plus résolûment que celle des lignes télégraphiques
dans la voie des réformes et des innovations vraiment utiles. Son organisation qui a dû recevoir des modifications successives par suite des progrès de la science, de l'application d'appareils perfectionnés, de l'extension du réseau et de l'accroissement du nombre des dépêches, est
aujourd'hui un des rouages les plus actifs, les plus simples et les plus économiques de notre
système administratif.

On a peine à suivre dans son merveilleux et rapide développement cette jeune administration qui a su réaliser les réformes les plus libérales sans compromettre les intérêts du Trésor.
Après avoir assuré par la création du réseau télégraphique le plus vaste et le mieux entendu
de l'Europe, la prompte et sûre transmission des dépêches, elle devait se préoccuper avant
tout de la réduction successive des taxes. On peut dire qu'elle n'a pas cessé de devancer l'opi-
nion, et que le succès ne lui a jamais fait défaut. Nous lisons à ce sujet dans les *Annales télé-*
graphiques : « L'œuvre principale de l'administration actuelle des lignes télégraphiques est la
« réforme libérale réalisée sous son inspiration en France d'abord, en Europe ensuite, qui a
« pour point de départ la loi du 3 juillet 1861 et pour dernier terme la convention internatio-
« nale récemment discutée et conclue à Paris.

« Cette réforme a substitué les tarifs uniformes et réduits aux tarifs multiples et élevés qui
« ont été exclusivement en vigueur jusqu'en 1862.

« Sous l'influence de ces tarifs, les dépêches coûtaient, entre Paris et Bordeaux 7 fr. 10 c.,
« entre Paris et Marseille 8 fr. 70 c., entre Paris et Strasbourg 6 francs. Aujourd'hui le télé-
« gramme échangé entre deux points quelconques du territoire continental de l'Empire coûte
« 2 francs. Une réduction aussi considérable présentait dans son application des difficultés
« plus sérieuses qu'on ne peut le supposer au premier abord ; car il fallait pour qu'il n'y eût
« dans le service ni retard, ni confusion, que le personnel de l'administration et les instru-
« ments de transmission fussent préparés d'avance à recevoir une augmentation de dépêches
« dont il était impossible de prévoir le chiffre. On sait que le nombre des télégrammes fut
« doublé le jour même où la mesure fut mise à exécution, et que, grâce à la prévoyance de
« l'administration, le service des transmissions n'en souffrit pas un moment.

« Les correspondances télégraphiques de Paris avec Berlin, Rome, Madrid, Lisbonne, qui
« étaient frappées de taxes montant à 12 fr., 13 fr. 50 c., 15 francs, n'acquittent plus aujour-
« d'hui, par dépêche simple, que 4 et 5 francs. Les télégrammes échangés entre la France, la

« Russie, l'Autriche, la Turquie, etc., jouissent des mêmes facilités. Une dépêche de Paris
« pour Saint-Pétersbourg qui coûtait 22 fr. 50 c., ne coûte plus que 10 fr. 50 c. La taxe est la
« même pour une dépêche de Bayonne à Arkangel, dont la taxe était de 30 francs.

« Ces avantages consacrés par la conférence télégraphique de Paris, sont le résultat des
« efforts incessants de l'Administration française qui a compris la première que c'était surtout
« dans l'abaissement des tarifs qu'il fallait chercher le développement de la télégraphie. Ainsi,
« pendant que l'administration des Travaux publics multipliait les moyens de transport, l'Ad-
« ministration de l'Intérieur multipliait les moyens de transmettre la pensée, jalouses l'une et
« l'autre d'assurer au commerce et à l'industrie les moyens de jouer un rôle honorable dans
« la lutte que les traités de commerce ouvrent à leur activité.

« Le côté télégraphique n'est peut-être pas le côté le plus important de la conférence inter-
« nationale. La réunion à Paris des délégués spéciaux venus de tous les États de l'Europe pour
« s'occuper d'un intérêt commun à tous, n'est-elle pas un acheminement vers la réalisation
« des vues élevées de l'Empereur ? Ne semble-t-il pas qu'avant de se réunir dans un congrès
« pour régler les grandes questions qui s'agitent dans les hautes sphères de la politique, les
« États de l'Europe aient voulu, dans un champ plus circonscrit, apprécier les effets de ces
« solennels débats et la possibilité d'arriver à une entente commune ?

« Une des innovations les plus hardies qui soient sorties des délibérations de la conférence
« internationale, est la faculté accordée aux correspondants de faire usage de chiffres secrets.
« Par cette mesure, les télégrammes pourront prendre le caractère de véritables lettres closes
« transmises instantanément à leur destination.

« Le commerce et l'industrie applaudiront certainement à cette innovation qui doit leur don-
« ner, sinon plus de garantie, au moins plus de sécurité.

« Proposée par la France, elle a rallié l'unanimité des suffrages de l'Europe.

« Enfin un utile résultat à signaler aussi, est l'adoption du franc pour unité monétaire dans
« le règlement des comptes internationaux. C'est un des éléments de notre système métrique
« que s'approprie l'Europe. Les barrières nationales tombent devant lui : une idée française
« s'impose encore à l'Europe. »

VI

Tous ces efforts énergiques imprimés à la télégraphie ont exigé le développement des moyens
de transmission : l'un était le corollaire de l'autre. Le réseau télégraphique a donc reçu une
extension en rapport avec sa nouvelle destination.

Au 1er janvier 1861, il comprenait 21070 kilomètres de lignes et 364 stations. au 1er janvier 1867, il comprenait 34220 kilomètres de lignes et 1197 bureaux. Dans ces six années,
le réseau s'est donc accru de plus d'un tiers et le nombre des stations a triplé.

Même accroissement dans le nombre des dépêches et dans les recettes correspondantes.

Dans l'année 1856, 360,000 dépêches, 3,191,000 francs de recettes ; en 1866, 2,842,554
dépêches, 7,707,000 francs de recettes (sous l'empire du tarif uniforme et réduit). C'est un
magnifique résultat obtenu en dix années. Comme on le voit, malgré des réductions de taxes
énormes, le chiffre des recettes a presque doublé.

On se fera, par les chiffres suivants, une idée de l'accroissement du nombre de dépêches amené
par la réduction de un franc à cinquante centimes applicable aux télégrammes échangés dans
l'intérieur de Paris. En 1865, le nombre des dépêches a été de 210,000 ; il s'est élevé à 317,000
en 1866 ; il est hors de doute qu'il dépassera cette année celui de 500,000.

VII

Notre service télégraphique n'est pas seulement l'agent indispensable de l'Administration, du
commerce et de l'industrie, il est encore l'auxiliaire le plus puissant de la science. Nous avons

parlé du service météorologique. c'est le moment de parler du réseau sémaphorique construit et organisé de concert avec l'Administration de la Marine.

On sait qu'il existait sur les côtes de notre littoral un petit nombre de télégraphes appelés Sémaphores, destinés à faire connaître à l'autorité maritime l'arrivée et les manœuvres des bâtiments venant du large, naviguant et croisant à la vue des côtes et devant les ports. Ces sémaphores, dont le fonctionnement était soumis à toutes les lenteurs et à toutes les imperfections de nos anciens télégraphes aériens, ne pouvaient avoir, par conséquent, qu'une action bien restreinte. Insuffisants pour la sûreté de nos côtes, ils étaient à peu près sans utilité pour la navigation. A cet état de choses a succédé, grâce à la télégraphie électrique, une admirable organisation de correspondance maritime. Il y a quelques années, les sémaphores ne pouvaient être établis que dans des conditions exceptionnelles et dans le voisinage de nos grands ports : leur nombre était donc très-limité. Aujourd'hui, ils peuvent être multipliés selon les besoins auxquels ils sont appelés à répondre.

Reliés aux bureaux télégraphiques les plus voisins par des câbles sous-marins, ils ont pu être établis sans inconvénient sur les points les plus escarpés du littoral comme dans les îlots les plus éloignés de nos côtes. Au point de vue de la sûreté du pays, les résultats de cette nouvelle application de la télégraphie sont immenses; au point de vue des intérêts de la marine, ils sont incalculables.

Jusqu'au 1er janvier 1865, les télégraphes électo-sémaphoriques s'étaient bornés à transmettre les dépêches officielles; à partir de cette époque, ils ont été ouverts à la correspondance privée, et notre réseau télégraphique a compté 150 bureaux de plus. Désormais les navires de cabotage qui côtoient notre littoral pourront, pour ainsi dire chaque jour, tenir leurs armateurs au courant de leur marche et de leurs transactions. Les bâtiments de long cours si fréquemment obligés de relâcher, avant leur entrée dans le port destinataire, pourront fournir à leurs armateurs et assureurs les renseignements les plus précis sur l'état de leurs marchandises dont la vente peut être ainsi effectuée avant leur arrivée. Tout en rassurant les intérêts si considérables qui s'attachent à la fortune d'un navire, la télégraphie va donc donner une plus grande activité à nos ports.

Au point de vue des dangers de la mer, les télégraphes électro-sémaphoriques sont appelés à rendre les plus grands services en permettant aux guetteurs de signaler immédiatement aux autorités maritimes et aux bâtiments de guerre les plus voisins, les navires en détresse. Le guetteur joue, en outre, un rôle important quant aux renseignements météorologiques; c'est lui qui les fournit : transmis de port en port, ils guident les navires et les soustraient ainsi à des périls imminents. Quand on songe aux sinistres affreux dont les populations du littoral ont si souvent le douloureux spectacle, on ne peut constater qu'avec reconnaissance tous ces efforts et tous ces succès de la science, si puissamment aidés par l'éminent administrateur dont le nom est désormais inséparable de tous les progrès de la télégraphie.

VIII

La France possède le réseau télégraphique le plus vaste, le plus complet et le mieux organisé de l'Europe; cependant tous les intérêts privés ne sont pas également satisfaits. Une grande partie de la France ne connaît pas la télégraphie, ou ne peut s'en servir qu'à chers deniers. On recule, en effet, devant l'emploi du télégraphe quand le bureau le plus rapproché est à une distance de 10, de 20 et quelquefois de 40 kilomètres; on recule, surtout, quand la dépêche doit être portée à domicile par exprès et que son prix peut, par conséquent, être décuplé. Pour donner satisfaction à ces nombreux déshérités, c'est-à-dire à la population tout entière de nos compagnes et de nos petites villes, il était nécessaire de créer dans chaque département un réseau qui permît à tous les chefs-lieux de canton au moins, d'avoir un télégraphe. L'Administration y a avisé en établissant le bureau dans une salle du bâtiment municipal et en en confiant la gestion au secrétaire de la mairie, indemnisé pour ce surcroît d'occupations; la remise des dépêches à domicile est effectuée par le concierge de la mairie, ou par un agent analogue qui reçoit également une allocation.

L'établissement est des plus économiques et des plus simples, puisqu'il suffit d'affecter au service, une pièce d'un bâtiment municipal ou même une fraction de salle, isolée par une cloison. Les instituteurs peuvent être employés dans les mêmes conditions que les secrétaires de mairie.

Mais la gestion des bureaux n'était pas la seule difficulté à vaincre : quel que soit le mode d'exploitation adopté, il fallait pourvoir à l'établissement des lignes et des fils qui doivent faire communiquer les chefs-lieux de canton avec le reste du réseau; l'Administration y est arrivée en utilisant une certaine quantité de matériel disponible et en demandant aux communes intéressées de contribuer au reste de la dépense. Cette combinaison a obtenu les meilleurs résultats. Grâce à elle, notre réseau télégraphique finira par couvrir la France entière.

Tel est, dans son ensemble, le service des télégraphes français.

Nous avons dû nous borner, mais nous en avons assez dit pour témoigner de l'esprit d'initiative, libéral et progressif, de l'infatigable activité qui animent la haute direction de cette vaste Administration.

Paris, Paul Dupont, rue de Grenelle-Saint-Honoré, 45.